사피엔스의 몸

Body of Sapiens

Written by Seonggyu Kim.

Published by BOOK OF LEGEND Publishing Co., 2023.

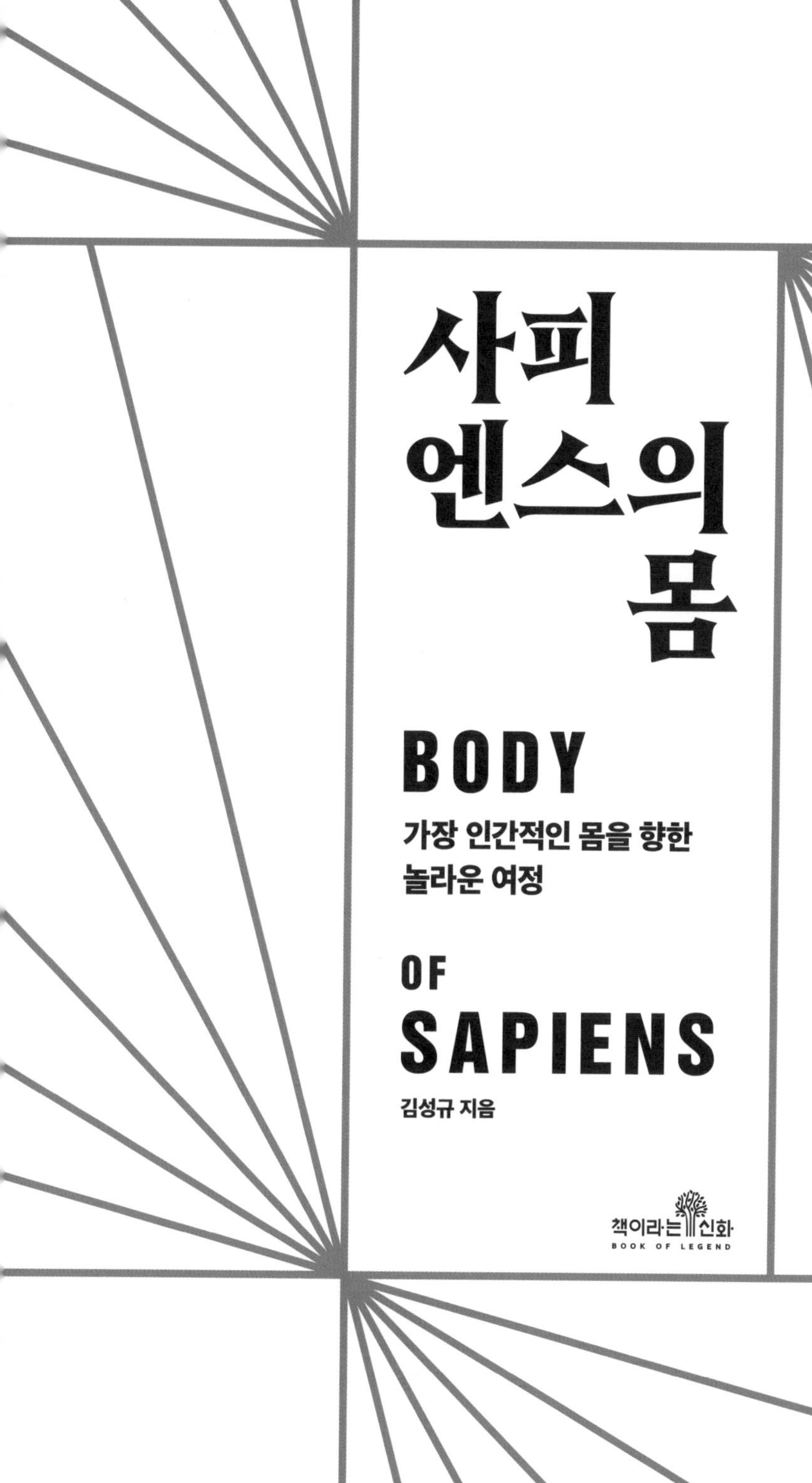

사피엔스의 몸

BODY OF SAPIENS

가장 인간적인 몸을 향한 놀라운 여정

김성규 지음

책이라는 신화
BOOK OF LEGEND

일러두기

책제목에는『 』, 영화제목과 드라마명에는《 》를 넣어 각각 구분했다. 드라마 연작 가운데 한 편의 제목과 강의명에는〈 〉를 넣었다. 논문과 기사명에는「 」를 달았다.

프롤로그

몸의 모든 순간

너무나 당연하기에 의심하지 못할뿐더러 있는지조차도 잊고 사는 것들이 있습니다. 그중 하나가 바로 몸입니다. 생명체라면, 그리고 인간이라면 누구나 갖고 있으니까 특별히 생각해보지도 궁금해하지도 않았죠. 늘 함께하는 몸에 관해 우리는 얼마나 알고 있을까요?

정신을 가다듬고 몸을 이야기하려는 순간 끝없는 호기심과 이야기가 생겨나기 시작했습니다. 몸은 왜 이런 모양으로 생겼고, 왜 이렇게 기능하도록 만들어졌고, 왜 이토록 다양한 성질을 가졌고, 어쩜 이리도 신기할까. 우연한 기회에 몸에 대한 강의를 준비하면서, 이토록 무궁무진한 이야기를 탐구하고 더 많은 사람과 함께 나누고 싶다는 마음이 간절해졌습니다.

첫 강의를 하던 날 어디선가 본 '사람의 발가락은 항상 3개 이상이 함께 움직인다'라는 사실을 들려주었습니다. 학생들이 발가락을 꼼지락거리며 신기해하고 함께 웃었던 기억이 선합니다. 아마도 대부분 발가락이 어떻게 움직이는지를 생각해본 것이 그

순간이 처음이었기 때문일 겁니다. 그때 우리는 그동안 얼마나 몸을 모르고 있었는가를 실감했습니다. 손가락이 어떤 방식으로 움직이는지는 경험적으로 꽤나 잘 알지만, 발가락이 움직이는 방식에 이토록 독특한 법칙이 존재한다는 것을 알고 있는 사람이 얼마나 될까요? 우리의 몸은 하나하나 들여다보면 신비로운 사실로 가득합니다.

어쩌면 평생을 탐구해도 다 모를 존재가 몸입니다. 인간의 몸을 소우주에 비유한 것도 그러한 이유 때문이죠. 이 책에서는 이처럼 넓고도 다양한 인간의 몸에 관한 이야기를 열세 가지의 주제로 나누고 탐구해봤습니다. 어떤 주제가 재밌을까를 수차례 고민하면서 생각나는 대로 늘어놓고 혼자만의 자가 심사를 거쳐 탈락시키고 수정하기를 거듭하면서 최종적으로 겨우 열세 가지를 선택했습니다.

우리가 지금과 같은 인간의 몸을 갖게 되기까지의 기나긴 여정, 몸을 바라보는 다양한 관점과 몸에 대한 투쟁, 그리고 아직은 다가오지 않은 미래의 몸에 대한 상상까지. 열세 가지 주제를 통해 저는 인간의 몸이 걸어온 수백만 년의 길과 그 안에서 벌어진 교착과 갈등, 변화의 양상을 포착하고, 몸의 미래를 예측해보려 했습니다.

2022년에 저는 『인간의 악에게 묻는다: 누구나 조금씩은 비정상』이라는 책으로 인간 마음의 열세 가지 모습을 탐구하는 책을 썼습니다(처음부터 의도한 건 아닌데, 공교롭게 이번 책도 『인간의 악에게 묻는다』처럼 열세 가지 주제를 다루게 됐네요). 이 책은 마음의 탐구에 이어 몸을 탐구하는 책입니다. 이를 위해 우리는 몸에게 질문합니다. 반대로 몸도 우리에게 질문하죠.

왜 아름다운 몸과 추한 몸을 나눴을까. 왜 타인의 몸을 지배하려 했을까. 왜 몸의 욕망에 사로잡힐까. 왜 몸으로 인해 고통받을까. 왜 몸을 제대로 조종하지 못할까. 앞으로 어떤 몸을 갖게 될까. 우리의 몸은 왜, 그리고, 마침내!

마음을 들여다보는 일만큼 중요한 몸의 탐구를 통해, 우리는 자신의 몸을 더욱 아끼고 타인의 몸까지 소중하게 여기는 법을 알 수 있습니다. 몸에 담긴 무궁무진한 이야기에 비하면 매우 단편적이지만, 그럼에도 이 책을 계기로 조금이라도 몸을 이해할 수 있게 되길 바랍니다. 그럼으로써 자신과 타인의 몸에 친절할 수 있길 바랍니다.

그럼 이제 언제나 우리와 함께했고 앞으로도 함께할 몸의 모든 순간을 이야기해보겠습니다.

2023년 9월

김성규

차례

팬데믹 기간 동안 마스크는 건강을 위한 좋은 보호막이었지만, 한편으로는 끔찍한 가림막이었다. 모두가 마스크를 착용하고 있어 얼굴을 알아보는 일이 너무나 힘들었기 때문이다. 심지어 마스크에 모자까지 착용하고 있으면 얼굴로 지인을 식별하는 일은 아예 포기해야만 했다.

인간의 몸에서 얼굴만큼 확실히 정체성을 드러내는 기관은 없다. 각기 개성을 갖춘 기관이 모여 다양한 얼굴을 완성한다. 얼굴 내 개별 기관을 따로 움직이는 것이 가능하기에 다채로운 표정을 만들고 각자의 개성 넘치는 '인상'을 결정한다.

한 사람의 인상은 그 사람의 성격과 성품, 나아가 인생을 보여준다는 말이 있다. 그만큼 인간의 얼굴은 자신을 보증하는 표상과도 같다. 그래서인지 사람들은 우리가 언제부터 왜 이런 얼굴을 가지게 되었는지보다 자신의 얼굴이 지닌 특별한 운명을 더 궁금해한다.

인간의 얼굴은 왜 강아지나 고양이와 다를까? 인간의 얼굴은 왜 이 모양 이 꼴로 생겼을까?

1장

우연이 만든 위대한 진화

2퍼센트의 놀라운 기적이 일어나다

#호모사피엔스 #700만년 #슬기로운인간 #지혜로운인간
#직립보행 #피그미침팬지 #보노보 #자연선택 #인위선택 #얼굴의진화
#표정 #상징적얼굴 #눈코입 #아포페니아 #변상증

호모 사피엔스로의 길

인간의 가깝고도 먼 친척

인간과 가장 가까운 영장류는 단연 침팬지입니다. 생김새가 가장 비슷할 뿐만 아니라, 동물학자 제인 구달이 밝혔듯 가장 복잡한 형태의 집단생활을 하는 동물이 바로 침팬지이니까요. 이러한 이유로 침팬지는 인간이 왜 다른 동물보다 뛰어난지 밝히는 실험에서 모든 동물을 대표하는 비교 대상이자 패배자(?)의 역할을 자주 담당하기도 합니다.

실제로 침팬지는 인간과 DNA 구조가 98퍼센트가량 동일합니다. 현생 인류의 생물학적 조상이 바로 침팬지이기 때문입니다. 아주 오랜 시간을 거슬러 올라가보면 현생 인류는 700만 년 전에 보노보(피그미 침팬지)에서 종의 분화가 이루어졌습니다. 긴 시간 동안 보노보와 진화의 방향을 달리하며 만들어온 2퍼센트 정도의 DNA 차이가 현재 인간과 침팬지를 이렇게나 다른 모습으로 만들어낸 것이죠.

인간은 단순히 몸의 생김새뿐만 아니라, 고도의 지성에 따른 생존 방식이나 식습관, 행동양식 등 많은 측면에서 침팬지와는 달라졌습니다. 수십만 년 전만 하더라도 침팬지처럼 과일을 따 먹거나 곤충과 동물을 사냥하며 생존했던 우리는 이제 더 이상 수렵만으로 식량을 얻지 않죠. 거대한 농장에서 수확한 농산물과 축사에서 기르고 도축한 축산물, 바다와 강에서 대량으로 얻은 해산물 등을 가공해 먹는 것이 오늘날 인간의 음식 문화입니다. 침팬지는 결코 흉내조차 낼 수 없습니다. 오직 인간만이 할 수 있는 고차원적 영역이죠.

지금으로부터 20만 년 전, 보노보와는 다른 진화의 방식을 택했던 우리의 조상은 마침내 아주 특별한 종으로 진화하는 데 성공했습니다. 현재 우리가 '호모 사피엔스'Homo Sapiens라고 자칭하는 존재로 거듭난 놀라운 사건입니다. 700만 년 전의 공통 조상인 보노보만이 아니라 다른 침팬지나 원숭이와도 비교할 수 없는 놀라운 뇌를 갖게 되면서 이들과는 매우 다른 방식으로 몸을 활용하는 현생 인류, 즉 호모 사피엔스가 된 것이죠.

호모 사피엔스는 '슬기로운 인간' 또는 '지혜로운 인간'이라는 뜻을 지닙니다. 최초의 현생 인류를 가리키며, 다른 모든 동물과 구분되는 '높은 지성을 지닌 인간종'을 지칭하는 단어죠. 우리 인간이 농경부터 시작해 기술·과학·문화 혁명을 일으킬 수 있었던 가장 중요한 조건은 바로 '높은 지성'이었습니다. 그런데 '호모 사피엔스'라는 글자 앞에 지성과는 전혀 상관없는 긴 용어가 있다는 걸 알고 계시나요? 오직 몸의 생김새나 특징을 의미하는 단어가 붙는다는 사실을요.

'동물계 척삭동물문 포유강 영장목 직비원아목 원숭이하목 호미니드과 호모속 호모 사피엔스종'. 한 호흡에 말하기도 힘들 정도로 길고 긴 이 명칭이 호모 사피엔스를 가장 정확하게 분류하는 방식입니다. 저와 비슷한 시기에 중고등학교 교육을 받았던 분은 '종속과목강문계'*라는 생명체 분류 기준을 기억하실 겁니다. 아마 요즘은 이 분류 기준을 가르치거나 외우라고 하지 않는 추세인지, 학생들에게 '종속과목강문계'를 아냐고 물어보면 전혀 모르는 눈치더군요. 비슷한 예로 원소주기율표를 외우는 방식이던 '칼카나마알아철니주납수구수은백금'**도 요즘 대학생은 모르더군요. 어쩐지 세대 차이가 느껴지는 부분입니다.

여하튼 이 '동물계 척삭동물문 포유강 영장목 직비원아목 원

* 생명체를 분류하는 단위를 가장 좁은 범주인 '종'부터 가장 넓은 범주인 '계'까지 암기하던 방식입니다.
** 원소 주기율표에서 영어로 표기된 원소의 약자를 칼(K, 칼륨), 카(Ca, 칼슘), 나(Na, 나트륨), 마(Mg, 마그네슘) 등 한글의 첫음절을 따서 외우던 암기 방식입니다.

숭이하목 호미니드과 호모속 호모 사피엔스종'을 하나하나 뜯어서 살펴보도록 하죠. 우선 인간은 움직이는 생물로서 '동물계'에 속하며, '척삭'(후에 척추가 되는 기관)을 가진 '척삭동물문'입니다. 그리고 젖을 먹여 새끼를 키우는 '포유강'으로 분류됩니다. 다음 '목'에는 세 가지 분류가 함께 있습니다. 원숭이처럼 곧게 뻗은 코를 갖고 손가락과 발가락이 각각 5개에 손발톱이 있는 원숭이나 침팬지의 여러 신체적 특징을 기준으로 분류합니다. 여기에 두 발로 걷고 꼬리가 없다는 특징을 지닌 '호미니드과'로 다시 한번 분류합니다. 다음 '호모속'으로는 우리가 한 번쯤은 들어봤을 법한 '오스트랄로피테쿠스'Australopithecus나 '네안데르탈인'Neanderthalensis같이 두개골이 커지고 두뇌가 발달해 도구를 사용하기 시작한 존재가 등장합니다. 그리고 이들보다 지성이 훨씬 뛰어난 존재로서 마침내 호모 사피엔스를 분류하게 되는 것이고요.

다시 한번 강조하면, 호모 사피엔스 앞에 나열된 모든 용어는 지능이 아닌 몸의 생김새와 구성 등을 통해 인간을 분류합니다. 큰 범주에서 우리는 오직 몸으로 분류된다는 것을 알 수 있습니다. 몸은 우리를 가장 인간답게 구분하는 매우 중요한 매개이자 대상이라는 것이죠.

그렇다면 호모 사피엔스로서 인간은 이렇게 정의할 수 있겠습니다. 두 발로 걷고 양손을 자유자재로 사용할 수 있으며 다른 영장류에 비해 매우 발달한 두뇌를 기반으로 하는 몸을 지녔기에 마침내 고도의 지성과 문화를 창출해낸 동물이라고요.

기린은 어쩌다 목이 길어졌을까

호모 사피엔스 이전에 등장한 동물은 모두 자연의 철저한 지배를 받았습니다. 다채로운 지구의 환경에 맞춰 가장 잘 적응할 수 있는 형태로 몸을 진화시켜왔죠. 이렇게 자신이 속한 주변 환경과 자연 상태에 맞춰 진화하고 변이를 거듭하는 것을 '자연선택'이라고 부릅니다. 자연선택을 이야기할 때 가장 많이 언급되는 동물은 기린입니다. 기린이 다른 동물보다 월등히 긴 목을 갖게 된 이유를 알면 자연선택을 이해하기 쉽습니다.

아주 오래전 기린은 지금처럼 몇 미터나 되는 긴 목을 갖고 있지 않았습니다. 우리가 요즘 보는 말 정도의 비교적 짧은 목을 갖고 있었죠. 그런데 기린의 개체 수가 늘어나고 번식이 활발해지면서 먹이 경쟁이 치열해 키 작은 나무에서 충분한 먹이를 구하기 어려웠습니다. 결국 조금이라도 더 목이 긴 기린만이 높은 곳에 있는 잎을 따 먹을 수 있었던 겁니다. 잎을 따 먹기 수월해 경쟁이 치열할 수밖에 없는 키 작은 나무의 잎은 금세 고갈되었고, 목이 짧은 기린은 점차 먹이를 먹지 못해 굶어 죽어 그 수가 줄어들었습니다.

여기서 중요한 건 '기린은 어떻게 목이 길어질 수 있었느냐'입니다. 기린이 체형을 교정해 목이 계속 길어지도록 만들었을까요? 당연히 아닙니다. 그때 그 시절의 기린이건 지금의 기린이건, 기린은 자신의 체형을 교정할 수 있을 정도로 고도화된 지성을 갖지는 못했거든요. 그저 우연히 목이 조금 더 긴 기린이 돌연변이처럼 태어난 겁니다. 생명체의 DNA는 후손을 번식할 때 아주 낮은 확률로 돌연변이를 만들어내곤 합니다. 다른 기린 개체보다 목이 조금 더 길게 태어난, 당시에는 희귀한 돌연변이 기린이 먹이를 확보하고 살아남기에 유리한 조건이었습니다. 그렇게 태어난 돌연변이가 더욱 잘 생존하고, 서로 교배하고, 다시 목이 더 긴 기린을 번식하다 보니 오늘날 기다란 목의 기린이 만들어진 것입니다.

비슷한 예로 북극곰이 있습니다. 북극곰은 북미 지역에서 많이 서식하고 있는 회색 곰이나 갈색 불곰 등과 조상이 같습니다. 북극곰은 전형적인 '알비노'albino* 돌연변이입니다. 알비노 돌연변이는 선천적으로 색소가 결핍된 상태로 태어나기 때문에 털이나 피부가 눈처럼 새하얀 특징을 지닙니다. 회색이나 갈색 털이

* 알비노는 우리말로 '백색증'이라고 하는데, 눈, 피부, 머리카락 등에서 멜라닌 색소가 합성되지 않는 질병입니다. 멜라닌을 생성하는 티로시나아제가 돌연변이에 의해 제대로 형성되지 못했기 때문에 발생합니다.

아닌 하얀색 털을 갖고 태어난 곰은 천적의 눈에 쉽게 띌 수밖에 없었습니다. 녹음이 우거지고 갈색 흙, 회색 바위로 형성된 지역에서 새하얀 털을 가진 새끼 곰은 생존에 아주 불리했죠.

이들은 성장하고 생존하기 위해 눈 덮인 북쪽으로 이동했습니다. 오직 살아남기 위해서 말이에요. 새하얀 눈은 천연 보호색이 되어주었지만, 혹독한 추위에서 살아남을 수 있었던 곰은 보온에 유리한 두꺼운 지방층과 긴 털을 지닌 개체였죠. 목이 긴 기린이 생존해 더욱 긴 목의 기린을 번식했듯, 새하얀 곰 역시 더욱 하얗고 두꺼운 지방과 긴 털을 지닌 개체가 살아남아 번식했습니다. 그렇게 하나의 종을 형성한 것이 바로 지금 우리가 보는 북극곰입니다.

자연선택에 따라 진화하는 동물은 자연환경에 철저하게 종속되고 다분히 수동적으로 몸을 변화시킵니다. 변화도 몇 세대, 아니 수십 세대를 걸쳐서 매우 긴 시간 동안 더디게 일어납니다. 그리고 돌연변이라는 우연한 변화에 기대할 수밖에 없죠. 그런데 호모 사피엔스가 등장하면서 모든 동물은 자연선택에 종속된다는 법칙이 깨졌습니다.

그림 1-1 자연선택에 따라 진화하는 동물은 자연환경에 철저하게 종속된다. 그러나 인간은 자연선택을 거부하고 적극적으로 환경을 변화시켰는데, 그 결과 문명을 이룰 수 있었다.

자연선택을 위배한 호모 사피엔스

인간이 동물과 확연히 다른 점은 자연선택을 거부한 것입니다. 인간은 자신이 처한 자연환경에 종속되어 살아가는 방식을 거부했죠. 오히려 자신을 둘러싼 자연환경을 변화시키는 방식을 택했는데, 오늘날 우리는 이것을 문명 또는 문화라고 부릅니다. 자연환경을 인간이 필요로 하고 원하는 방식으로 바꿀 수 있게 되면서, 우리의 몸은 다른 동물과는 비교할 수 없을 정도로 빠르게 변화했습니다.

심지어 지금은 의료 기술이나 성형수술 등으로 자연환경과는 전혀 무관한 상황에서 우리가 원하는 방식으로 몸을 바꾸는 수준에 이르렀죠. 인공장기를 만드는 기술도 비약적으로 발달하고 있으니, 머지않은 미래에는 우리 몸의 기관을 개인이 원하는 대로 교체하는 시대가 올지도 모릅니다(이에 관한 자세한 이야기는 제13장 「인간적인 너무나 인간적인」에서 다루고 있습니다).

자연선택에 따른 우연한 진화라는 메커니즘은 이제 인간의 몸에 큰 영향력을 미치지 못합니다. 지난 20만 년 동안 인간이 발전시킨 문명과 문화는 인간을 비롯한 모든 생명체로 이루어진 자연환경을 너무나 크게 변화시키고 있습니다. 이제 지구의 거의 모든 생명체는 인간이 바꾼 환경에 맞춰 자기 몸을 적응시키는 '인위 선택'의 메커니즘을 갖게 됐습니다. 인간의 문명과 문화가 발달하면 할수록 자연선택에 따른 몸의 진화가 차지하는 비중은 줄어들고, 인위 선택에 따른 급격한 진화가 차지하는 비중이 커졌습니다. 자연선택에 대한 인간의 반역은 현재 진행형이고, 앞으로는 더욱 격렬해질 것이 분명합니다. 우리 인간은 다른 동물과 달리 자기 몸을 관찰하고 탐구하고 인위적으로 변화시키려는 시도를 멈추지 않을 테니까요.

다채로운 인간의 얼굴

얼굴의 진화 메커니즘

인간이 다른 동물과 가장 큰 차이점을 보이는 몸의 기관을 꼽으라면 단연 얼굴입니다. 얼굴은 모든 동물이 가지고 있지만, 인간만큼 얼굴을 다채롭게 사용하는 동물은 없으니까요. 인간의 얼굴은 왜 특별한지 지금부터 이야기해보겠습니다.

동물에 따라서 약간의 차이는 있을 수 있지만, 얼굴은 기본적으로 눈·코·입·귀 등이 모여 있는 복합 기관입니다. 얼굴을 구성하는 각각의 기관은 그 자체만으로도 매우 특별한 일을 하죠. 눈은 시각을 감지하는 기능을 갖추고 있고, 귀는 청각, 코는 후각, 혀는 미각, 얼굴을 뒤덮은 피부는 촉각을 감지합니다. 이처럼 얼굴에는 우리가 흔히 오감이라 말하는 다섯 가지 주요 감각

기관이 모두 모여 있습니다.

오감은 동물이 생존을 위해 위험 요소를 탐지하거나 음식을 찾고 섭취하는 데 매우 중요한 감각이죠. 그중 하나라도 손상을 입거나 잃는다면 생존에 치명적인 위협이 될 수도 있습니다. 그런데 인간의 얼굴은 단순히 오감을 잘 감각하고 위협적인 환경 속에서 생존하기 위해서만 진화한 것이 아닙니다. 인간은 '생존'을 뛰어넘어 '삶'을 살아가는 존재이며, 인간의 얼굴은 삶이 더욱 풍성해질 수 있도록 진화를 거듭한 결과물이죠. 인간은 얼굴을 통해 매우 다양한 방식으로 '소통'이란 것을 합니다.

영장류 중에서도 인간은 얼굴에 털이 가장 적게 자라는 종입니다. 또한 얼굴은 상당히 평평한 형태로 진화했습니다. 왜 털은 점점 없어지고 형태는 평평해졌을까요?

〈그림 1-2〉에서는 침팬지부터 오스트랄로피테쿠스, 네안데르탈인 그리고 호모 사피엔스까지 진화하면서 몸의 형태가 어떻게 변화했는지를 볼 수 있습니다. 키는 몇 배 더 커지고 팔과 다리의 길이가 변했는데, 얼굴의 형태도 아주 많이 달라졌습니다. 특히 불룩하게 돌출된 입과 코가 안쪽으로 들어가면서 얼굴이 평평한 형태로 바뀐 것을 볼 수 있습니다.

돌출된 코와 입, 이빨 등을 지닌 침팬지의 얼굴은 평평한 인간의 얼굴보다 곡물이나 과일을 따 먹기에 유리합니다. 평평한 인간의 얼굴은 먹이를 구하는 기능을 구사하기에는 불리하지만,

그림 1-2 침팬지부터 호모 사피엔스까지 진화하면서 변화한 몸의 형태. 불룩 튀어나온 얼굴이 점차 평평해지고 이목구비가 뚜렷해졌다.

정면에서 이목구비의 구조가 또렷하게 보이는 형태죠. 즉, 얼굴을 활용해 여러 가지 표정을 효과적으로 지을 수 있게 진화한 것입니다. 먹이를 구하고 섭취하는 생존에 유리한 형태를 조금 포기하더라도 소통을 더 잘할 수 있도록 진화했다는 사실을 알 수 있습니다. 진화를 거듭할수록 얼굴의 털이 줄어든 것도 얼굴을 사용해 짓는 표정이 더욱 잘 보이도록 하기 위함입니다.

얼굴 근육 역시 많은 변화를 겪었습니다. 인간 진화의 메커니즘은 먹이를 씹거나 찢고 부수는 턱 근육이 집중적으로 발달하던 방식에서 다채로운 표정을 더욱 효과적으로 지을 수 있도록 눈과

입 주변의 근육이 발달하는 방식으로 변화해왔습니다. 인간 사회가 고도화하는 과정에서 상대방의 표정을 읽고 반응해 적절한 표정을 만들어내는 것은 매우 중요한 소통의 기술이 되었죠.

시대정신의 아이콘이 되다

얼굴은 생존과 소통이라는 기능적인 면에서 특히 발달한 기관이면서, 인간의 신체 가운데 가장 개성 있는 형태를 지닌 기관입니다. 우리는 보통 얼굴로 사람의 생김새를 구분합니다. 얼굴의 기관과 형태가 매우 다양하기 때문입니다. 손이나 발만 보고 특정 인물을 구분하기는 어렵지만, 얼굴로는 훨씬 쉽게 구분할 수 있죠. 얼굴은 한 개인의 인상을 가장 빠르고 효과적으로 드러내는 심미적 기관입니다.

얼굴은 개별 인간의 정체성을 나타내는 기관으로 기능합니다. 화장을 하거나 장신구를 사용해 얼굴을 장식하고 모자나 마스크를 쓰는 등 다양한 기술과 도구를 활용해 타인과 자신을 구분하죠. 이렇게 얼굴을 차별화하는 방식은 한 집단에서 계급을 표현하거나 종교적 의미를 담는 사회적 기능을 담당하기도 합니다. 계급이 높은 사람일수록 더욱 화려하고 많은 장신구를 착용할 수 있는 권한을 가지거나, 종교적 의식을 행하는 제사장만이 여러 색조 화장품을 사용해 현란한 분장을 할 수 있는 권한을 가지는 것이 바로 그러한 경우입니다.

얼굴은 특별한 의미나 상징을 담기도 합니다. 역사적으로 위대하고 상징적인 인물의 얼굴은 그 자체로 특정 가치와 신념을 나타내기도 하죠. 국가나 종교 지도자의 얼굴은 해당 국가나 종교가 표방하는 숭고한 가치를 상징하는 형태로 묘사됩니다. 서울 광화문 한복판에 세종대왕 동상이 건립된 이유는 대한민국이 학술 진흥과 과학 발전을 통해 강한 국력을 키우는 것을 숭고한 가치관으로 여기기 때문입니다. 세종대왕의 얼굴은 그 자체로 온화함과 높은 학식, 과학적 지식에 대한 선구적인 태도 등을 상징합니다. 오늘날 흔히 말하는 훌륭한 인물이 되기 위해 추구해야 하는 자세가 대부분 세종대왕의 얼굴로 상징되는 것이죠.

흥미로운 점은 이렇게 상징적으로 표현되는 특정 인물의 얼굴이 시대와 장소, 신념 등이 변함에 따라 다르게 묘사된다는 것입니다. 가장 대표적인 예가 예수의 얼굴입니다. 〈그림 1-3〉에서 볼 수 있듯, 예수의 얼굴이 묘사된 수많은 그림을 보면 지금 우리가 보편적으로 알고 있는 예수의 모습과는 상당히 다르다는 것을 알 수 있습니다.

예수는 흑인으로 묘사되기도 하고, 고대 동양의 복식을 갖춘 인물로 묘사되기도 합니다. 이슬람의 터번을 쓰고 있는 모습도 매우 흥미롭습니다. 제임스 찰스워스와 같은 일부 신학자는 예수

그림 1-3 예수의 다양한 얼굴. 예수의 얼굴은 시대, 장소, 신념의 변화에 따라 다양하게 변해왔다. 제국주의 시대 유럽 열강은 예수를 백인의 이미지로 신성화했다.

가 등장한 시점과 지역을 연구해보면, 예수는 태양에 검게 그을린 얼굴빛을 지녔다고 보는 것이 타당하다고 말합니다. 지금과 같은 하얀 얼굴빛을 한 예수의 이미지가 확산된 것은 전 세계적으로 식민지를 건설하던 제국주의 시대 예수를 백인의 이미지로 신성화하려는 서부 유럽 열강의 의도 때문이라는 주장을 하면서 말이죠.

세종대왕이나 예수의 경우가 아니더라도 우리는 그 자체로서 상징이 되고 이데올로기가 된 얼굴을 매일같이 마주하면서 살고 있습니다. 대표적인 것이 화폐에 새겨진 얼굴입니다. 많은 국가에서 자국 화폐에 그 나라의 상징적 인물을 새깁니다. 건국자나 국가가 지향하는 가치를 확립한 인물, 국가가 따르기로 결정한 사상을 주창한 인물 등 화폐에는 한 나라가 추구하는 신념과 가치 등이 특정인의 얼굴로 담깁니다.

매일같이 사용하는 화폐에 국가적 가치를 담은 얼굴을 새김으로써 국민이 부지불식간에 그 가치를 답습하게 되는 효과를 누리는 것이죠. 이처럼 많은 사람에게 영향력을 미친 인물의 얼굴은 그 자체로 하나의 이데올로기가 되어 '프로파간다'(선동)의 기능을 합니다. 얼굴은 신념과 사상을 그야말로 확실하고 강력하게 각인시킬 수 있는 시대정신의 아이콘이 될 수 있습니다.

사피엔스의 눈·코·입

아포페니아를 경험하다

심리학 용어 중에 '아포페니아'apophenia라는 말이 있습니다. 우리말로는 '변상증'이라고 합니다. 어떤 현상이나 대상을 보고 규칙이나 연관성을 찾아내 믿는 심리적 현상을 가리킵니다. 가장 좋은 예는 인간처럼 눈·코·입 등을 가지고 있거나 또는 있는 것처럼 보이는 대상을 친근하게 느끼는 현상입니다. 원래 눈·코·입이 없는 사물에 눈·코·입을 그려 넣으면 우리는 그 대상을 훨씬 더 가깝게 느낍니다. 아니면 전혀 눈·코·입처럼 볼 수 없는데도 마치 눈·코·입인 것처럼 상상하고 가깝게 느끼는 경우도 있죠.

〈그림 1-4〉는 일반 버스와 눈·코·입을 그려 넣은 일명 '타요 버스'의 사진입니다. 어느 쪽이 더 친근한가요? 혹시 다 큰

그림 1-4 일반 버스와 눈·코·입으로 꾸민 타요 버스. 어린아이들은 타요 버스를 훨씬 친근하게 느낀다.

어른이라서 양쪽을 비교해봐도 별 감흥이 없으신가요? 그렇다면 어린아이의 눈으로 한번 봐주시기를 바랍니다. 어린아이는 어른보다 훨씬 더 아포페니아를 잘 경험하거든요.

타요 버스가 처음 운행을 시작했을 때, 어린아이를 키우는 부모는 꽤 애를 먹었을 정도로 선풍적인 인기를 끌었습니다. 타요 버스를 놓친 어린아이들이 정류장에서 울고불고 난리가 났다는 기사가 발행될 정도였죠.

또 다른 예를 살펴보겠습니다. 〈그림 1-5〉 역시 매우 유명한 '화성 얼굴' 사진입니다. 1976년 우주 탐사선 바이킹 1호가 촬영한 이 사진을 보고 많은 사람이 경악을 금치 못했습니다. 화성 표면에서 인간처럼 눈·코·입을 가진 얼굴 형태의 구조물이 촬영됐기 때문인데요, 이를 두고 많은 사람이 화성에도 인간과 비슷하게 생긴 생명체가 있을 것이라는 가설을 내놓기도 했죠.

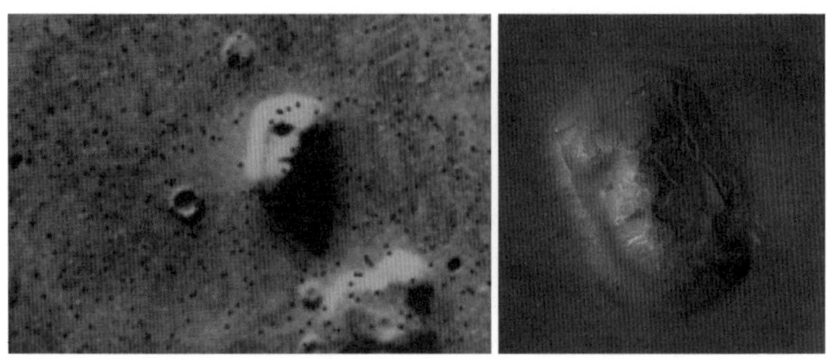

그림 1-5 1976년(왼쪽)과 2001년(오른쪽)에 촬영된 화성 얼굴. 얼굴 형태가 드러난 왼쪽 사진이 어쩐지 더 친근하게 느껴진다.

그런데 2001년 화성 궤도 탐사선 마스 글로벌 서베이어가 고해상도로 다시 촬영한 사진을 보면 1976년에 촬영된 눈·코·입은 흔적도 찾을 수 없습니다. 이에 나사는 1976년 바이킹 1호가 찍은 사진이 얼굴처럼 보였던 이유는 화성 표면에 있는 언덕이 빛과 그림자로 인해 우연히 눈·코·입의 형상으로 보였기 때문이라는 공식 설명을 내놓기도 했습니다.

이처럼 아포페니아는 우리가 일상에서 생각보다 자주 경험하는 현상이며, 특히 눈·코·입이 있는 대상 또는 눈·코·입으로 간주할 만한 특징을 가진 대상에게서 주로 경험하게 됩니다. 그만큼 눈·코·입은 특정 대상에 친밀감을 갖고 마치 인간처럼 여길 수 있게 만드는 데 중요한 역할을 하는 몸의 기관이라는 것을 알 수 있습니다. 그렇다면 인간의 눈·코·입에는 어떤 특별함이 있기에 아포페니아와 같은 현상을 경험하게 할까요? 하나씩 찬찬히 살펴보겠습니다.

지혜와 욕망의 아이러니

눈은 우리 몸의 기관 중에 가장 오랜 시간에 걸쳐 진화했습니다. 다시 말해 시각은 인간을 비롯한 모든 동물의 가장 오래된 감각이라고 할 수 있죠. 40억 년 전 바다 깊은 곳에서 탄생한 최초의 생명체가 해수면으로 올라와 태양에너지를 흡수하기 위해 만들어낸 감각이 바로 시각이니까요.

시각을 담당하는 눈은 세계에 펼쳐진 사물을 즉시 시각적 이미지로 감각하고 정보를 습득하는 기관이므로 동서고금을 막론하고 지혜의 상징으로 여겨졌습니다. 특히 인간보다 눈이 많은 존재는 초월적이고 신적인 존재로 묘사되는 경우가 많았죠. 그리스 신화에 등장하는 아르고스는 100개의 눈을 가진 존재였는데, 그의 이름은 '모든 것을 보는 자'라는 뜻을 지니고 있습니다.

서양에 아르고스가 있다면, 동양의 불교에는 무한히 많은 손과 눈으로 온 세상을 보살핀다는 천수천안관세음보살이 있습니다. 불교에서 말하는 숫자 '천'은 무한히 큰 수를 뜻합니다. 무한한 자비심과 자애로움으로 과거와 현재, 미래의 모든 중생의 아픔을 보듬어 살피고 구원한다는 천수천안관세음보살의 '천안'은 무수히 많은 눈을 의미합니다. 모든 이를 볼 수 있는 눈은 이 보살이 무한한 지혜와 진리의 존재임을 알려줍니다.

흥미로운 건 지혜와 진리의 상징으로 여겨지는 눈은 정반대로 가장 쉽게 현혹되는 욕망을 상징하기도 합니다. 오르페우스와 에우리디케의 신화를 보면, 강렬한 눈의 욕망에 우리 인간이 얼마나 속절없이 현혹당하는지를 알 수 있습니다. 사랑하는 여인 에우리디케를 죽음의 세계에서 구하려고 지하 세계로 들어간 오르페우스의 사랑에 감명받은 죽음의 신 하데스가 그들을 다시 지상 세계로 돌려보내기로 한 이야기가 바로 오르페우스와 에우리디케 신화인데요, 하데스는 둘을 돌려보내는 대신 한 가지 조건을 걸었습니다. 오르페우스가 지하 세계를 벗어나기 전까지 절대로 뒤를 돌아보지 말아야 한다는 것이었죠.

에우리디케가 잘 따라오고 있는지 두 눈으로 확인하고 싶었던 오르페우스는 결국 지하 세계에서 탈출하기 직전에 뒤를 돌아보고야 말았고, 에우리디케는 다시 영원히 탈출할 수 없는 지하 세계로 끌려갔습니다. 이 신화는 인간이 지닌 눈의 욕망이 얼마나 강렬한지, 또 눈은 얼마나 순식간에 현혹당할 수 있는 기관인지 잘 보여줍니다.

생텍쥐페리의 『어린 왕자』에서도 많은 사람에게 울림을 준 눈의 이야기가 나옵니다. "정말로 중요한 건 마음으로 느낄 수 있어. 가장 중요한 건 눈에 보이지 않는단다"라는 구절은 눈이 아닌 마음으로 볼 때 진정한 진리를 만날 수 있다는 멋지고 위대한 말이죠. 인간의 자아에는 자기가 믿고 원하는 방식으로 대상을 바라보도록 만드는 강한 욕망이 있습니다. 눈은 이러한 욕망에 현혹당해 의도적으로 시각 정보를 편집하기도 하고요.

'타이포글리세미아'typoglycemia라는 현상이 있습니다. 오타나 잘못 배열된 단어를 눈으로만 읽었을 때, 눈으로 습득한 시각적 정보가 뇌까지 도달하기도 전에 교정해버려 오류를 발견하지 못하는 현상을 말합니다. 우리의 눈은 잘못된 정보를 교정하느라 시간을 더 보내기보다는 빠르게 정보를 습득하려는 욕망에 더 쉽게 현혹당하거든요. 그래서 저는 학생들에게 자기가 쓴 글을 보다 명확하게 검증하려면 반드시 소리 내어 읽어보라고 합니다. 자신이 작성한 글을 음성의 형태로 다시 듣는 경험은 눈이 은근슬쩍 넘겨버린 오류를 찾아낼 가능성을 높여주니까요.

이렇게 자주 그리고 쉽게 현혹당하는 눈의 특징 때문인지, 진정한 진리를 보는 사람은 아이러니하게도 아무것도 보지 못하는 맹인으로 묘사되는 경우가 많습니다. 주로 이야기 속에서는 주술사나 현세의 진리를 깨우친 이로 등장하죠. 그들은 눈앞에 펼쳐진 현세의 유혹에 현혹당하지 않고 눈에 보이지 않는 진리를 좇기 때문입니다. 소포클레스의 『오이디푸스왕』에서 오이디푸스가 스스로 자기 눈을 훼손해 맹인이 되고 난 뒤에야 모든 일의 진실을 알게 되는 것도 비슷한 맥락입니다.

코와 입의 혁신적 진화

〈그림 1-6〉은 호모 사피엔스와 네안데르탈인의 얼굴 옆모습을 비교해 보여주고 있습니다. 형태상으로 가장 눈에 띄는 특징이 있다면 입이 안쪽으로 빨려 들어가고 코가 입보다 전진하도록 진화했다는 것입니다.

인간이 침팬지처럼 네 발로 걷던 시절에는 코가 입보다 앞으로 나와야 할 이유가 별로 없었습니다. 그런데 호모 사피엔스로 진화하는 과정에서 인간은 점점 척추를 일으켜 두 발로 걷는 이른바 '직립보행'의 형태로 바뀌었죠. 이로써 우리의 코는 전방에서 오는 냄새를 감지하기보다 땅에서 올라오는 냄새를 감지하도록 변화해야 했습니다. 입보다 앞으로 전진한 코는 입으로 음식이 들어가기 전에 상하거나 독이 든 음식을 감지할 수 있게 됐고요. 따라서 네 발로 걷는 대부분 동물의 콧구멍이 전방으로 향해 있는데 반해 인간의 콧구멍은 아래로 향해 있는 것입니다.

코는 냄새를 맡는 것보다 훨씬 중요한 기능도 맡고 있습니다. 바로 입과 함께 숨을 쉬는 기능이죠. 코나 입을 통해 숨을 쉬지 못하면 우리는 단 5분도 버티지 못하고 죽게 될 겁니다. 그야

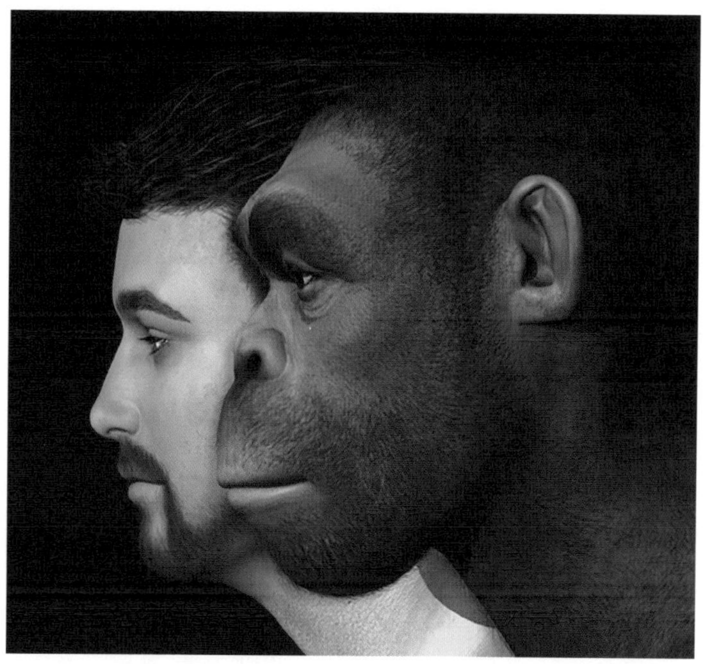

그림 1-6 호모 사피엔스와 네안데르탈인의 얼굴 측면 비교. 우리의 얼굴은 아주 오랜 시간을 거쳐 경이로운 진화를 거듭했다.

말로 생존과 직결되는 일을 담당하는 코는 정말로 중요한 기관입니다.

그런데 흥미로운 사실 하나가 있습니다. 코의 기능과 관련한 언어적 묘사는 거의 없다는 사실을 알고 계신가요? '냄새가 좋다'나 '냄새가 고약하다' 정도의 표현 말고는 코가 지닌 기능을 묘사하는 언어적 표현은 거의 없습니다. 코의 기능과 관련 있는 감각적 묘사는 대부분 다른 감각을 나타내는 표현을 통해 사용합니다. '맛있는 냄새'나 '뜨거운 콧바람' 등 미각이나 촉각을 나타내는 표현으로 코의 기능을 묘사합니다.

매우 중요한 기능 가운데 하나인 후각에 대한 언어적 묘사가 부족한 이유는 냄새나 공기가 우리 눈에 보이지 않고 만질 수도 없기 때문입니다. 그래서 후각을 말할 때는 매우 불분명하고 추상적인 형태로 묘사하게 되는 것이죠. '고향 냄새' '병원 냄새' '그리움의 내음' 등 추상적이고 모호한 표현이죠.

코가 오랜 시간에 걸쳐 앞으로 전진하는 비교적 단순한 진화를 했다면, 입은 매우 크고 빠른 진화를 거친 기관입니다. 입이 지금의 형태로 진화한 데는 크게 두 가지 목적이 있습니다.

첫째, 불의 사용에 따른 음식물 섭취입니다. 껍질이 두꺼운 과일이나 야생의 곡물, 생고기 등 단단한 음식을 먹던 시절에는 전방으로 돌출되고 날카로운 이빨이 있는 입이 유리했습니다. 그런데 불을 사용하고 농업혁명을 일으키는 등 거대한 변화를 맞이하면서 부드럽고 먹기 편한 음식을 섭취할 수 있게 됐죠. 입으로 과일을 따 먹거나 사냥한 동물의 사체를 파고들어 고기를 뜯지 않아도 되니 입은 앞으로 돌출될 필요가 없어졌습니다. 음식을 먹는 방법도 손을 사용해 입으로 음식을 옮겨 넣는 형태로 바뀌니, 입은 얼굴 표정을 다채롭게 만들 수 있는 형태로 바뀌었습니다.

둘째, 언어를 사용한 의사소통입니다. 입이 평평하게 바뀌면서 더욱 다양한 발음을 내고 입에서 나오는 소리도 자유자재로 컨트롤할 수 있게 됐습니다. 입은 숨을 쉬고 음식을 섭취하고 사냥하는 무기로 사용되는 용도보다 말하고 소통하는 고급스러운 기능을 하는 기관으로 진화한 것입니다. 또한 단순히 음식을 섭취하는 기능을 넘어 인간만이 할 수 있는 '요리'의 예술적 가치를 감각하는 미각 기관이자, 그 가치를 말로 표현할 수 있는 예술적이고 심미적인 기능까지 담당하는 기관이 되었죠.

이처럼 인간만이 구사할 수 있는 고차원적 언어를 담당하는 기능 때문에 입은 소통과 관련한 여러 가지 상징적 의미를 갖기도 합니다. 바로 '영혼과 진실 그리고 거짓의 통로'라는 것입니다. 신이 인간을 창조하고 입맞춤을 통해 영혼을 불어넣었다는 신화나 신의 목소리가 그의 대리인인 무당의 입을 통해 전해진다는 이야기를 보면 알 수 있듯이, 입은 절대적 진리와 진실이 드나드는 통로로 여겨집니다.

〈그림 1-7〉처럼 영화 《로마의 휴일》에 등장한 '진실의 입'은 영화 흥행 이후 세계적인 명소가 됐죠. 바다의 신 트리톤의 입에 손을 넣고 말을 하면 그 말이 진실인지 거짓인지를 판명한다는 신화는 고대 로마 시대부터 전해지고 있습니다. 중세 시대에는 아주 잔혹하게 이용되기도 했는데요, 실제로 진실의 입 뒤에서 도끼나 칼을 든 사람이 손을 자르곤 했거든요. 일종의 마녀사냥

그림 1-7 영화《로마의 휴일》에 등장한 진실의 입. 바다의 신 트리톤의 입에 손을 넣고 거짓을 말하면 손목이 잘린다는 전설을 간직하고 있다.

이라고 보면 되는데, 범죄 용의자나 정치적 정적을 특정하고 그가 유죄라는 사실을 보여주기 위해 무슨 말을 하든지 손을 잘라 버리려고 신화를 이용한 것입니다.

입은 충성과 믿음을 상징하기도 합니다. 발에 입맞춤하는 행위는 발의 주인에게 충성을 다하고 온전히 신뢰한다는 표현입니다. 『성경』에서 예수의 발에 입맞춤하는 행위는 완전한 믿음을 보여주는 행동으로 묘사되죠. 연인 간의 사랑을 확인하고 입맞춤하는 행위도 두 사람의 영혼이 입을 통해 결합되고 서로를 하나로 엮어준다는 것을 의미합니다. 그러므로 사랑하는 사람의 진한 입맞춤은 거의 모든 문화권에서 나타나는 행위입니다.

우리 얼굴에서 눈·코·입은 다른 동물과는 비교할 수 없을 만큼 다양하고 고차원적인 기능을 하도록 엄청난 진화를 거듭한 결과물입니다. 『얼굴은 인간을 어떻게 진화시켰는가』의 저자 애덤 윌킨스는 "인간만큼 특이한 얼굴을 가진 동물은 없으며, 인간의 얼굴은 사회적 상호작용을 극대화하기 위한 형태로 진화했다"라고 말합니다. 우리의 얼굴, 그중에서도 눈·코·입은 단순히 위험을 감지하거나 음식을 섭취하기 위한 저차원적인 생존을 위해 존재하지 않습니다. 고차원적인 소통과 교류는 물론이고, 예술을 감각하고 심미적인 표현을 더욱 다채롭게 하며, 인간뿐만 아니라 세상에 존재하는 무수한 존재와 관계 맺기를 할 수 있는 유일한 기관인 것이죠.

함께 나눌 이야기

- 자연선택이 아닌 인위 선택을 통한 몸의 변화는 어디까지 허용하는 것이 맞을까?
- 특정 인간의 얼굴을 국가 이념과 상징으로 받들어 모시는 사회가 전체주의에 빠질 위험은 없을까?

언제부터인지 정확한 시점을 알 수는 없지만, 우리 사회에서 몸의 비율은 상당히 중요한 미의 기준이 되었다. 8등신이니 9등신이니 하면서 비율 좋은 인물(주로 연예인)에게 찬사를 보내는 것이 매우 자연스러운 사회가 된 것이다.
얼굴은 좀 평범해도 좋으니 두상의 크기와 팔다리 등의 길이가 중요하다며, 두상은 작고 팔다리는 길쭉길쭉한 사람을 잘생기고 아름다운 사람으로 평가한다. 우리 사회가 생각하는 '아름다운 몸'이라는 관념은 두상을 기준으로 몸, 팔, 다리의 비율이 얼마나 이상적인 형태에 가까운지로 판가름나는 것이다.
그런데 우리 사회가 환상을 갖고 있는 8등신은 매우 드물게 나타나는 인체 비율이며, 8등신 비율을 갖고 태어날 확률은 사실상 1퍼센트도 되지 않는다. '사지 연장술'과 같은 신체 개조 수술을 받지 않는 한 8등신은 불가능하다는 말이다.
어쩌다 우리는 그런 헛된 환상을 좇게 되었을까?

2장

아름다움을 향한 순수한 욕망

잘생기고 예쁜 몸은 신화가 되었다

#빌렌도르프의비너스 #최초의인간조각상 #이상적인몸 #카논의법칙
#18격자 #등신비율 #신의비율 #신인동형 #레오나르도다빈치
#비트루비우스적인간 #하얀피부 #유미주의 #나르시시즘

황금 비율을 찾아서

풍요와 다산의 미학

〈그림 2-1〉은 '빌렌도르프의 비너스'Venus of Willendorf라는 이름의 조각상으로 고대인이 지니고 있던 몸의 미학을 이야기할 때면 반드시 등장하는 조각상입니다. 1908년 8월 7일 오스트리아 빌렌도르프 근처 황토 지층에서 고고학자 요제프 쏨바티와 인류학자 후고 오베르마이어 등이 발견하면서 세상에 알려진 이 조각상은 기원전 2만 4,000~2만 2,000년 전에 제작된 것으로 추정됩니다. 현재까지 발견된 인간 조각상 가운데 가장 오래된 것이기에 '최초의 인간 조각상'으로 알려져 있기도 하죠.

빌렌도르프의 비너스는 커다란 가슴, 크게 팽창한 복부와 허벅지, 자세하게 묘사된 여성의 성기와 달리 얼굴에는 눈·코·입

그림 2-1 빌렌도르프의 비너스. 팔과 다리는 매우 가는 반면, 풍만한 가슴과 복부는 도드라져 보인다. 고대인이 생각했던 여성의 아름다운 몸이다.

이 없고 아주 가느다란 팔을 가지고 있습니다. 학자들은 빌렌도르프의 비너스가 지닌 독특한 몸을 보고 이렇게 분석했습니다. 과장되어 보이는 큰 가슴은 모유 수유 능력을 나타내고, 팽창한 복부와 허벅지는 임신한 여성의 모습을 강조해서 보여준 것이라고 말이죠. 여성이 임신을 하면 태반이 커지면서 배가 나오고 유선이 발달해 가슴이 커지는 등 몸의 외형이 크게 변합니다.

따라서 빌렌도르프의 비너스를 만든 목적은 생명을 잉태하는 여성을 숭상함으로써 더 많은 부족 구성원을 얻는 것이라고 추론해볼 수 있습니다. 수렵과 채집을 하던 시기에 부족 구성원을 한 명이라도 늘릴 수 있다면, 노동과 생존에서 매우 유리했을 테니까요. 나아가 최초의 인간 조각상이 여성의 몸과 출산 기능을 강조한다는 것을 봤을 때, 고대 사회는 모계 중심의 집단생활을 했을 거라는 합리적인 추측도 가능하죠. 많은 고대 국가와 신화 속에서 '대지의 신'이나 '어머니 신'이 등장하는 사상적 근거로도 해석할 수 있습니다.

빌렌도르프의 비너스는 고대인이 기원하던 풍요와 다산의 상징이기도 하지만 시대에 따라 달라지는 아름다움을 이야기할 때도 자주 언급됩니다. 출산 능력이 뛰어날 것으로 보이는 빌렌도르프의 비너스는 고대인에게 아름다운 몸으로 추앙받았을 겁니다. 하지만 오늘날에는 빌렌도르프의 비너스처럼 지나치게 풍만한 몸을 아름답다고 여기는 경우가 거의 없습니다. 우리 사회가 중요하게 생각하고 숭상하는 가치가 고대인과 많이 다르기 때문입니다.

요즘 여기저기에서 저출산 문제가 심각하다고 이야기합니다. 그러나 오늘날의 출산은 빌렌도르프의 비너스가 만들어지던 고대 부족 사회처럼 한 사회의 영속과 소멸에 절대적 영향을 미치는 조건은 아닙니다. 지금은 날씬하고 탄탄한 몸이 아름다움의 기준이 되는 시대입니다. 운동과 철저한 자기 관리로 아름다움이 결정되는 것이죠.

몸은 시대나 사회적 상황에 따라 아름다움의 기준이 상대적입니다. 그런데 재미있는 사실은 고대인 역시 절대적인 아름다운 몸의 기준을 찾으려고 오늘날 우리만큼이나 고민했다는 것입니다. '몸의 황금 비율'을 찾으려고 말이죠.

이집트 벽화와 카논의 법칙

고대 이집트인은 인류의 역사에 굵직한 획을 그을 만한 많은 것을 남겼습니다. 피라미드와 스핑크스 같은 불가사의한 초거대 건축물부터 미라를 만드는 과정에서 발달한 과학 기술, 삶과 죽음을 이해하기 위한 내세관과 신화 등 지금까지도 우리에게 신비로움을 주는 독특한 문명을 일으켰죠. 인간의 몸에 대한 관심도 컸습니다. 특히 몸이 가질 수 있는 가장 이상적인 비례를 정립하고자 했는데, 그것이 바로 '카논'canon입니다.

카논은 고대 이집트인이 만든 최초의 인체 비례 법칙으로, 회화와 조각에서 묘사되는 인물의 가장 이상적인 이미지를 표현합니다. 현재 우리가 볼 수 있는 고대 이집트 벽화 속 등장인물은 대부분 이 카논의 법칙에 따른 것입니다. 카논의 법칙은 인간의 몸을 정사각형 모양의 '격자'에 맞춰 묘사합니다.

이집트 왕조마다 약간의 차이는 있지만, 대부분 다음의 법칙을 따릅니다. 우선 머리끝에서 발끝까지 총 18개의 격자를 사용해 비율을 계산합니다. 머리는 격자 2개, 목부터 무릎까지는 10개, 무릎부터 발꿈치까지는 6개, 총 18개의 격자로 비율을 산정합니다. 그 가운데 머리가 격자 2개를 차지하니, 요즘 식으로 계산하면 무려 9등신입니다! 현대인의 신체 비율이 보통 7등신 안팎이니 카논의 법칙은 만들어진 의도 그대로 '이상적인 비율'이라고 할 수 있겠네요.

여하튼 고대 이집트 벽화는 철저한 카논의 법칙에 따라 묘사됐기에 세대가 바뀌거나 작품의 크기가 달라져도 인체 비율만큼은 거의 변하지 않는 모습을 보입니다. 또한 인간의 몸을 추상적으로 보지 않고 수학적으로 정확하게 비율을 측정하려던 시도는 오늘날 우리가 인간의 몸을 과학적이고 객관적으로 바라보는 경향을 가질 수 있도록 기여했습니다.

그러나 몇 차례 강조했다시피 카논의 법칙은 기준이 까다로웠기에 개별 인물의 개성은 철저하게 무시했습니다. 〈그림 2-2〉를 보면 여러 인물이 카논의 법칙을 적용받고 있습니다. 어린아이나 성인이나 할 것 없이 모두 18격자에 맞춰 묘사됐기에, 나이에 따른 키나 체형 등의 신체적 개성은 완전히 무시했다는 사실을 알 수 있습니다. 게다가 권력자나 신적인 존재, 지배층에 속한

그림 2-2 이집트 벽화에 묘사된 고대 이집트인. 카논의 법칙에 따라 모두 비슷한 모습으로 묘사되었다. 무려 9등신의 비율을 따른다.

인물의 몸은 상대적으로 크게 그렸습니다. 그에 비해 피지배층이나 낮은 신분은 작게 그렸죠.

이렇듯 가장 이상적인 비율을 좇았던 카논의 법칙은 말 그대로 이상적인 몸의 비율을 하나의 예술로 추구했습니다. 그러나 모든 인물이 철저한 규칙에 예속됐기에, 예술 속 인물은 대부분 개성을 잃어버려 구분이 안 될 지경이 되고 말았죠. 그럼에도 아름다운 인간의 몸을 인체의 비율로 정의했다는 점에서는 큰 의의를 가진다고 볼 수 있습니다. 카논의 법칙에 이어 인체의 이상적인 비율을 찾으려는 시도는 고대 그리스와 로마에서도 나타났습니다.

신의 비율 8등신

고대 그리스의 프로타고라스는 "인간은 만물의 척도"라고 말했습니다. 이 말은 세상을 계측하는 가장 기본적인 단위인 인간의 몸과 지성을 통해 세상을 바라보겠다는 의지를 표방하고 있습니다. 고대 그리스인이 인간의 몸 자체를 얼마나 중요하게 여겼는지를 잘 보여주는 말입니다.

고대 그리스 사회에서는 아름다운 신체가 곧 인간의 덕성을 나타내는 지표라는 믿음이 강했습니다. 그렇기에 인간의 몸은 그 자체로 가장 아름다운 예술을 펼칠 수 있는 도구이자 대상이었죠. 고대 그리스인이 지녔던 인간 몸에 대한 미학의 정수는 인간의 내재적인 아름다움과 덕성이 외재적인 몸을 통해 표현될 수 있다는 것이었습니다.

이러한 의식에서 탄생한 것이 바로 '누드'입니다. 실오라기 하나 걸치지 않은 완벽한 미학의 결정체는 인간의 벗은 몸이었죠. 그 어떤 것도 입지 않은 남성의 몸은 근육을 강인하게 묘사하고 여성의 몸은 곡선을 살려 관능적으로 묘사함으로써 잘 가꾸어진 몸과 지성의 조화를 보여주려 했습니다. 올림픽을 최초로 구상했을 정도로 운동에도 적극적이었던 고대 그리스인들의 몸을 묘사한 조각은 운동으로 가꾸어진 아름다운 몸의 향연이라고 해도 과언이 아닙니다.

그림 2-3 고대 그리스 사회에서는 아름다운 신체가 곧 인간의 덕성을 나타내는 지표라고 믿었다. 완벽한 미학의 결정체는 인간의 벗은 몸이며, 이러한 의식에서 '누드'가 탄생했다.

고대 그리스인은 '신과 인간의 몸은 형태가 동일하다'는 '신인동형'에 대한 굳건한 믿음을 갖고 있었습니다. 그에 따라 그리스 신화 속에 등장하는 신의 모습이나 성격, 심리가 인간이 지닌 것과 크게 다르지 않다고 여겼습니다. 여하튼 신과 인간은 동일한 형태를 갖고 있기에 인간의 몸을 잘 가꾸고 묘사하는 것은 이상적인 신의 몸에 가까워지는 길이라고 생각했습니다. 가장 아름다운 인간의 몸을 신성한 신의 모습으로 여겼던 것이죠. 형태에는 당연히 비율도 포함됐습니다. 고대 이집트인이 카논의 법칙을 만든 것처럼 말이죠.

카논의 법칙은 고대 그리스의 예술가 폴리클리투스에 이르러 마침내 큰 변화를 맞이할 수 있었습니다. 폴리클리투스는 인체를 18개의 격자로 계산해 묘사하는 비정상적 방식이 아닌, 인간에게서 보다 적합한 비율을 찾고자 했습니다. 그는 격자가 아닌 두상의 길이를 이용해 비율을 계산하는 방식을 고안했습니다. 이게 바로 우리가 지금도 일상에서 흔히 사용하는 '등신 비율'입니다. 폴리클리투스는 자신이 고안한 등신 비율에 따라 일반적인 남성은 7등신 정도이며, 여성은 7등신에 조금 못 미치는 비율이라고 말했습니다. 실제로 두상의 길이는 여성이 남성에 비해 평균적으로 2센티미터 정도 짧고, 키는 13센티미터 정도 작으니 그가 관찰한 비율은 꽤 정확하다고 할 수 있습니다.

폴리클리투스가 기원전 5세기경에 관찰했던 비율은 2,500년이 지난 지금도 거의 비슷합니다. 우리는 여전히 각자의 머리를 기준으로 7등신 안팎의 몸을 가지고 살아가고 있으니까요. 그런데 우리 사회는 8등신 이상의 높은 신체 비율을 지닌 몸을 잘생기고 아름다운 몸이라고 생각합니다. 한 가지 놀라운 사실을 알려드릴까요? 8등신을 가장 이상적이고 아름다운 비율로 여긴 것은 폴리클리투스를 비롯한 고대 그리스인도 마찬가지였다는 것입니다. 그들은 8등신을 인간의 비율이 아닌, 신의 비율이라고 생각했습니다.

신은 인간을 극도로 초월한 존재입니다. 그렇기에 신의 몸은 인간과 달라야만 했습니다. 신의 몸이 지닌 우월함을 나타내기 위해, 7등신인 인간보다 머리 하나가 더 크게 신을 묘사했던 것이죠. 즉, 8등신은 '신의 비율'입니다. 인간의 몸으로는 불가능하다는 뜻이죠. 외모에 관심이 많은 사람들은 8등신 비율을 추앙하지만 애초에 8등신은 우리 인간에게서 거의 나타나지 않는 비율입니다.

오직 신만이 가질 수 있었던 비율이고, 행여 8등신의 몸을 가지고 있더라도 그건 아주 우연한 확률로 태어난 돌연변이라고 보는 게 맞습니다. 99.9퍼센트 이상의 인간은 모두 8등신이 아니니까요. 그러니 자신이 8등신이 아니라고 해도 낙담할 이유가 전혀 없습니다. 7등신 안팎의 비율을 갖고 태어난 것은 지극히 정상적이고 당연한 일입니다.

비트루비우스적 인간

개인의 두상으로 몸의 비율을 계산하는 폴리클리투스의 방식은 오늘날까지도 오랜 시간 변치 않고 사용되어왔습니다. 그 말은 그리스 시대 이후로도 인간의 신체 비율은 크게 달라지지 않았다는 것과, 그보다 괜찮은 계산법이 등장하지 않았다는 것을 방증합니다. 르네상스 시대의 천재 레오나르도 다빈치를 제외한다면 말이죠.

다빈치는 인간 몸의 가장 완벽하고 아름다운 비율은 무엇인지를 고민했습니다. 그는 이 넓은 우주에 이토록 특별한 인간이라는 존재가 탄생한 데는 분명한 이유가 있을 것이라 믿었죠. 이런 믿음은 인간이 우주의 기하학적 질서를 재현한 소우주라는 생각으로까지 뻗어나갔습니다. 다빈치는 인간을 '우주의 축소판'으로 여겼고, 그렇다면 우주만큼이나 확실한 질서가 필요했습니다.

그러던 와중에 다빈치는 로마의 건축가 마르쿠스 비트루비우스가 집필한 『건축서』에서 이런 구절을 보게 됩니다.

> 인체는 비례의 모범이다. 사람이 팔과 다리를 뻗으면 완벽한 기하학적 형태인 정사각형과 원에 딱 들어맞기 때문이다.

완벽한 기하학적 형태인 정사각형과 원, 여기에 팔다리를 뻗었을 때 완벽하게 들어맞는 인간의 몸. 다빈치는 바로 이것을 도안으로 그려냈고, 오늘날 우리는 이 인체비례도를 비트루비우스의 이름을 따서 '비트루비우스적 인간'L'uomo vitruviano이라고 부릅니다.

우주의 기하학적 질서를 재현한 가장 이상적인 비율을 가진 아름다운 몸이 바로 비트루비우스적 인간입니다. 당대 최고의 과학자이자 예술가인 다빈치는 이렇게 말했습니다. "인간의 가장 이상적인 모습을 포착하기 위해서는 자신의 몸을 측정해야 한

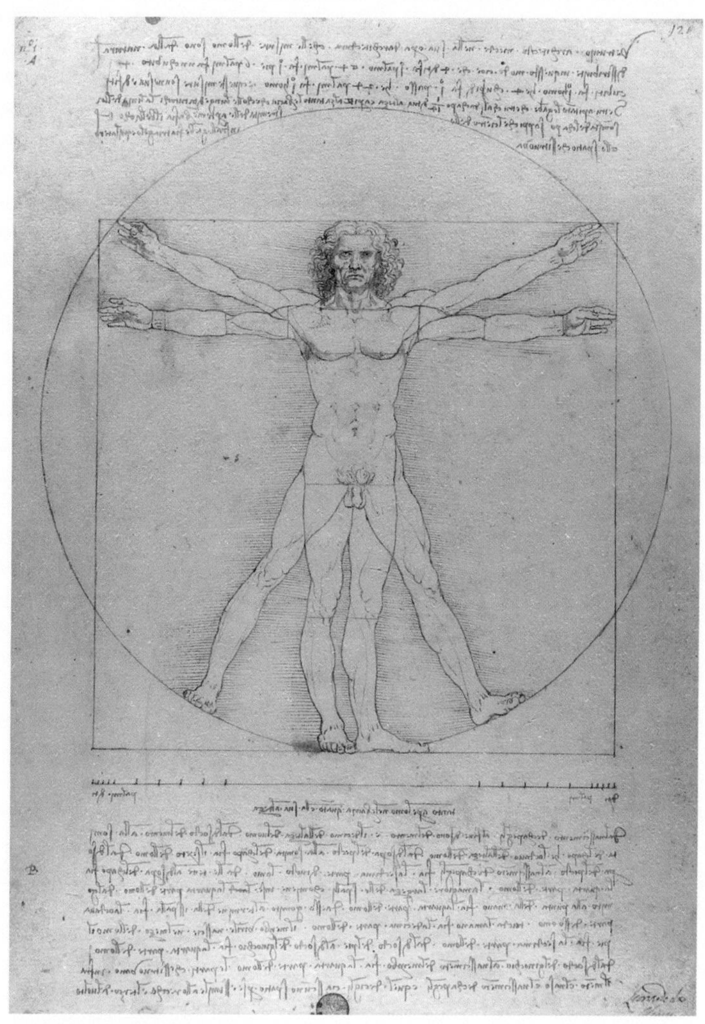

그림 2-4 다빈치가 그린 비트루비우스적 인간. 인간을 소우주로 여긴 다빈치는 우주만큼이나 확실한 몸의 질서를 찾아냈다.

다”. 즉, 인간이 자신의 몸을 정확하게 알면 자신을 둘러싼 세계를 이상적으로 살아가는 방법을 알 수 있다는 뜻입니다. 다빈치는 우리 인간의 몸에는 이미 우주의 이상적인 법칙에 대한 해답이 존재하고 있으니, 끊임없이 몸을 탐구하고 그 안에서 가장 아름다운 몸의 미학을 발견하기를 당부한 겁니다.

그런데 우리가 아름다운 몸이라 추앙하는 조건은 몸의 비율이 전부가 아닙니다. 인간은 그 어떤 존재보다 화려하게 자신을 꾸밀 줄 아는 존재입니다. 몸의 비율이 아름다운 몸을 위한 선천적 조건이라면, 몸을 꾸미는 행위는 아름다운 몸을 향한 후천적 노력이라고 할 수 있죠.

욕망과 자신감 그 어디쯤에서

하얀 피부를 찬양하다

20만 년 전 지금의 아프리카 대륙 남단에서 등장한 호모 사피엔스는 검은 피부를 가지고 있었습니다. 이들은 대륙을 세로로 가로질러 현재의 유럽과 아시아 대륙을 향해 나아갔고 당시에는 육지였던 베링해협을 건너 아메리카 대륙까지 진출했죠. 일조량이 많아 기온이 높은 아프리카를 벗어나 유럽으로 이주한 후, 상대적으로 일조량이 적은 지역에서 살기 시작하면서 피부색은 점점 하얗게 변했습니다. 그렇게 유럽과 아시아로 이주한 이들은 마침내 고대 문명을 일으켰고, 자연스레 밝고 하얀 톤의 피부가 인간 모습의 원형이라 믿었습니다. 태초에 신이 인간을 하얗고 빛나는 피부로 만들었다고 말이죠.

모든 문명이 그러하듯 이러한 믿음은 신화가 되었습니다. 유럽과 아시아에서 발생한 여러 고대 국가 속 신화에 등장하는 대부분의 신과 신화적 인물은 하얗고 밝게 빛나는 피부로 묘사됩니다. 우리에게 친숙한 예를 하나 들자면, 일연이 쓴 『삼국유사』에 등장하는 신라의 건국 시조 혁거세왕에 대한 묘사입니다.

> 자주색 알이 하나 있었다. (…) 그 알을 깨뜨려 사내아이를 얻었는데, 모습과 거동이 단정하고 아름다웠다. 사람들이 놀라서 이상히 여겨 동천에서 목욕을 시키니, 몸에서 빛이 나고 새와 짐승 들이 춤을 추며 천지가 진동하고 해와 달이 맑아졌다.

사람들이 처음 발견한 혁거세왕의 모습은 밝게 빛나고 아름다웠습니다. 이토록 빛나고 아름다운 사내아이야말로 국가를 일으켜 스스로 왕이 될 자격이 충분하다고 묘사한 것이죠.

밝고 빛나는 하얀 피부는 신화뿐만 아니라 현실에서도 부러움과 숭상의 대상이었습니다. 많은 사람이 실내에서 일하는 사무직을 갖게 된 것은 지극히 최근의 일입니다. 20세기 초반이 되어서야 실내에서 일하는 사람의 수가 바깥에서 일하는 사람보다 많아졌죠. 그 이전에는 대부분의 노동을 강한 햇빛 아래에서 해야만 했습니다. 다시 말해, 일하는 계층의 피부는 검게 그을린 것이 당연했죠. 계급이 높은 사람은 일하지 않았기에 실내에 머물며 밝고 하얀 피부를 유지할 수 있었습니다. 그렇게 하얀 피부는 높은 계급의 상징으로 자리 잡았습니다.

하얀 피부의 권력자들은 시간이 흐를수록 더욱 하얀 피부를 원했고, 화장품을 사용하기 시작했습니다. 고대 사회에서부터 많이 사용했던 화장품의 원료는 주로 쌀가루나 꽃가루, 하얀 돌가루 같은 것들이었습니다. 귀족들은 평범한 백성이 차마 입에도 올릴 수 없었던 귀한 쌀을 미백 재료로 사용했던 것이죠.

하얀 피부를 만들기 위한 노력은 계급이 높은 사람 사이에서 남녀노소를 가리지 않았습니다. 2010년 방영한 인기 드라마 《성균관 스캔들》을 시청했던 분은 기억하실 겁니다. 뽀얀 피부를 가진 성균관 유생들이 일렬로 줄을 맞춰 세수하며 물장난 치던 장면을요. 실제로 조선 시대 고위직 남성이 분세수하던 모습을 재현한 장면이라고 합니다.

이처럼 몸을 꾸미는 일은 남녀노소 가릴 것 없이 지극히 당연한 인간의 욕망입니다. 특히 아름다운 몸이 명백한 계급의 상징으로 여겨지던 시절에는 더욱 그러했죠. 그런데 이 순수한 욕망을 추구하던 노력은 때로 비극이 되기도 했습니다.

욕망이 만든 참혹한 비극

대영제국의 기반을 마련한 강인한 왕으로 평가받는 엘리자베스 1세는 하얀 피부를 향한 열망이 어떤 비극적 결과를 낳았는가를 이야기할 때 종종 언급되는 인물입니다. 엘리자베스 1세가 새하얀 피부를 유지하기 위해 주로 사용했던 화장품은 '백연'白鉛으로 알려져 있습니다. 백연은 쌀가루와 밀가루 같은 흰 곡물 가루를 납 가루와 섞어 만든 미백용 가루입니다. 이 가루는 요즘 우리가 쓰는 화장품 파우더처럼 잡티를 가리고 피부를 하얗게 보이도록 만들어줬죠. 그런데 부작용이 매우 심각했습니다.

〈그림 2-5〉는 엘리자베스 1세의 초상화인데요, 피부 곳곳이 퍼렇게 물든 것을 볼 수 있습니다. 백연의 주성분 가운데 하나인 납은 몸에 직접 닿거나 흡수됐을 때 매우 유해한 반응을 일으킵니다. 납중독이 심하면 피부가 괴사할 뿐만 아니라 노화가 촉진되고, 환각이나 망상을 보게 되는 등 정신병까지 발병합니다. 이런 위험한 성분을 하얗게 빛나는 피부를 갖기 위해 매일같이 얼굴에 발랐으니, 피부가 망가지는 것은 당연한 결과였죠. 아름다움을 향한 노력이 오히려 추악함을 불러온 아이러니가 아닐 수 없습니다.

날이 갈수록 괴사하는 피부는 백연으로도 감출 수 없는 지경에 이르렀고, 결국 엘리자베스 1세는 왕궁 안의 모든 거울을 치

그림 2-5 엘리자베스 1세의 피부가 괴사한 모습을 볼 수 있다. 새하얀 피부를 갖는 것은 목숨과 맞바꿀 만큼 지독한 욕망이었다.

워버리라는 명령을 내렸습니다. 도저히 자신의 얼굴을 볼 수가 없었던 것이죠. 혹자는 엘리자베스 1세가 지나치게 많은 백연을 사용한 나머지 지독한 납중독에 걸렸고 그것이 사망의 원인이라고 추측하기도 합니다.

비슷한 일은 또 있습니다. 엘리자베스 1세와는 비교도 안 될 만큼 끔찍한 살육의 비극이 헝가리 왕국에서 일어났습니다. 훗날 '피의 백작 부인'이라는 무서운 별칭을 갖게 된 여인 바토리 에르제베트의 이야기입니다.

헝가리 왕국의 유서 깊은 바토리 가문의 유복한 여식으로 태어난 에르제베트는 무려 1,500명에 달하는 처녀와 어린 여자아이를 납치하고 살해했습니다. 자신의 아름다움을 유지하기 위한 가장 좋은 방법이 처녀의 피로 목욕하는 것이라 믿었기 때문입니다. 에르제베트는 한 방울의 피라도 더 구하기 위해 죽은 시체를 압착해 피를 짜내는 기구까지 만들었을 정도로 피의 광기에 사로잡혔습니다.

이처럼 아름다운 몸을 얻기 위해 벌어진 끔찍한 일은 경악스러울 정도입니다. 지금부터는 인간의 어떤 심리적 요인이 아름다움을 향한 순수한 욕망부터 잔혹한 연쇄살인까지 저지르도록 만드는 것인지 살펴보겠습니다.

무엇이 우리를 꾸미게 하는가

몸을 가꾸고 꾸미는 심리적 동기는 크게 두 가지로 나눌 수 있습니다. '자발적 동기'와 '순응적 동기'입니다. 먼저 자발적 동기는 외모를 개성 있고 아름답게 연출함으로써 자신감을 획득하려는 의지에서 발현됩니다. 다른 사람 앞에 당당히 서고 자신이 원하는 방식으로 개성을 표현하려는 동기라고 할 수 있습니다. 예쁜 옷을 입고 화장을 하고 좋아하는 액세서리를 통해 자신의 몸을 하나의 예술품으로 승화하고 자신감을 고취시키는 행위인 것이죠.

비록 실용적이거나 합리적이지 않더라도 자신이 추구하는 아름다움 그 자체를 숭고하게 여기는 이러한 자세는 '유미주의'와 일맥상통합니다. 유미주의는 '아름다움 그 자체를 향한 아름다움'을 숭상하는 관점이라고 보시면 됩니다. 자신의 몸을 꾸미는 행위는 몸이 지닌 아름다움에 대한 잠재력을 최대한 이끌어내려는 의지입니다. 그 자체가 자신을 사랑하는 방식이며, 자신의 몸을 아름다움을 위한 피사체로 여깁니다. 이와 같은 맥락에서 자신을 사랑의 대상으로 삼는 욕망인 '나르시시즘'narcissism도 나타날 수 있겠네요.

순응적 동기는 자신이 속한 사회의 일원으로서 외모를 꾸미고 치장하는 것을 말하며, 그것이 상대방에 대한 예의라고 생각할 때 발현되는 동기입니다. 다른 사람을 만날 때 불쾌감을 주지 않고 상대방이 존중받고 있다는 기분이 들도록 만드는 배려의 심리죠. 아무리 기본적인 외모가 훌륭한 사람이라 할지라도 제대로 씻지 않고 지저분한 차림으로 나타난다면 아름답게 보일 수 없습니다.

순응적 동기와 잘 어울리는 표현이 바로 'TPO'입니다. '시간'time '장소'place '상황'occasion의 영어 앞 글자를 딴 TPO는 시의적절하게 자신의 몸을 꾸밀 수 있어야 한다는 것을 의미합니다. TPO에 적합한 형태로 치장하는 것은 곧 자신의 사회적 위치와 역할을 적절하게 보여주는 행위죠.

현대 사회에서 몸을 치장하고 꾸미는 일은 자신이 추구하는 사회적 자아를 완성하는 행위로 자리매김하고 있습니다. 여기에는 남녀노소를 따질 것이 없죠. 누구나 자신이 지닌 아름다움을 발산하려는 욕망을 갖고 있습니다. 동시에 다른 사람과 함께 어울려 살기 위해 사회적으로 용인되는 아름다움을 추구하며 상대에 대한 존중을 표현하기도 하고요. 우리는 각양각색의 패션이나 화장이 더 이상 어느 한 성별에 국한되는 것이 아닌 시대를 살아가고 있습니다. 그런 의미에서 진정한 아름다움을 위한 조언으로 이번 장을 마치겠습니다.

공자와 그의 제자가 집필한 중국의 고서 『예기』에는 올바른 사람의 아름다운 몸가짐에 관한 구절이 있습니다.

> 발걸음은 무게가 있고, 손놀림은 공손하고, 눈매는 단정하고, 입매는 다물고 있고, 목소리는 차분하고, (…) 서 있는 모양은 의젓하고, 점잖게 어디에 기대지 않고, 얼굴빛은 씩씩해야 한다.

여기서 주목해야 할 것은 이 구절 어디에도 몸의 생김새에 대한 언급은 없다는 것입니다. 발걸음과 손놀림, 입의 모양, 목소리 등 모두 몸가짐과 행동에 관한 것뿐입니다. 진정으로 아름다운 몸은 타고난 생김새가 아닌, 올바른 몸가짐과 자세에 달려 있다는 사실을 꼭 기억하시기 바랍니다.

함께 나눌 이야기

- 잘생기고 예쁜 외모는 정당하고 합리적인 경쟁력으로 볼 수 있을까?
- 외모에 돈을 들이는 것은 경쟁 사회에서 필수적인 노력인가?

내가 어릴 때만 하더라도 옆집 누구 아저씨가 자기 아이를 발로 찼는데 10미터를 날아가서 처박혔다더라, 아이가 말을 안 들어서 발가벗겨 밖에 내놨다더라 등등의 이야기를 거의 매일같이 들었다. 과장이라고? 그만큼 부모가 아이를 훈육하는 방식에 있어 체벌은 필수라고 여긴 시대였고 얼마나 강하게 체벌했느냐 하는 이야기는 마치 영웅담처럼 동네를 떠돌았다. 물론 요즘은 아동의 인권 존중과 체벌 없는 훈육에 대한 인식이 많이 확산되었고, '아저씨의 영웅담'은 거의 들려오지 않는다.

그런데 체벌은 하지 않더라도 자녀를 부모의 소유라고 생각하는 태도는 아직도 많은 가정에 완고하게 자리 잡고 있는 것으로 보인다. 자녀의 성공에 대한 부채 의식이 큰 부모일수록 자녀를 소유물처럼 대하고, 자녀의 몸을 강하게 통제하는 경향이 있다. 평생 함께해야 하는 몸에 대한 지분을 자신이 아닌 타인이 더 많이 가지고 있다는 인식을 갖고 살아간다면 그것은 큰 불행이 아닐 수 없다.

과연 우리는 소중한 몸에 대한 소유권을 스스로 지키고 관리해야 한다는 사실을 얼마나 깨닫고 있을까?

3장

몸을 파괴할 권리

타인의 몸을 지배하다

#나를파괴할권리 #순종하는몸 #몸의훈육 #몸의교육 #순종적신체 #체벌과계몽 #몸의소유권 #몸의지배 #통제양식 #금욕양식 #재현양식 #불안양식 #사도 #영조 #자식의몸 #파괴적권리

몸에도 소유권이 있을까

집단을 위해 소유되는 몸

프랑스에서 마약을 소지하고 복용한 혐의로 체포된 작가 프랑수아즈 사강은 텔레비전에 나와서 "나는 나를 파괴할 권리가 있다"라는 유명한 말을 남겼습니다. 자신이 다른 이에게 피해를 주지 않는 한 자신의 몸은 철저히 자신의 소유라고 주장한 것이죠. 몸을 파괴할 권리까지 소유한다는 말은 짐짓 멋있게 들릴 수도 있지만, 마약중독자가 자기 변론을 위해 했던 말이라고 하면 이 말의 진위를 다시 한번 생각하게 됩니다. 생산적이고 능동적인 파괴가 아닌, 범죄로 명시된 파괴니까요. 마약을 하는 행위는 다른 사람의 중독을 야기할 수 있기에, 타인에게 피해를 주지 않는 범위라는 주장 역시 설득력을 얻기는 어려워 보입니다.

인간의 본성은 집단적인 경향이 있다고 말한 사람이 있습니다. 고대 그리스 철학자 아리스토텔레스는 그의 저서 『정치학』에서 "인간은 태생적으로 사회적 동물"이라고 선언했죠. 이 혹독한 자연 속에서 인간은 결코 혼자 살아갈 수 없으며, 긴밀한 협력 체계를 구축한 사회를 만들어 살아가는 동물이 바로 인간이라는 뜻입니다.

인간의 몸은 씨족 단위의 작은 집단을 구성하던 선사 시대부터 가장 기본적인 노동력을 발생시키는 수단이었습니다. 수렵과 채집으로 생존하던 당시에 부족원의 숫자는 그 집단의 존속과 직접적으로 결부되는 요인이었죠. 활용 가능한 몸의 숫자가 얼마나 많으냐가 곧 그 집단의 힘으로 여겨졌습니다. 몸은 노동력 자체를 의미할 뿐만 아니라, 노동력을 발생시키는 몸을 재생산하는 주요한 도구로서도 기능했습니다. 새로운 구성원을 탄생시켜서 집단을 강성하게 만드는 도구였던 것이죠.

집단에서 떨어져 나간 개인의 몸은 생존을 보장받을 수 없을 정도로 혹독한 환경에 버려졌습니다. 다른 동물처럼 날카로운 발톱이나 이빨, 두꺼운 피부나 털이 없었던 인간의 연약한 몸은 혼자 있을 때는 다른 육식동물에게 매우 손쉬운 먹잇감이 됐습니다. 집단에서 내팽개쳐진 인간 혼자서는 작은 먹이를 구하는 일 하나도 어려웠을 겁니다. 개인이 생존하기 위해서는 반드시 집단에 속해야 했습니다. 즉, 씨족 단위의 부족을 형성하던 선사 시대부터 이미 우리 인간은 집단의 영속과 개인의 생존이라는 양자 간의 이해관계에 따라 집단이 안전과 생존을 보장해주는 대신 개인의 몸을 소유한 것입니다.

훈육과 교육 그리고 순종하는 몸

프랑스 철학자 미셸 푸코는 『감시와 처벌』에서 몸에 대한 국가의 권한을 더욱 명시적으로 역설했습니다. 그는 부적절한 국민의 몸을 국가나 사회가 필요한 형태로 변화시키는 것은 매우 합당하며 또 가능한 일이라고 주장했습니다. 오늘날 인간이 만드는 집단은 선사 시대와는 비교할 수 없을 만큼 복잡하고 고도화되어 있습니다. 국가라는 집단은 개인의 몸을 생존하게 하는 수준을 넘어 문화적 활동과 삶을 즐길 수 있는 각종 인프라와 제도를 구축·관리하는 등 무수히 많은 기능을 담당합니다. 국가는 이 많은 기능이 제대로 작동하도록 국민에게 노동과 국방 등의 필수적인 의무를 부과합니다.

이를 통해 국가는 국민의 몸을 활용할 수 있는 권한을 획득합니다. 물론 국민도 국가가 부과한 각종 의무를 이행함으로써 국가의 보호를 받게 됩니다. 또한 앞서 말한 국가 차원의 각종 인프라를 이용할 수 있는 권리를 가집니다. 현재 인간이 만든 집단과 개인의 몸이 맺는 관계는 이처럼 '몸의 의무와 권리'를 전제로 맺는 관계입니다.

다시 푸코의 이야기를 좀 더 해보겠습니다. 앞서 언급했듯 푸코는 국가가 "부적절한 국민의 몸을 변화시키는 것이 가능"하다고 주장했는데, 이것은 곧 국가가 국민의 몸을 필요에 맞게 '훈육'한다는 말이 됩니다. 푸코는 국민이 몸을 사용하고 운용하는 부분에 대해 국가는 훈육을 통해 면밀히 규정해야 한다고 말했습니다. 국가는 국민의 몸이 지닌 능력과 체력을 통제할 수 있으며 몸에 대해 '순종-효용성 관계'를 강제할 수 있게 되는데, 이것이 모두 훈육의 기능이라고 봤습니다. 즉, 국가가 부과하는 의무를 순종적이고 효과적으로 이행하는 몸을 만들기 위해 국가는 국민을 훈육한다는 말이죠.

푸코는 국민의 몸을 훈육하는 메커니즘을 크게 두 가지로 나누었습니다. 바로 '경제성'과 '정치성'입니다. 우선 국가는 국민의 몸을 효율적으로 사용하기 위한 경제성을 강조하며 훈육합니다. 인간의 몸이 지닌 능력은 유한하므로 국가가 만들어놓은 시스템에서 가장 효율적으로 몸을 사용할 수 있는 방법을 배워야 한다는 것을 강조하죠. 이 과정에서 국민의 몸은 자연스레 국가에 복종하게 됩니다. 여기서 발생하는 메커니즘이 바로 정치성입니다. 국가가 개인의 몸을 복종시키고 필요에 맞게 변화시킬 수 있는 것이 푸코가 말한 정치성이며, 경제성과 함께 작동하고 훈육의 메커니즘을 완성하죠. 푸코는 이와 같은 훈육의 메커니즘을 통해 국민의 몸이 지닌 경제적 힘과 정치적 힘이 분리되어, 국가가 효과적으로 국민의 몸을 소유할 수 있다고 봤습니다.

그렇다면 국가가 국민의 몸을 가장 효과적으로 훈육할 수 있는 방안은 무엇일까요? 당연히 교육과 계몽을 통해 어릴 때부터 국가의 이념과 목적에 맞는 몸으로 성장시키는 방식입니다. 데이비드 커크는 학교는 학생의 몸무게와 청결도, 건강 상태, 운동 능력 등에 대한 철저한 기준을 만들고 평가함으로써 학생이 따라야 할 규율을 확립하고 분류·감시하는 기능을 담당한다고 했습니다. 커크의 주장에 따르면, 국가는 학교 교육을 통해 국민의 몸을 '순종적 신체'로 길러내는 작업을 수행하는 기관입니다.

학교에서 우리는 국가의 역사와 이념, 문화 그리고 무엇보다 현재 국가가 중요하게 여기는 능력을 중심으로 학습하게 됩니다. 일례로 우리나라에서는 지적 능력이 신체 능력보다 중시되므로 대부분 체육보다 영어·수학·과학·국어 등을 훨씬 더 오랜 시간 투자해 학습하죠. 즉, 학교는 국가가 추구하는 이념과 경제적 활동, 성장 등에 적합한 개인의 몸을 국가의 자산으로 간주하고 관리하는 기관으로 존재하는 것입니다. 교육을 잘 받고 길러진 국민은 곧 국가의 경쟁력이자 성장 동력이 되니까요.

그런데 국민의 몸은 이렇게 일방적으로 국가에 훈육당하거나 소유당하기만 하는 몸일까요? 반드시 그렇지는 않습니다.

몸을 둘러싼 파워 게임

국가가 철저한 계급의식이나 종교적 신념을 통해 국민을 통치하고 몸에 대한 막대한 권한을 행사하던 시대는 지나갔습니다. 오늘날 대부분의 국가는 민주주의를 국가 이념으로 택해, 신분제를 타파하고 국민의 자유와 권리를 보장하는 형태로 변화했죠. 따라서 현재 우리가 자신의 몸에 대한 온전한 소유권을 행사한다는 관점은 몸에 대한 모든 권리를 자유롭게 행사한다는 것을 말합니다. 물론 권리에는 당연한 책임이 따릅니다. 권리를 자유롭게 행사함으로써 발생하는 자신의 몸과 타인의 몸이 받을 영향에 대해 스스로 책임질 수 있어야 합니다.

자신의 몸을 온전히 소유한다는 관점이 확산하면서 현대인은 몸을 가꾸고 다듬는 일에 더욱 열중하게 됐습니다. 건강한 몸을 위해 피트니스 클럽에서 운동하는 것은 국가가 국민의 몸을 관리하고 강제하는 차원에서 이루어지는 일이 아닙니다. 국가가 보건복지 측면에서 국민의 몸에 일정 정도 권한을 발동하는 것은 가능하지만 몸을 가꾸는 일을 간섭하지는 않습니다. 즉, 이상적인 몸을 만드는 개인의 행위는 건강하고 아름답기를 바라는 개인의 욕망과 스스로 몸을 온전히 소유한다는 강한 확신에서 나오는 것이죠.

몸의 소유권을 두고 팽팽한 긴장 관계를 이루는 집단도 있습

그림 3-1 누가 시키지 않아도 자기 몸을 아름답고 건강하게 가꾸려는 현대인의 욕망은 몸에 대한 온전한 소유 의식이 확산하면서 나타난 현상으로 볼 수 있다.

니다. 바로 국가와 기업입니다. 먼저 국가는 개인의 몸에 부과할 권한을 사용해, 일정 부분 몸에 대한 소유권을 당위적으로 갖고 있습니다. 앞서 언급했듯이 국가가 국민을 보호하는 조건으로 납세나 국방의 의무 등을 지울 수 있는 것이죠. 그런데 기업은 국가처럼 개인 몸의 권한 자체를 소유하지는 못합니다. 기업은 개인의 몸이 발생시키는 노동의 가치에 대한 계약을 맺는 겁니다.

국가와 기업의 이러한 차이 때문에 국가는 기업을 상대로 한 대결에서 늘 상당한 우위를 차지합니다. 국가는 국민의 몸을 보호하고 지킨다는 명분으로 기업에게 계약 맺은 몸을 잘 관리하도록 강제할 권한을 행사할 수 있죠. 예를 들어, 우리나라의 직장인은 1~2년마다 반드시 건강검진을 받아야 하고, 검진을 받지 않을 경우 기업과 개인 모두에게 과태료가 부과될 수 있습니다. 만약 정당한 사유 없이 기업이 건강검진을 받지 못하게 한다면 기업은 큰 금액의 과태료를 물어야 할 수도 있고요. 다시 한번 강조하면, 국민의 몸은 국가의 경쟁력이고 매우 중요한 자산입니다. 기업은 감히 국가의 자산인 개인의 몸을 소유할 수 없을뿐더러, 노동의 가치를 극대화한다는 이유로 함부로 다루거나 손상시켜서는 절대로 안 됩니다.

이것이 아무리 초거대 기업이라 할지라도 국가를 상대로 하는 파워 게임에서 쉽게 이기지 못하는 이유입니다. 초거대 기업이 지닌 가치가 한 국가의 가치보다 더 크게 평가될 때도 있습니다. 세계적인 초거대 기업인 애플만 하더라도 기업 가치가 2022년 기준 한국의 1년 GDP를 넘어섰습니다. 한국의 모든 주식의 가치를 합쳐도 애플의 주가 총액보다 적습니다. 그런데 이러한 자산 가치 총액만으로 애플이라는 기업의 권력이 한국이라는 국가보다 강하다고 말할 수 있을까요? 절대로 그렇지 않습니다. 기업은 어디까지나 개인의 몸과 계약을 맺어 노동의 가치를 창출하고, 국가는 국민의 몸 그 자체를 소유하기 때문입니다. 이것이 초국가적 기업이나 초거대 기업이 국가를 상대로 권력의 우위를 쉽게 점유할 수 없는 결정적 이유입니다.

몸을 지배하는 네 가지 전략

국가는 기업과 달리 개인 몸의 소유권을 일부 가질 수 있으며, 때에 따라 통제하고 지배할 수 있습니다. 노명우 교수는 「몸의 지배양식과 개인화의 역설」에서 개인의 몸을 지배하는 집단(국가, 기업, 종교 단체 등)의 전략을 네 가지로 분류했는데, 아주 체계적이며 흥미롭습니다. 몸의 지배양식을 '통제양식' '금욕양식' '재현양식' '불안양식'으로 분류했으며, 각각의 전략은 하나의 독립된 형태로 적용되는 것이 아니라 두 가지 이상이 복합적으로 적용될 수도 있다고 말했습니다.

첫째, 통제양식은 집단의 목적을 성취하기 위해 개인의 몸을 수단으로 활용하고 '동원'하는 방식입니다. 개인의 몸을 집단의 소유물로 만드는 전략이죠. 통제양식을 취하는 집단은 개인의 몸이 지닌 자율성이나 판단 능력을 존중하지 않습니다. 오직 집단의 목적을 위해 개인의 몸이 지닌 개성을 박탈하고 각각의 몸은 숫자와 지표로서만 판단됩니다. 그리고 철저히 숫자화된 집단의 목적을 달성하는 데 필요한 도구로 활용합니다.

대표적인 예는 국가 차원에서 실행하는 '인구 정책'의 변화입니다. 인구가 많아서 문제일 때는 산아 제한 정책을 통해 인구 수를 줄이고, 인구 부족 위기가 커진 요즘 같은 시대에는 적극적으로 다자녀 정책을 펼칩니다. 1970년대에는 "딸·아들 구별 말고

그림 3-2 인구가 가파르게 증가하던 1970년대에는 산아 제한 정책을 중시했던 반면, 인구 절벽 시대를 맞이한 2020년대에는 다둥이 가정에 더 많은 혜택을 주는 정책이 우선한다.

둘만 낳아 잘 기르자"라는 구호를 외칠 정도로 산아 제한이 국가 정책 기조였던 것에 반해, 2020년대에는 "아이를 많이 낳아서 애국한다"라는 말이 나올 정도로 다둥이, 다자녀를 장려합니다.

국가가 적정하게 유지해야 할 인구 정책 목적을 설정하면, 국가에 속한 개인은 목적을 달성하기 위한 수단이 됩니다. 이를 위해 각종 정책이나 선전으로 생활 양식을 강제하기도 합니다. 이때 개인의 몸은 목적에 부합하는 의무를 이행했을 때 비로소 자유로울 수 있습니다. 더불어 목적 달성에 이바지한 것에 대한 대가와 혜택을 획득할 수 있게 됩니다.

둘째, 금욕양식입니다. 이것은 종교나 이데올로기 등 삶을 정신적으로 관장하는 집단의 신념으로 개인의 몸을 지배하는 전략입니다. 금욕양식은 주로 '억제'의 기제를 이용합니다. 생물학적 번식을 향한 욕망을 제외한 몸의 모든 욕망을 제한하고 지배하는 방식이죠. 인간의 몸이 지닌 태생적인 욕망을 저열한 것으로 여기도록 만들고 스스로 억제할 수 있는 기제를 익히도록 합니다. 이와 같은 억제와 억압을 통해 비로소 숭고하고 높은 수준의 가치를 창출할 수 있다고 믿는 겁니다.

강한 믿음과 신념을 갖고 종교적 고행을 한다던가(이 부분은 제4장 「우리를 둘러싼 고통」에서 자세히 다룸), 불필요한 성욕을 억제하는 등 몸이 지닌 원초적 쾌락이나 자연스러운 욕망을 통제하려 합니다. 금욕양식에서는 몸을 불손한 쾌락에 포획된 존재로 여기도록 만들고 성실하고 고결한 노동을 하는 몸을 숭상하도록 만듭니다. 이는 마치 기독교 『성경』에서 '원죄'를 저지른 아담과 이브가 자기에게 생긴 욕망을 부끄러워하는 모습이나, 직업과 노동을 신의 '소명'으로 여겨 성스럽고 귀하게 생각하는 태도와 같다고 보면 됩니다.

셋째, 재현양식은 주로 자본주의 사회에서 나타나는 전략입니다. 자본주의 사회에서 개인의 몸은 자본을 얼마나 효과적으로 소비했는지 보여주는 결과물로써 기능합니다. 얼마나 비싼 옷을 걸치고 있는지, 얼마나 좋은 음식을 먹고 비싼 피트니스 클럽에서 운동하고 관리받고 있는지 등 몸은 자본의 크기와 비례해 표상되는 하나의 전시물(자본의 재현)이 되는 것이죠.

우리 주변에 무수히 존재하는 미디어는 '완벽한 몸' '이상적인 몸' '본받아야 할 몸' 등의 '이상적 몸의 이미지'를 끊임없이 개인에게 보여줍니다. 자신의 몸을 가꾸려고 하는 개인의 욕망을 지속적으로 자극하고, 몸을 관리하기 위해 소비되는 상품을 팔아서 이윤을 창출합니다.

이것이 바로 재현양식의 핵심 전략입니다. 각각의 개인은 자신이 집단에게 지배당한다고 생각하지 못합니다. 오히려 자신의 몸을 표현의 도구로 여기고 있다고 믿죠. 몸을 가꾸고 관리하는 것은 자신의 몸을 아끼고 개성을 나타내는 '자발적인 방식'이라고 생각하게 됩니다. 미디어의 힘을 통해 은연중에 개인의 몸을 지배하며 자본의 이익을 창출하는 방식이 재현양식입니다.

끝으로 볼 전략은 불안양식입니다. 이 전략 역시 재현양식과 유사한 방식을 취하는데, 초점이 개성이나 아름다움이 아닌 '건강'입니다. 건강하다는 것의 기준은 무엇일까요? 사실 건강하다는 말은 매우 모호합니다. 어디까지를 건강하다고 봐야 하고, 어디까지를 나약하다고 봐야 하는지 기준이 매우 다양하기 때문입니다. 무엇이 우리의 몸을 건강하게 만들어줄까요?

쉬운 예로 커피가 몸에 좋은지 나쁜지를 분석하는 연구의 결과가 매번 다르게 나타나는 걸 자주 보게 됩니다. 어떤 연구에서는 건강을 위해 좋은 음료라고 하고, 어떤 연구에서는 매우 해롭다고 주장하기도 합니다. 어느 장단에 맞춰 커피를 얼마나 섭취해야 할지, 아니면 끊어야 할지 도무지 알 수가 없습니다.

불안양식은 이처럼 건강한 상태와 건강을 유지하는 방식에 막연하고 모호한 기준을 제시해, 개인의 몸을 '공포'를 통해 지배하려 합니다. 불안양식이 자극하는 불안은 바로 '몸의 건강을 잃을지도 모른다는 불안'입니다. 개인의 몸은 전문가가 끊임없이 진단하고 세밀하게 관리해줘야 하는 불안의 대상이 되죠. 무수히 많은 진단명이 생성되고, 발병을 예방하거나 치료하기 위한 약과 치료법이 나타납니다.

물론, 병원이나 약국과 같은 기관이 건강에 대한 막연한 불안을 먹고산다고 말하는 것은 당연히 아닙니다. 다만 집단이 개인의 몸을 지배하기 위해 건강 불안을 이용할 수 있다는 것을 경고하는 것일 뿐입니다. 정신분석학자 파울 페르하에허는 『우리는 어떻게 괴물이 되어가는가: 신자유주의적 인격의 탄생』에서 건강을 볼모로 개인을 지배하는 의료 기관에 대해 경제와 자본에 지배당한 '건강 기업'이라고 맹렬하게 비판하기까지 했습니다. 건강한 사람의 기준을 매우 엄격하게 만들어 불필요한 약을 복용하거나 치료받게 만드는 의료 기관과 의료 종사자가 존재한다면서 말이죠.

지금까지 노명우 교수가 분류한 집단이 개인의 몸을 지배하는 네 가지 전략을 살펴봤습니다. 네 가지 전략 모두 개인의 몸을 지배하려는 집단의 다양한 방식을 보여주었는데, 공통점이 하나 있습니다. 바로 개인의 몸이 공통된 목적을 지향하도록 강제하거나 은연중에 주입한다는 겁니다. 국가가 지향하는 단일한 목적을 강제하거나(통제양식) 쾌락적 욕망은 저열한 것이라고 믿도록 하거나(금욕양식), 이상적이고 멋진 몸을 가꾸도록 유도하거나(재현양식), 건강한 몸을 위해 끊임없이 관리받도록 만들었습니다(불안양식). 페르하에허는 건강한 사회는 동일성과 차이, 공동체와 개인의 균형이 유지될 때 제 기능을 다한다고도 말했습니다. 집단에 쉽게 지배당하지 않는 개인의 몸은 바로 유일무이한 정체성을 찾으려는 개인의 노력에서 가능한 것이 아닐까요?

누구의 몸인가
《사도》

영조와 사도의 핏빛 비극

조선 시대를 통틀어 가장 심각한 수준의 가족 갈등 사례를 꼽으라면, 저는 단연 영조와 사도세자를 꼽겠습니다. 아버지와 아들 간의 갈등이 극단으로 치달아, 많은 사람이 죽거나 해를 입었고 사도세자가 죽어야만 끝날 수 있는 참혹한 비극이었으니까요. 이준익 감독의 영화《사도》는 영조와 사도세자 간의 갈등을 왕실의 권력 관계보다 아버지와 아들 간에 일어날 수 있는 가족의 갈등으로 잘 묘사한 작품입니다. 물론, 왕실이라는 환경에서 빚어지는 갈등 상황이 일반 가정보다 훨씬 더 스펙터클한 충격으로 이어집니다.

《사도》의 큰 줄거리는 이렇습니다. 늦은 나이에 자신의 왕위를 이을 아들을 보게 된 영조는 처음에는 영특하고 똘똘한 세자를 무척이나 아꼈습니다. 훌륭한 왕으로 성장시키기 위해, 직접 책까지 써가며 공부시켰고 좋은 것은 다 해주려고 했죠. 그런데 오히려 이것이 문제가 됐습니다. 사랑이 집착으로 변해버린 겁니다. 어린 세자는 영조가 제시하는 공부 수준을 따라가지 못했고, 예술이나 무예를 좋아했던 세자의 성격은 영조의 눈에는 못마땅했습니다.

결국 나이가 들수록 부자간의 갈등은 심각해졌습니다. 세자의 일거수일투족에 시비를 걸고 혼내는 것이 영조의 일상이 되었습니다. 극도의 스트레스를 견디기 힘들었던 세자는 술과 미신에 빠져 살았고, 심지어 궁인을 살해하기에 이릅니다. 당연히 이 소식은 영조에게 곧장 전해졌습니다. 영조는 세자에게 자결을 명하지만 세자는 이를 거부합니다. 결국 영조는 세자를 뒤주에 가두어 8일간 굶겨 죽음에 이르게 합니다. 영화《사도》는 이 8일의 시간을 과거와 교차하면서 보여주는 방식으로 두 사람의 비극을 극적으로 묘사합니다.

선한 의도의 역설적 기능

가족 심리를 연구하는 최광현 교수는 그의 저서 『가족의 두 얼굴』에서 가족 내에서 나타나는 수많은 갈등과 고통은 '선한 의도와 동기'에서 출발한다고 말합니다. 특히 의도나 동기 자체는 나쁘지 않은데, 그것을 실천하는 방법 면에서 문제가 너무 많다고 주장합니다. 다시 말해, 가족 구성원이 서로에게 사랑을 실천하려는 의도와 동기를 갖고 있지만, 그것을 어떻게 표현하고 실행해야 하는지를 잘 모르고 있다는 겁니다.

영조와 사도세자 역시 마찬가지입니다. 영조는 사도세자에게 분명히 선한 의도와 동기를 갖고 있었습니다. 그는 조기 교육과 꼼꼼한 관리를 통해 사도세자를 임금에 걸맞은 인간으로 성장시키고자 했죠. 조선의 '성군'이 될 수 있도록 말입니다. 그런데 선한 의도를 갖고 실행된 여러 행동은 사도세자를 전혀 고려하지 않은 일방통행이었습니다. 영조의 양육은 사도세자가 도저히 감당하기 힘든 극한의 방식이었고, 이것이 파국의 단초가 되었습니다.

사실 영조는 왕위 계승에 대한 트라우마가 있는 사람이었습니다. 적장자가 아니었기에 원래는 왕위 계승 우선순위에서 밀려 있었습니다. 그러니 이복형제이자 후에 경종이 되는 왕세자를 옹립하려는 소론과 자신을 옹립하려는 노론 사이의 치열한 당파 싸움 한가운데에서 목숨을 건 왕위 쟁탈전을 벌여야만 했죠. 숙종의 뒤를 이어 왕위에 오른 경종이 4년 만에 요절하면서 영조는 왕위에 올랐습니다. 이에 영조는 죽을 때까지 경종을 암살했다는 루머에 시달려야만 했죠. 이렇게 천신만고 끝에 왕이 된 영조였기에 사도세자만큼은 신하에게 휘둘리지 않는 강인한 왕으로 성장하기를 바랐던 겁니다.

그러나 사도세자를 강한 왕으로 키우고자 했던 영조의 강박은 양육이 아닌 혹독한 훈련과 강압적인 교육으로 변질되고 말았습니다. 자신이 당한 고통을 자식이 되풀이하지 않도록 노력했던 영조는 아이러니하게도 자신이 당한 고통 그 이상의 것을 자식에게 행사해버렸습니다. 심리학에서는 부모가 자신이 어렸을 때 당했던 고통을 자식에게 그대로 행사하려고 할 때 나타나는 폭력적 심리 기제를 '파괴적 권리'라고 부릅니다. 영조는 자신과 후궁 사이에서 태어난 사도세자 역시 적장자가 아니라는 이유로 신하에게 핍박받을 상황을 염려했습니다. 그런데 그 선한 걱정이 폭력이 되고 말았죠.

영조는 사도세자를 정신적 고통의 상태로 몰아넣었을 뿐만 아니라, 사도세자의 몸을 완전히 지배하는 수준에 이르렀습니다.

부모에게 포획당한 자식의 몸

사도세자의 아내이자 비운의 세자빈인 혜경궁 홍씨는『한중록』에서 사도세자를 이렇게 묘사했습니다.

옷 하나 입으려면 열 번이나 이삼십 번이나 늘어놓고, 귀신인지 무엇인지 위해 [옷을] 놓고, 혹 불사르기도 하고, 가끔 순하게 갈아입으시면 천만다행이요.

'의대증'이라는 심리 증상이 있습니다. 옷 입는 것을 심리적으로 어려워하거나 옷을 고르는 과정에서 극도의 불안 증세를 보이는 강박장애를 일컫는 표현입니다. 혜경궁 홍씨가 남긴 말처럼, 사도세자는 심각한 수준의 의대증을 앓았습니다. 그도 그럴 것이 예복을 갖춰 입고 처소에서 나간다는 것은 곧 영조를 만나는 것을 의미했기 때문이죠.

영화 《사도》에서는 옷매무새가 약간만 흐트러져도 심하게 트집 잡고 핀잔주는 영조의 모습이 곧잘 나타납니다. 갖고 있던 예복을 모두 찢거나 불태워 더 이상 입을 옷이 남아 있지 않은 사도세자의 모습도 볼 수 있죠. 그나마 남아 있던 마지막 예복을 찢어버리고는 옷을 가져온 궁인을 참혹하게 살해하는 모습도 그려집니다. 결국 겉옷을 입지 않고 흰 저고리와 바지 차림으로 영조 앞에 나타나는 장면까지 볼 수 있는데, 사도세자가 얼마나 영조를 만나기 싫어하고 두려워했는지를 잘 묘사한 부분입니다.

사도세자에게는 의복 자체가 공포였고, 그의 몸은 의복에 완전히 포획당하고 말았습니다. 나가기 위해 옷을 입는 것은 곧 죄수복을 입고 제 발로 지독한 감옥으로 걸어 들어가야만 하는 죄수와 다름없었죠. 의복을 벗어던지고 영조 앞에서 차가운 돌바닥에 머리를 찧고 피를 흘리는 모습은 처참하고 서글픕니다. 그러나 영조의 눈에 비친 그 모습은 왕실의 법도로 상징되는 의복을 벗어던진 반항으로밖에 보이지 않았습니다. 이 장면에서 의복은 왕실의 기강과 법도를 상징하며, 사도세자가 그것을 벗어던짐으로써 영조에게 극도의 반감을 드러내는 행위로 해석할 수 있습니다. 영조의 입장에서 사도세자의 행위는 단 하나의 단어로 귀결됩니다. 바로 '반역'입니다.

결국 영조는 자신의 기대를 전혀 충족시키지 못한 사도세자와 극한의 갈등으로 치닫습니다. 사도세자는 의대증과 각종 정신적 스트레스에 시달리며 무고한 궁인을 너무 많이 죽이고 말았습니다. 또한 세자 수업은 내팽개치고 방탕한 생활을 이어가면서 영조와 사도세자의 관계는 돌이킬 수 없는 지경에 이르렀고, 마침내 영조는 사도세자를 뒤주에 가두어 죽이기로 결심합니다.

사도세자를 정신적으로 강압했던 영조는 결국 사도세자의 몸마저 파괴해버렸습니다. 사도세자의 몸을 뒤주에 가두고 완전한 속박과 구속 상태에 이르게 했죠. 먹을 것 하나, 물 한 방울 주지 말라는 영조의 명에 따라 뒤주에 갇힌 사도세자는 8일 만에 사망했습니다.

'생각하면 슬픔이 차오른다'라는 말을 한자로 바꾸면 '생각할 사'(思)와 '슬퍼할 도'(悼)입니다. 생각하면 슬픔이 차오르는 세자

그림 3-3 예복을 벗고 자유를 만끽하며 그림을 그리고 있는 사도세자. 우리의 정신과 몸은 타인에게 속박당하지 않을 때 진정 행복할 수 있다.

라는 뜻이죠. 《사도》의 마지막 장면에서는 사도세자라는 칭호를 짓고 있는 영조와, 아버지를 추모하며 슬픈 춤사위를 보이는 사도세자의 아들 정조의 모습이 그려집니다. 이 장면은 지독한 통제와 지배는 결국 남겨진 이들에게 슬픔이 될 뿐이라는 사실을 전합니다. 정조의 춤사위와 더불어 사도세자의 생전 모습이 그려지는데, 그중에서도 사도세자가 행복해하는 모습이 매우 인상적입니다.

〈그림 3-3〉은 정조가 태어나기 전 태몽에서 본 청룡을 그리고 있는 사도세자의 모습입니다. 그는 예복을 입고 있지도 않고, 적성에 맞지 않는 공부를 하고 있지도 않습니다. 몸을 속박하고

고통스럽게 하는 옷에 포획당하지 않은 상태에서 자신이 좋아하는 그림을 그리고 있습니다.

그 무엇에도 저당 잡히지 않은 채 자유를 만끽하는 정신과 몸. 우리는 이 장면에서 타인에게 속박당하지 않을 때 비로소 진정한 행복을 누릴 수 있음을 확인할 수 있습니다. 비록 사도세자가 몸의 자유를 누린 시간이 그리 길지는 않았지만요.

어떤 관계에서든 내가 지닌 몸의 자유만큼 타인의 몸이 지닌 자유 역시 마땅히 존중받아야 할 것입니다.

함께 나눌 이야기

- **부모는 자녀의 몸에 대해 어느 정도까지 소유권을 행사할 수 있는가?**
- **부모는 자녀의 몸으로 만든 콘텐츠의 저작권을 소유할 수 있는가?**

여러 운동을 섭렵하면서 나름 체력에 자신이 있었던 나는 3,000배에 대한 막연한 궁금증이 있었다. '정말로 온몸과 정신이 풀려버릴 만큼 그렇게 힘든가?'

이런 궁금증을 품고 있던 차에 친분이 있는 스님이 기거하는 절에서 3,000배를 해봐도 좋다는 허락을 받았다. 당시 불교 신도가 아니었던 나는 정말로 순수한 궁금증과 체력 테스트의 목적으로 낮 12시부터 3,000배를 시작했고, 총 9시간 32분이 걸려서 간신히 해낼 수 있었다.

절을 마치고 앉은 자리에서 주지 스님은 3,000배를 처음 했을 때 부처님께서 현현하시어 다가오시는 경험을 했다는 말씀을 해주셨다. '고행을 하는 스님은 그것으로 숭고한 성취를 이루시는구나…' 물론 신실한 믿음이 없는 나는 그런 고귀한 감정을 느끼지는 못했고, 그저 '3,000배를 한 사람'이라는 타이틀을 얻은 것에 만족했다.

고행을 숭고하게 만드는 것은 행위 그 자체보다는 고행하는 이의 깊은 믿음과 그가 마주하게 될 자아의 성장에 대한 기대가 아닐까? 그날 내가 깨달은 건 무엇이었을까?

4장

우리를 둘러싼 고통

때리고 고문하고 울게 하다

#고행 #타파스 #수행 #업 #카르마 #12고행 #외적고행 #내적고행 #숭고한고통 #타인의고통 #아메리칸크라임 #체벌 #학대 #비인간화전략 #고통의전시 #공범관계론 #회초리 #선의의체벌

고행으로 몸을 단련하다

고통은 나를 더욱 강하게 만든다

21세기 영화 가운데 최고의 오프닝과 엔딩을 보여준 작품으로 자주 언급되는 크리스토퍼 놀란 감독의《다크 나이트》는 제가 매우 사랑하는 작품입니다. 특히 오프닝 장면에서 작품의 메인 빌런인 조커가 등장하는 시퀀스는 그야말로 흠잡을 곳이 하나도 없죠. 혹시 은행을 털러 온 조커가 다른 공범을 하나씩 제거하고 자신에게 총구를 겨누던 은행장을 쓰러뜨린 후 가면을 벗으며 한 말이 뭔지 기억하시나요?

조커는 이렇게 말합니다. "당신을 죽이지 못하는 건 그게 무엇이든, 당신을 더욱 미치광이로 만들어버리지"(Whatever doesn't kill you simply makes you stranger)라고요. 그런데 이 말이 독일이 낳은 유명한 철학자 프리드리히 니체가 『우상의 황혼』이라는 책에서 한 말 가운데 몇 개의 단어만 바꿔 조커답게 변형한 말이란 건 잘 모르셨을 겁니다. 원래 니체가 한 말은 "나를 파괴하지 못하는 고통은 나를 더욱 강하게 만든다"(What doesn't destroy me makes me stronger)입니다. 이렇게 두 문구를 함께 두고 보면, 조커의 대사는 니체의 말 중에서 'destroy'(파괴하다)를 'kill'(죽이다)로, 'stronger'(강하게 만들다)를 'stranger'(미치게 만들다)로 바꾼 재치 있는 패러디이자 멋진 오마주라는 걸 알 수 있죠.•

우리는 '비 온 뒤에 땅이 굳는다'라는 속담처럼 나를 완전히 파괴하고 쓰러뜨리지 못하는 고통은 정신적으로든 신체적으로든 나를 더욱 단단하고 강하게 만들어줄 것이라 믿고 살아갑니다. 그래서 정신과 몸을 수양하기 위해 스스로를 '단련'이라 부르는 고통스러운 과정에 밀어 넣기도 하죠. 인간은 이렇게 단련하는 과정에서 몸이 지닌 욕망이 무절제하게 분출되는 것을 막고 인내하는 법을 배우며 숭고하고 강인한 자아정체성을 획득하는 존재입니다.

사실 인간이 성숙하고 강인한 존재가 되는 거의 모든 과정에

• 영화 속 조커의 입장에서는 자기만의 방식으로 니체의 격언을 위트 있게 써먹었다고 생각하기에 '패러디'(parody)이고, 감독의 입장에서는 위대한 격언을 적절하게 변형해 인용한 것이기에 '오마주'(homage)입니다.

는 각종 고통이 동반되기 마련입니다. 근육은 근섬유가 파괴되었다가 더 많이 복원되고 단단해지는 과정을 거쳐야 강해집니다. 그래서 우리는 근력 운동 후의 고통을 견디고 또 즐기는 것입니다. 불교에서는 인간을 태어나면서 죽을 때까지 고통의 바다 속에서 살아가는 존재라고까지 봅니다. 인간의 삶은 '생로병사'의 네 가지 고통으로 가득 찬 '고해'라는 것이죠.

그런데 아이러니하게도 인간의 몸이 필연적으로 갖고 태어나는 이 네 가지 고통을 이해하고 이겨내려는 노력이 지금의 문화와 과학, 문학 등 모든 인간 활동의 원동력이 됐습니다. 인간이 우주에 태어난 목적을 탐구하기 위해 문명과 문화, 종교를 일으켰고, 늙음과 죽음을 유보하고 병들어 겪는 고통을 줄이기 위해 의학과 과학을 발전시켰죠. 어쩌면 인간이 일군 모든 업적은 몸이 겪는 고통을 이해하고 극복하려는 과정에서 발현된 힘과 의지에서 시작됐다고 봐도 과언이 아닙니다.

그런 인간의 고통을 고행의 숭고한 차원으로 여기며 아주 오래전부터 수행과 정진을 하던 이들이 있었습니다. 그들이 인간 몸의 고통을 어떻게 고귀한 것으로 여길 수 있었는지 지금부터 살펴보겠습니다.

고행과 타파스

인도에서는 고대부터 지금까지 '타파스'tapas를 숭상하는 전통이 이어지고 있습니다. 타파스를 원어 그대로 번역하면 '가열하다' '빛나다'인데, 수행자에게 타파스는 '신체적·정신적 변형' '금욕' '종교적 고행' '엄격한 명상' 등을 수행함으로써 몸과 마음이 성스럽게 빛나는 것을 의미합니다. 고행을 통해 진정한 진리를 찾고자 하는 수행자의 의지가 곧 타파스라고 할 수 있겠네요.

고대 인도인이 타파스를 얼마나 신성하게 여겼는지는 그들의 '신관'을 보면 알 수 있습니다. 그들은 후대 사람에게 "태초에 이 세계를 만든 모든 신은 타파스에서 태어났다"고 전할 정도였습니다. 잘 아시다시피 인도는 많은 신을 섬기고 믿는 다신교 사회입니다. 세상 만물과 모든 세계관 속에는 각각의 신이 존재한다고 믿고 있죠. 그런 신이 태어난 곳인 타파스를 이해하는 것은 곧 이 세계와 만물의 진리를 깨닫는 일이 됩니다.

따라서 그들은 타파스를 이해하고 밝혀내려는 고행을 누구보다 열심히 수행했습니다. 심지어 타파스를 깨우치고 이해하면, 보통 인간의 능력을 저만치 초월하는 초능력이나 궁극의 깨달음을 갖는다고 믿었습니다. 이때 전자와 후자는 각각 다른 수행 양식을 추구하고 궁극적인 목적도 다릅니다.

먼저 고행으로 타파스를 깨우쳐 초능력을 얻는 것은 '힘으로

서의 타파스'라고 부릅니다. 강력한 방식의 고행으로 신의 은총을 받고 초월적인 힘을 얻으려는 타파스를 통칭하죠. 숲속에 들어가서 극한의 단식을 수행하기, 수천 킬로미터를 굴러서 이동하기, 수십 년 동안 한쪽 팔만 하늘을 향해 들고 있기 등 해외 토픽에서 종종 보는 극한의 고행이 바로 힘으로서의 타파스를 수행하는 사람들이 선택한 방식입니다. 주로 신체를 극한의 고통으로 몰아 넣고 무절제한 욕망이 표출되는 것을 견디며 수행하죠.

다음은 온건하게 타파스를 깨닫는 방식인데, 이건 '해탈 수행으로서의 타파스'라고 부릅니다. 이 방식은 힘으로서의 타파스처럼 신체를 극단의 고통으로 몰아넣지 않으면서, 진리를 깨닫고 해탈할 수 있기를 기원하며 고행의 태도를 보입니다. 공부에 몰두하거나 명상으로 마음을 비우는 등 힘으로서의 타파스에 비하면 훨씬 온건한 방식입니다. 해탈 수행으로서의 타파스를 수행하는 이들은 영적 깨달음과 통찰, 도덕적 정화를 얻는 것을 목적으로 합니다.

카르마와 열두 가지 고행

고행에는 타파스를 깨닫고 이해하려는 목적도 있지만, 과거의 잘못을 지우기 위한 목적도 있습니다. 인도 자이나교의 초기 성전 가운데 하나인 『웃타라디야야나』에는 고행의 기능과 관련해 다음과 같은 내용이 기술되어 있습니다.

> 자제와 고행에 의해서, 과거의 모든 카르마를 소멸시키고 최고의 완성에 도달했다. 악한 카르마의 유입이 없어지면, 1겁의 생존 동안 쌓인 수행자의 카르마도 고행으로 힘을 잃어 소멸한다.

흔히 '업'이라고도 부르는 '카르마'karam는 전생이나 과거에 저지른 악행이나 원한 등으로 쌓인 불순한 흔적입니다. 카르마는 이번 생을 다해도 사라지지 않으며, 다음 생 그리고 그다음 생에서도 계속 영향을 끼치는 족쇄와도 같은 것이죠. 그런데 고행이 바로 그런 카르마의 연쇄를 끊을 수 있다는 겁니다.

『웃타라디야야나』에서 말하는 '1겁'은 정말로 길고 긴 시간입니다. 하루에 수만 리를 나는 봉황이 수천 년을 날아야 닿을 수 있는 시간이라고 말할 정도니, 보통 인간의 생으로는 무한에 가깝게 죽었다가 다시 태어나는 시간을 뜻합니다. 그런 시간 동안 쌓인 카르마마저도 고행으로 해소할 수 있게 되는 겁니다. 그러니 고행은 현세의 자신을 정화해 과거의 카르마에서 자유로워지고 더 나은 존재로 '윤회'할 수 있도록 해주는 가능성이자 숭고한 행위입니다.

잘못되고 악한 카르마를 소멸시키는 고행에는 총 열두 가지 방식이 있으며, 각각 여섯 가지씩 '외적 고행'과 '내적 고행'으로 나뉩니다. 먼저 외적 고행부터 살펴보면, '완전한 단식' '부분적 단식' '이동 제한하기' '맛있는 음식 포기하기' '신체 제한하기' '은둔하기'로 몸의 원초적인 욕망을 자극하는 물질이 외부 세계에서 몸으로 들어오는 경로를 차단해 몸을 정화하는 방식을 취합니다. 욕망을 자극하지 않고 잠재우는 것이죠.

이와 달리 내적 고행은 '참회' '봉사' '학습' '단정' '탐욕 버리기' '명상'으로 잘못된 생각이 유입되지 않도록 '심리적 단식'의 방식을 취한다고 보면 됩니다. 정리하자면, 악한 카르마를 소멸시키는 열두 가지 고행은 외부의 유혹을 최대한 차단함으로써 몸과 마음의 욕망을 억누르고 고요한 상태를 유지하는 숭고한 수행과 정진의 방식입니다.

고대에서부터 오랜 시간 이어진 고행은 현대 사회에서도 방식이 조금씩 다를 뿐 여전히 많은 곳에서 행해지고 있습니다. 고행은 단순히 몸을 고통스럽게 하는 차원을 넘어서는 고차원적 목적을 갖고 있기 때문이죠. 마음을 정돈하기 위해 금식하기, 새해 다짐을 하기 위해 힘겹게 높은 산을 오르기, 극한의 공포를 이겨내고 자신감을 충전하기 위해 번지 점프 하기 등 우리는 많은 종류의 고행을 '일부러' 하고 있습니다.

다양한 방식의 현대식 고행은 '고행 체험'이라고 불러도 될 정도로 일상에서 많은 이들이 자발적으로 돈과 시간을 들여서 하고 있습니다. 고행으로 특별한 관념적 경험이나 신념을 강화할 수 있기 때문입니다. 애국심을 고취하거나 정체성을 강화하고 정치적 이데올로기, 종교적 신념 등을 더욱 굳건히 할 수 있죠.

또한 강인한 정신력과 체력을 얻을 수도 있습니다. 무언가 어렵고 고통스러운 행위를 해냄으로써 얻는 성취감과 쾌락, 만족감 등은 우리의 의지를 더욱 강건하게 만드는 효과를 일으킵니다. 이런 것도 일종의 정신적 '쾌락'이라고 할 수 있습니다. 그래서 우리는 정기적 또는 비정기적으로 기꺼이 고행에 나서는 것이 아닐까요?

다른 몸의 고통을 즐기다

고통을 극복한 부활

스스로 선택하고 열렬히 수행해 숭고한 의미를 만들어내는 고행이 있다면, 다른 이가 받는 고통에서 의미를 만들어내는 일도 있습니다. 소설가이자 평론가인 수전 손택은 『타인의 고통』에서 십자가를 짊어지고 골고다 언덕을 오르는 예수 그리스도의 모습을 바라봤을 사람에 대해 이렇게 말했습니다.

> 종교적 고통, 예수의 수난, 순교자들의 이미지들은 사람들을 감동시키고 흥분시키며 교훈을 주거나 본을 보이려는 의도를 재생산하고 있다.

예수가 받았던 고통은 그를 믿고 따랐던 이들에게는 슬픔과 분노를 일으켰을 것이며, 반대로 그를 증오했던 이들에게는 통쾌함과 쾌락을 선사했을 것입니다. 예수가 골고다 언덕에서 스스로 짊어지고 올라갔던 십자가에 손과 발이 못 박히고, 그를 조롱하던 군인에게 복부를 찔려 피와 물을 쏟았다는 끔찍한 이야기는 모르는 사람이 없을 정도로 유명합니다. 『성경』에 기록되어 시공간을 초월한 지금도 무수한 이들에게 전해지는 이 고통의 이야기는 영화, 드라마, 소설, 그림, 음악 등 다양한 매체를 통해 재생산되고 다시 읽힙니다.

종교적 인물이나 위대한 인물의 고난을 재현하는 것은 그들이 겪은 고통의 불합리성을 대중에게 고발하는 대표적인 방식입니다. 예수뿐만 아니라 종교를 대표하는 성인이나 위대한 인물이 끔찍한 고통 속에 '순교'하며 세상을 깨우칠 진리를 선사하는 이야기는 많습니다. 종교는 왜 이러한 이야기를 만들고 많은 사람에게 전파하는 것일까요? 그것은 수많은 이들을 대신해 불합리한 고통을 겪고 자신을 희생한 성인에게 강한 부채 의식을 갖도록 만들 수 있기 때문입니다. 이미 죽어 사라진 성인을 추모하고 그가 남기고 간 숭고한 정신과 진리를 숭상하고 기억함으로써 대중을 결집시키고 신념을 강화하는 겁니다.

다시 예수의 이야기로 돌아가보겠습니다. 십자가에 못 박힌 예수는 "아버지, 왜 나를 버리셨나이까"라는 외마디 외침 후 순교

합니다. 그리고 다들 아시다시피, 사흘 뒤 기적처럼 몸을 일으켜 사람들 앞에 나타납니다. 끔찍한 고통을 완전히 극복한 부활을 해낸 것이죠.

예수가 순교한 뒤 사흘 만에 전보다 더 빛나는 모습으로 나타나는 이 이야기는 고통을 극복한 부활의 전형적 레퍼토리입니다. 위대하거나 종교적으로 성인이 된 인물의 몸이 학대나 고문, 절단, 고통스러운 노역 등을 통해 심각한 수준으로 망가지지만, 초월적 존재나 신의 권능으로 회복되는 이야기의 전형이죠. 단순히 몸이 회복되는 수준을 넘어 전보다 더욱 훌륭하고 강한 신체를 갖고 부활하는 모습을 담은 서사를 보여줍니다.

고통을 극복한 부활이라는 레퍼토리는 슈퍼히어로 장르나 성장문학 등에도 자주 등장합니다. 나약하거나 오만했던 주인공의 정신과 신체가 크게 훼손됐다가, 큰 깨달음을 얻거나 어떤 놀라운 계기를 통해 자신이 지니고 있던 한계를 극복하고 강인한 몸과 마음으로 부활하는 것은 고통을 극복한 부활의 레퍼토리로 볼 수 있습니다. 이 레퍼토리를 보는 사람은 크게 고통받았던 몸이 성스러운 힘으로 치유되고 복원되는 것을 목격하고 관람함으로써 초월적 존재와 신의 권능에 대한 믿음을 한층 더 공고히 하고 깊이 감동하게 됩니다.

상대적 고통의 역설

정항균 교수는 『메두사의 저주: 시각의 문학사』에서 "죄를 저지른 인간의 몸은 징벌에 있어 매우 중요한 위치를 차지한다"고 주장했습니다. 그 이유는 죄인의 몸에 가해지는 공개적 징벌을 통해 사람들은 그가 저지른 범죄의 진실을 확인할 수 있기 때문입니다. 범죄자의 몸을 통해서 범죄 사실을 공표하는 대표적인 방법은 공개적으로 고문하거나 심문해 스스로 실토하도록 만드는 것입니다. 그리고 그 범죄 사실이 악독하거나 심각할 때는 공개처형을 함으로써 정의를 구현하는 권력을 정당화하기도 합니다. 물론 실토하지 않거나 무고한 사람이라고 할지라도 군중 앞에서 범죄자로 몰린 이에게 고통을 주거나 그를 죽임으로써 지배층이나 주류 세력의 권위를 공고히 하는 경우도 많았습니다. 중세 시대 많은 여성에게 행해졌던 마녀사냥이 대표적인 사례입니다.

고통을 주고 훼손한 신체는 정의를 구현한 전리품으로써 기능하기도 합니다. 〈그림 4-1〉은 프랑스혁명 당시 혁명 세력에게 처형당한 루이 16세의 모습을 그린 작품입니다. 단두대에서 잘려 나간 그의 머리는 마치 상품처럼 군중에게 전시되고 있습니다. 이 순간 루이 16세의 머리는 부패한 왕권의 상징이 되고, 힘없이 눈을 감은 채 몸과 분리된 그의 머리는 부패한 왕권이 몰락했음을 보여주는 매개가 됩니다. 루이 16세의 잘린 머리를 본 순간 혁

그림 4-1 단두대에서 처형된 루이 16세. 그의 잘린 머리가 마치 상품처럼 전시되고 있다. 수많은 군중은 그것을 보고 무엇을 느꼈을까?

명을 일으킨 군중은 강렬한 승리감을 느끼게 되죠. 비슷한 예로 사극에서 종종 나오는 것처럼 죄인의 잘려 나간 머리를 사람들이 자주 드나드는 성의 대문이나 저잣거리에 걸어두는 행위가 있습니다. 고통스럽게 사망한 죄인의 몸을 전시함으로써 치안을 강화하고 이를 보는 군중에게 간접적으로 정의를 구현한 주체가 되는 경험을 선사합니다.

이처럼 타인이 겪는 고통은 때로는 숭고함으로 치환되기도 하고 직간접적 정의 구현과 공포의 경험이 되기도 합니다. 또한 우리가 일상에서 곧잘 '이용'하는 타인의 고통도 있습니다. 그건 상대방의 고통을 내 고통의 비교 대상으로 이용하는 '상대적 고통'입니다. 특히 상대적 고통을 즐기는 태도는 더 크게 고통받는 타인을 보면서 자신이 직면한 현실의 어려움을 극복하고 안심하려는 태도입니다. 고통의 크기를 가늠하고 정량화해 '상대적 위안'을 얻으려는 것이죠.

고통받는 타인의 몸 이미지는 종종 자신이 지닌 고통의 크기와 비교할 수 있는 도구로 활용됩니다. 미디어와 인터넷이 발달한 현대 사회에서는 빈곤한 국가에서 기아에 시달리는 '말라버린 몸'이나 끔찍한 전쟁을 겪으면서 '파괴된 몸' 등의 이미지가 무차별적으로 실시간 공유됩니다. 이러한 이미지는 기아와 전쟁 같은 극한의 고통이 없는 사회에서 살아가는 이들에게 안심과 위안을 느끼도록 만드는 장치로 소비됩니다. 상대적 고통을 덜고 상대적 위안을 얻기 위해, '고통받는 몸의 이미지'를 만들어내고 소비하는 것이 바로 현대 사회가 지닌 상대적 고통의 역설입니다.

지난 2011년 타계한 작가 박완서는 30대 젊은 나이에 세상을 등진 아들을 잃은 나날에 대해 쓴 『한 말씀만 하소서』에서 자신의 고통이 타인에게 무심결에 소비되는 상황을 다음과 같이 한탄했습니다.

> 세상엔 남의 불행이 위안이 되는 고통이 얼마든지 있다. 세상 사람들이 예서 제서 자기들의 근심이나 걱정을 위로받으려고 내 불행을

예로 들어가며 쑥덕대는 소리가 들리는 듯했다. 남의 고통에 쓸 약으로서의 내 고통. 생각만 해도 끔찍한 치욕이었다.

박완서는 아들을 잃은 슬픔과 절망 때문에 부산의 한 수도원에 들어갔고, 그곳에서 그녀를 알아본 한 여인이 말을 걸었다고 합니다. 딸이 아파서 상심한 마음 때문에 수도원으로 왔다고. 박완서는 그 여인에게 자신은 장성한 아들을 잃었다고 답했는데, 그 말을 들은 여인의 얼굴에서 난처함과 동시에 생기가 돋아나는 모습을 분명히 목격했다고 말합니다.

다른 이의 더 큰 고통을 위안으로 삼는 일이 비교 대상이 되는 사람에게는 얼마나 큰 치욕이자 아픔이 되는지를 헤아릴 수 있어야겠습니다. 더불어 어느 순간 어디에서든 그런 자신을 비교 대상으로 삼는 일이 일어날 수 있음을 명심해야 합니다.

고통에 스러지다
《아메리칸 크라임》

베니체프스키 vs 인디애나주 사건

1965년 미국 인디애나주에서는 믿기 힘들 정도로 끔찍한 수준의 아동 학대와 살인 사건이 발생했습니다. 거트루드 베니체프스키가 실비아 리킨스를 1965년 7월 3일부터 10월 26일까지 100일 남짓한 기간 동안 가학적으로 폭행하고 죽음에 이르게 만든 사건인데요, 오늘날에는 '베니체프스키 vs 인디애나주' 사건이라고 부릅니다.*

미국 소설가 잭 케첨은 이 사건의 기록을 바탕으로 『이웃집

* 참고로 '베니체프스키 vs 인디애나주'라는 명칭은 인디애나주가 베니체프스키를 기소해 법의 심판을 받게 만든 법정 공방을 가리킵니다.

소녀』라는 소설을 발표했고, 소설은 2007년 동명의 영화《이웃집 소녀》로 만들어지기도 했습니다. 좋은 평가를 받은 소설과 달리 영화는 조잡하고 잔인하기만 한 연출로 혹평을 받았고, 국내에서는 같은 해, 같은 실화를 바탕으로 출시한《아메리칸 크라임》이라는 영화가 더 많이 알려진 편이죠. 여하튼 리킨스가 베니체프스키에게 처참히 살해당한 이 사건은 잔인하고 무차별적인 체벌이 얼마나 끔찍한 참사로 이어지는지를 보여준 충격적인 사건이었습니다.

박정하 교수는「체벌의 정당성 문제에 대한 윤리학적 접근」에서 "체벌은 몸에 가하는 처벌이기 때문에 반드시 몸에 대한 철학적 고려를 바탕으로 해야 한다"라고 말했습니다. 몸에 대한 철학적 고려는 인간으로서의 숭고와 존엄이 보장되어야 한다는 말입니다. 이것을 고려하지 않은 체벌은 단순 폭행에 지나지 않으며, 체벌을 통한 인간적 성숙이나 잘못의 개선 따위는 이루어지지 못합니다.

베니체프스키는 리킨스와 동생 제니 리킨스를 그저 돈벌이로만 여겼습니다. 리킨스 자매를 양육이나 돌봄의 대상으로 전혀 생각하지 않았죠. 리킨스 자매는 베니체프스키에게 한 명당 얼마씩의 주급이 꼬박꼬박 지불되어야만 하는 물건 취급을 당했을 뿐 인격체로서는 그 어떤 존중도 받지 못했죠. 베니체프스키가 자매에게 행한 것은 철저한 '비인간화 전략'입니다. 한 인간이 다른 인간을 대상으로 아무런 죄책감도 없이 악행을 저지를 수 있는 건 바로 그 대상을 인격을 가진 존재로 여기지 않는 데서 시작합니다.

체벌이 아닌 잔혹한 학대

체벌의 허용과 필요성에 대한 논의는 여전히 뜨거운 감자이며, 강의 중에 이 주제를 놓고 토론하면 항상 열띤 공방이 벌어집니다. 체벌을 허용할 필요가 있다고 주장하는 쪽에서는 잘못된 행동이나 위험한 실수의 개선을 위해 공포를 가장 직관적으로 학습시킬 수 있는 체벌이 필요하다고 말합니다. 이에 반해 체벌을 반대하는 쪽에서는 인간은 언어와 논리로 충분히 교화가 가능한 존재이기에 신체적 고통을 동반하는 비윤리적 체벌은 어떤 경우에서든 부당하다고 말합니다.

양쪽 모두 일리 있는 주장이므로 어느 한쪽이 옳다고 결론 내리기 어려운 것이 체벌의 허용과 필요성입니다. 다만, 체벌의 정당성에 대해서는 대체로 동의하는 하나의 입장이 있습니다. 체벌을 해야만 하는 불가피한 상황이 정당성을 얻기 위해서는 처벌 대상에게 신체적 불쾌감과 고통을 준다고 하더라도 교육적 목적을 지니거나 교화·교정 등 선의의 목적을 충족시킬 수 있어야 한

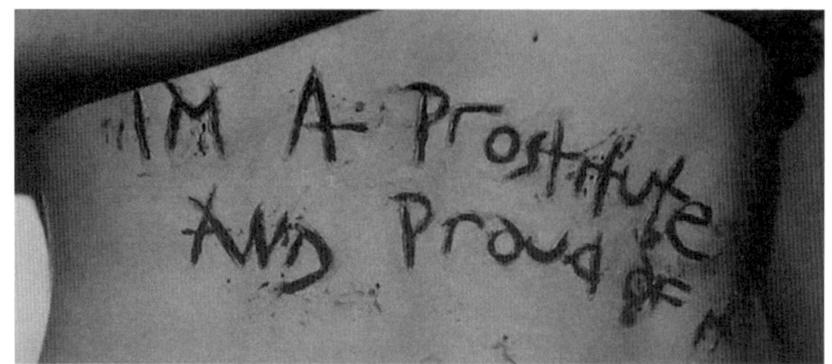

그림 4-2 "나는 창녀고 그것이 자랑스럽다"라는 글귀가 새겨진 실비아 리킨스의 배. 이것은 체벌이 아니라 오로지 학대일 뿐이다.

다는 것이죠. 또한 체벌이 아닌 다른 방법으로 선의의 목적을 도무지 충족시킬 수 없을 때 최후의 방안이자 '필요악으로써 체벌'을 허용해야 한다고 말입니다.

그런데 베니체프스키에게서는 선의의 목적이나 필요악으로써 체벌을 끝끝내 택할 수밖에 없었는가에 대한 고민은 전혀 보이지 않습니다. 그녀는 정당한 선의의 목적 없이 양육비를 제때 받지 못한 것에 대한 분풀이를 하거나, 다른 아이들 앞에서 리킨스를 체벌함으로써 자신의 권위를 공고히 하기 위해 가혹하게 학대했습니다. 체벌이라고는 도저히 생각할 수 없는 끔찍한 신체적 학대를 한 겁니다.

베니체프스키는 리킨스의 성기에 유리병을 집어넣거나 〈그림 4-2〉처럼 불로 피부를 지지고 모욕적인 글씨를 새기는 등 끝을 모르는 잔혹한 학대를 저질렀습니다. 리킨스의 몸은 학대의 대상이며, 베니체프스키의 강력한 권위와 힘을 전시하는 도구로 전락해버린 것이죠.

베니체프스키는 고통받는 리킨스의 몸을 다른 아이들이 돌아다니는 장소에 잘 보이도록 묶어 놓거나, 지하실에 감금한 채 그 옆에서 집안일을 하고 아이들이 놀도록 내버려뒀죠. 또한 다른 아이들이 보는 앞에서 리킨스를 폭행하거나 그 아이들로 하여금 리킨스를 폭행하도록 지시하는 등 자신의 권위를 과시하는 도구로 사용했던 겁니다. 이러한 일련의 공공연한 학대 과정에서 베니체프스키는 자신이 그 집안의 최고 권력자임을 보여주고, 다른 아이들이 자신의 권력에 결코 대항하지 못하도록 만들었습니다.

공범관계론과 선의의 체벌

아이들은 베니체프스키의 절대 권력에 굴종하고 리킨스를 학대하는 일에 동참했으며, 어느 순간부터는 베니체프스키가 시키지 않아도 자발적으로 리킨스를 학대했습니다. 자기들끼리 모여서 리킨스를 학대하고 놀잇감으로 삼으면서도 그 일에 대한 죄책감조차 느끼지 않았습니다. 《아메리칸 크라임》에서는 리킨스가 사망하고 난 후 법정에서 진술하는 아이들의 모습을 아주 냉소적으로 묘사하며 인간이 얼마나 잔인할 수 있는지를 폭로합니다.

아이들은 서로 마음껏 때리고 가지고 놀아도 되는 존재가 있다며 방과 후에 자발적으로 리킨스가 갇혀 있는 지하실에 모여 리킨스를 폭행합니다. 리킨스의 몸을 호스로 묶고 물을 뿌리고 담뱃불을 붙이면서 아이들은 부지불식간에 공범이 되었습니다. 학대가 벌어지는 상황에 무방비하게 노출됐다고는 하지만 그들은 어느 순간부터 자발적으로 무리를 형성하고 학대의 순간을 즐겼습니다. 자기 또래의 한 여자아이를 마음껏 학대할 수 있는 베니체프스키의 학대 시스템에 자신들을 종속시킨 겁니다.

이렇게 피해자가 가해자의 행위를 방조하거나 가해 행위에 동참함으로써 폭력적 시스템과 질서가 유지되는 현상을 '공범관계론'이라고 합니다. 원래는 페미니즘 담론 가운데 하나인 공범관계론은 가부장제의 피해자인 여성이 한편으로는 그 시스템이 유지되도록 침묵하거나 동참하고 있다는 데서 출발했죠. 이 공범관계론의 범주를 가부장제와 여성과 남성에 국한하는 것이 아닌 폭력적 시스템과 피해자와 가해자로 확대해보면 베니체프스키와 아이들 그리고 리킨스의 구조적 관계를 파악할 수 있습니다.

전시와 학대의 도구로 전락해 무차별적 폭행과 비인간적 대우를 받던 리킨스는 결국 사망했습니다. 리킨스의 몸이 받았던 학대는 결코 체벌이라고 할 수 없습니다. 몸의 고통으로 얻게 하는 교훈, 교화, 교정 등 그 어떤 선의의 목적도 없었으니까요. 저는 『인간의 악에게 묻는다: 누구나 조금씩은 비정상』에서 '회초리'의 의미를 언급한 적이 있습니다. 회초리는 '처음의 올바른 이치로 돌아가게 만든다'라는 뜻을 지닙니다.

체벌이 최소한의 정당성을 얻기 위해서는 회초리의 숭고한 의미를 반드시 지녀야 합니다. 고통으로 교훈을 얻고 몸이 기억하도록 만들어 잘못된 행위를 저지르지 않도록 하는 것. 그것이 진정 필요악으로써 기능하는 체벌이고, 몸의 고통으로 잘못을 바로잡는 최후의 보루입니다.

함께 나눌 이야기

- 육체적 고통을 주는 체벌은 어디까지 허용하는 것이 맞을까?
- 범죄자나 전쟁 포로를 고문하는 것은 잘못된 걸까?

까만 피부와 하얀 피부를 시골 아이와 도시 아이를 구분하는 지표로 여기던 시절이 있었다. 하얗고 반짝이는 피부를 가진 아이는 쾌적한 실내에서 주로 생활하는 도시 아이를 상징했고, 맨날 밖에서 뛰어놀고 산과 들을 흙발로 다니며 온종일 햇빛에 그을린 아이는 시골 아이의 전형적인 모습으로 여기던 그런 시절 말이다.

돌이켜보면 피부색으로 사람의 이미지를 단숨에 구분하는 일은 생각보다 많은 곳에서 벌어지고 있었다. 하얀 피부는 사무직이 어울린다고 생각하고, 까만 피부는 현장이나 시설직이 어울리겠다고 직업적 이미지를 판단하는 일도 비일비재했다. 피부가 하얀 편이면 귀하게 자랐을 것이라고 생각하고, 피부가 검은 편이면 고생을 많이 하고 자랐을 것이라고 여기는 것도 마찬가지 맥락이다.

피부색은 성장 환경보다 유전적 영향이 훨씬 더 크다. 부모를 쏙 닮은 한 사람의 피부색만 보고 개인의 가정 환경이나 성향, 미래까지 너무 쉽게 추측하고 가늠해버리는 것은 분명 잘못된 사고방식이다.

피부색보다 중요한 것은 그 사람이 가진 마음의 색깔이 아닐까?

5장

우월하다는 오만

흑백의 피부는 계급이 되었다

#베네통효과 #인종차별 #짐크로법 #원드롭룰 #몽고메리버스보이콧 #디세뇨 #콜로레 #인종혐오 #마룬스 #생도맹그혁명 #장고 #노예서사 #아이언머즐 #BLACKLIVESMATTER #노예해방

몸의 색으로 분류하다

린네가 분류한 사피엔스

'베네통 효과'Benetton effect라는 말이 있습니다. 이 말은 인종차별에 반대하는 견해를 표현하는 과정에서 또 다른 인종차별을 만들거나 역으로 기존의 인종차별 프레임을 강화하는 현상을 말합니다. 여기서 베네통은 이탈리아의 유명 패션 회사 베네통의 이름에서 따온 겁니다.

〈그림 5-1〉은 공개 당시 큰 이슈가 됐던 베네통의 광고입니다. 광고를 보면, 심장 위에 각각 '백인'(WHITE), '흑인'(BLACK), '황인'(YELLOW)이라고 쓰여 있습니다. 이 광고는 오른쪽 초록색 박스에 작게 쓰인 것처럼 "베네통에서 모든 인종은 하나가 된다"(United Colors of Benetton)는 메시지를 전하기 위해 만들어

그림 5-1 인종에 관계없이 심장은 동일하다는 심상을 보여주려 했던 베네통의 광고. 의도와 다르게 인종차별이라는 곤욕을 치렀다.

졌습니다. 그런데 광고가 공개되고 얼마 되지 않아 수많은 비판에 시달려야 했습니다. 비판의 주를 이룬 내용은 세상에 얼마나 많은 인종이 있는데, 사람을 단 3개의 인종으로 구분하는 것은 더 심각한 인종차별이 아니냐는 것이었습니다.

이전에도 독특한 방식으로 인종차별 메시지를 전해왔던 베네통은 뜻밖의 곤욕을 치러야만 했습니다. 그 결과 베네통 효과라는 용어가 만들어지기까지 했으니, 피부색으로 인종을 구분하는 문제는 아주 신중하게 접근해야 함을 상기시키기에 충분했습니다. 그만큼 민감하고 어렵다는 방증이겠죠.

뉴스에 심심찮게 대서특필되는 인종 간 갈등을 이야기하려면 먼저, 지금 우리가 백인·흑인·황인이라고 부르는 기준을 누가 만들었는지부터 살펴볼 필요가 있습니다. "신은 창조했고 신의 기록관인 린네가 분류했다"라는 자신만만한 자평으로 유명한 칼 폰 린네를 말입니다.

린네는 자연에 존재하는 모든 것은 보편적인 분류 체계를 만들어 분류하고 정리할 수 있다는 강한 믿음을 갖고 있었습니다. 그 일이 신이 자신에게 준 사명이자 국가를 위해 할 수 있는 최고의 헌신이며 봉사라고 생각했죠. 그렇게 린네가 장대한 목적의식을 갖고 자신이 아는 자연의 모든 동물과 식물을 분류하고 정리한 책이 바로 『자연의 체계』입니다. 무엇보다 흥미로운 점은 현생 인류도 분류 체계 속에 포함했다는 것입니다. 그 명칭이 우리가 잘 아는 호모 사피엔스입니다. 린네가 바로 호모 사피엔스라는 학술 명칭을 만들어낸 사람인 것이죠!

린네는 호모 사피엔스를 다시 네 가지로 분류했습니다. 생명체를 '건·냉·습·열'의 성질로 나눈 클로디오스 갈레노스의 '4체질론', 자연이 '공기·물·불·흙'의 4원소로 이루어졌다고 보는 엠페도클레스와 아리스토텔레스의 '4원소설' 등 만물을 네 가지로 분류하던 서양의 오랜 기조는 린네가 호모 사피엔스를 굳이 네 가지로 분류하는 데 영향을 끼쳤다고 합니다. 여하튼 린네가 택한 기준은 대륙과 피부색이었습니다. 그는 호모 사피엔스의 피부색은 대륙별로 다르고 성향과 능력도 차이가 난다고 봤습니다. 린네가 분류한 네 가지 호모 사피엔스는 다음과 같습니다. '유럽인 백색' '아메리카인 붉은색' '아시아인 갈색' '아프리카인 흑색' 으로 유럽·아메리카·아시아·아프리카의 4대륙과 백색·붉은색·갈색·흑색의 네 가지 색을 기준으로 호모 사피엔스의 하위분류를 만들었던 겁니다. 이것이 지금의 백인·흑인·황인으로, 즉 인종을 색으로 구분해 부르는 방식의 토대가 됐죠.

차별을 명문화한 법안

백인과 흑인 사이의 인종차별이 본격화되고 그 정도가 가장 심했을 때는 아프리카 사람들이 노예가 되어 대서양을 건너 아메리카 대륙으로 가던 시기입니다. 광활한 땅을 개발하고 생산력을 극대화하는 과정에서 수많은 아프리카계 흑인이 노예가 됐으며, 이들 위에 군림하던 유럽계 백인은 막대한 부를 쌓을 수 있었죠. 아메리카 대륙을 점령하고 미국을 건국한 백인은 흑인을 열등한 인종으로 여겼습니다. 심지어 이들과 함께 있는 것조차 견딜 수 없었나 봅니다. 백인과 흑인을 원천적으로 분리하고 차별하는 것을 정당화하기 위한 법을 만들기까지 했으니까요.

1876년부터 1965년까지 백인과 흑인을 엄격하게 분리하는 것을 제도로 명문화하고 인정했던 법안이 바로 '짐 크로 법'Jim Crow Laws입니다. 짐 크로 법은 '분리되지만 평등함'(separate but equal)이라는 가치를 따르며 제정된 법안이라고 했지만, 백인과 흑인 사이에서 일어나는 각종 인종차별 행위를 공식적으로, 또 완전히 인정했던 법안입니다. 짐 크로라는 명칭 자체가 1830년대 미국 코미디 뮤지컬에 등장한 촌스럽고 세상 물정 모르는 흑인 캐릭터에서 따온 것이기에 기본적으로 흑인에 대한 경멸을 담고 있습니다. 짐 크로 법 시행 이후 거의 모든 공공기관에서는 백인과 흑인 구역을 구분했으며, 흑인이 백인 구역에 실수로 들어가기라도 하면 법에 따라 처벌을 받았습니다. 흑인은 인간으로서의 기본적인 존엄조차 존중받지 못했죠.

'원드롭 룰'One-drop Rule이라는 법도 있습니다. 노예무역이 본격적으로 시작되던 시기부터 생겨나 법으로 제정되기 이전에도 관행적으로 행해졌던 인종차별법입니다. 흑인의 피가 한 방울이라도 섞여 있으면 백인으로 인정하지 않는다는 것이었죠. 원드롭 룰에 따르면, 어떤 이의 가계도를 추적했을 때 혈통의 1/32 이상이 흑인이나 다른 인종일 경우 순정한 백인으로 인정하지 않습니다. 즉, 최소한 6세대 이상이 연속해서 백인의 혈통으로만 이루어져 있어야 순수한 백인으로 인정받을 수 있는 겁니다. 만약 제가 흑인인데, 제 자녀가 백인과 결혼하면 흑인의 피가 1/2로 희석되고, 손자가 백인과 결혼하면 1/4, 증손자가 백인과 결혼하면 1/8, 이렇게 제곱수로 흑인의 피가 세대를 거듭할 때마다 희석되는 겁니다.

관행적으로만 행해지던 원드롭 룰은 1910년 테네시주에서 최초로 명문화되었습니다. 테네시주에서 신호탄을 쏘아 올리자 다른 여러 주에서도 원드롭 룰을 법제화하고 시행했습니다. 이 법은 1967년 폐지 이후에도 관행적으로 남아 여전히 인종차별을 조장하는 주요한 근거로 기능하고 있죠. 피부색과 관계없이 6세대 이내의 가계도에 흑인이 있었느냐로 인종차별의 근거를 만들어내는 원드롭 룰은 유색인의 피를 천하고 저질스럽게 여기도록 조장하므로 반드시 사라져야 할 악습입니다.

로자 파크스와 버스 보이콧

짐 크로 법과 원드롭 룰은 폐지되기 전까지 백인이 합법적으로 흑인을 압제해도 되는 공신력을 보장했고, 그 잔재는 현재까지도 관습적으로 남아 암암리에 인종차별을 묵인하는 근거가 되고 있습니다. 피부색이 다르다는 이유로 그동안 무수히 많은 흑인이 희생되었습니다. 그렇다고 흑인이 묵묵히 차별적 상황에 무릎 꿇고만 있었던 것은 아닙니다. 때로는 폭력적인 방식으로 저항하거나, 비폭력적인 방식으로 자신들의 부당함을 알리고 차별적 법 조항을 바꾼 사례도 있습니다.

1955년 12월 5일 미국 앨라배마주 몽고메리시에서 작은 소동이 일어났습니다. 로자 파크스라는 흑인 여성이 백인에게 버스 좌석을 양보하지 않은 겁니다. 당시 몽고메리시 조례에 따르면, 전체 버스의 36개 좌석 가운데 승하차가 빠르고 편한 앞좌석 10개는 백인용 좌석이고, 맨 뒷좌석 10개가 흑인용 좌석, 가운데 16개 좌석은 공용좌석이었습니다. 그런데 공용좌석에 앉을 수 있는 우선권은 백인에게 있다고 명시하고 있기에, 백인이 요구하면 흑인은 언제든지 좌석을 양보할 의무가 있었죠. 하지만 파크스는 백인의 요구를 묵살하고 자리를 지켰고, 결국 경찰에 고발당한 뒤 벌금형을 선고받았습니다.

그 소식은 흑인 사회에 빠르게 퍼져 나갔습니다. 크게 분노한 흑인들의 저항 시위는 들불처럼 일어났으며, 가장 유명한 흑인인권운동가로 알려진 마틴 루터 킹 주니어까지 이 사태에 목소리를 내기 시작했습니다. 〈그림 5-2〉는 당시 몽고메리시에서 버스를 보이콧하는 흑인의 모습을 보여줍니다. 흑인은 일부러 걸어서 출퇴근하는 등 버스 이용을 완전히 거부했습니다.

파크스가 좌석을 거부하고 유죄를 선고받은 사태의 여파는 상당했습니다. 몽고메리시에서 운행하던 버스의 대다수 고객은 흑인이었고, 그들이 버스를 거부하자 많은 버스가 빈 차로 운행하기 일쑤였습니다. 승객을 태우지 못한 버스는 당연히 비싼 기름과 버스의 수명만 소모할 뿐 수익을 올릴 수 없었죠. 몽고메리시 버스 회사는 큰 적자에 시달렸습니다. 심지어 흑인의 버스 보

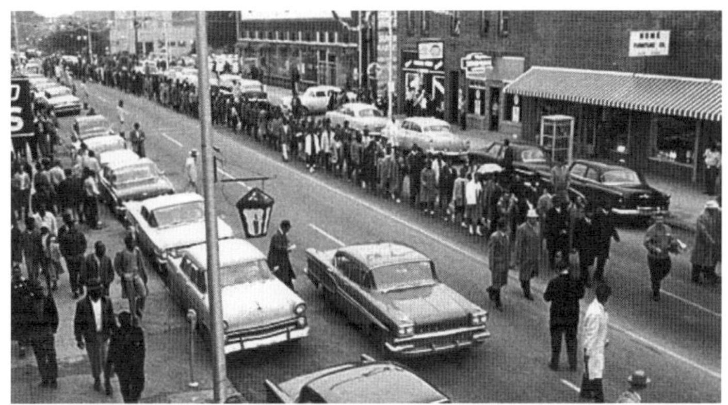

그림 5-2 버스를 거부하는 흑인 행렬. 승객을 태우지 못한 버스 회사는 적자에 시달리게 되었다.

이콧 운동은 다른 지역으로까지 전파되기 시작했고, 그 결과 미국 전역에서 흑인의 교통시설 이용권 쟁취를 위한 운동으로 확산되었습니다. 그리고 마침내 흑인은 미국 내 교통 시설에 대한 인종차별 금지라는 결과를 성취해낼 수 있었죠.

한 여인이 자신의 평등한 교통권을 보장받기 위해 저항한 '몽고메리 버스 보이콧' 운동은 미국 내 교통 시설에 대한 인종차별적 정책을 폐지하는 결과를 만들어냈습니다. 파크스는 이후 흑인 인권 운동가로 본격적인 활동을 시작했으며, 몽고메리 버스 보이콧 운동은 지금까지도 비폭력적인 방식으로 차별 정책에 대항해 변화를 만들어낸 기념비적인 인권 운동으로 회자되고 있습니다.

흑과 백의 오래된 전쟁

호모 사피엔스는 흑인이었다

여러분은 어떤 대상의 아름다움을 판단할 때, 디자인과 컬러 가운데 어떤 것을 우선시하나요? 디자인이 뛰어나지만 컬러는 촌스럽고, 디자인은 볼품없지만 컬러가 마음에 드는 같은 가격의 물건이 있다면 무엇을 구매할 건가요? 취향에 따라 대답이 엇갈릴 수 있는 질문이며, 이런 질문에는 으레 정답이 없기 마련입니다. 매우 주관적인 성격의 질문이니까요.

그런데 서구 세계에서는 아주 오래전부터 존재를 구성하는 요소 중에 디자인이 우월한지, 컬러가 우월한지 논쟁을 벌여왔습니다. 디자인은 고대 그리스어 '디세뇨'disegno에서 그 어원을 찾을 수 있으며, '사물의 원형과 창시'라는 뜻을 지닙니다. 컬러 역

그림 5-3 하얀색 비너스 조각상(왼쪽)과 CG로 색을 복원한 색채의 비너스 조각상. 어느 쪽이 더 아름다운가에 대한 생각은 개인의 취향에 따라 다를 것이다.

시 고대 그리스어 '콜로레'colore에서 기원한 말인데, '사물에 덧입히는 색'을 의미합니다. 디세뇨가 중요하다고 주장하는 이들은 디세뇨가 최초의 원형이며 가장 순정한 것을 의미하기에 그 위에 한 번 더 색을 입히는 콜로레보다 우월하다고 주장했습니다. 이에 반해, 콜로레의 우월성을 주장하는 쪽에서는 현존하는 자연의 모든 존재는 무색인 원형에 색을 입힌 것이기에 진정한 완성을 위해서는 콜로레가 필요하다고 주장했죠.

이처럼 고대 그리스에서부터 이어온 디세뇨와 콜로레 논쟁은 후에 디세뇨를 지지하는 이들에 의해 백색 피부가 우월하다는 근거로까지 나아갑니다. 『파우스트』와 『젊은 베르테르의 슬픔』이라는 세기의 명작을 탄생시킨 요한 볼프강 폰 괴테는 그의 또 다른 저서 『색채론』에서 다음과 같이 주장했습니다.

> 흰색 인간, 다시 말해 그 피부가 흰색을 바탕으로 황색, 갈색, 붉은색을 띠는 인간, 간단하게 말하자면 피부가 담백한 색이며, 그 어떤 특수한 색이 아닌 인간이 가장 아름답다고 감히 주장한다.

괴테는 그 어떤 색도 더하지 않은 순정한 흰색 피부를 가장 아름다운 인간의 조건이라고 본 것입니다. 즉, 그 어떤 색도 더하지 않은 가장 순수한 디세뇨 그 자체로서 백인의 미적인 아름다움과 우월성을 지지했던 것이죠.

괴테와 동시대를 살았던 독일의 고고학자 요한 요하임 빙켈만은 여기서 한발 더 나아갔습니다. 빙켈만은 백인과 서구 문명의 모태가 되는 고대 그리스인의 몸이 가장 이상적이며 모든 인종의 모범이라고 주장했습니다. 무엇보다 흰색은 빛을 가장 잘 반사하는 색으로 태양 아래 그 어떤 색보다 반짝이기 때문에 신의 은총을 받은 색으로 생각했습니다. 반짝이고 빛나는 흰 피부가 돋보이는 몸일수록 아름답다고 여겼죠.

그런데 우리는 빙켈만의 이런 주장 자체가 말도 안 된다는 걸 잘 알고 있습니다. 수십만 년 전 호모 사피엔스는 아프리카 남단에서 최초의 이동을 시작했는데, 그들의 피부는 검은색이었습니다. 빙켈만은 호모 사피엔스가 검은 피부에서 시작했다는 사실을 전혀 몰랐던 겁니다.

'르네상스'renaissance는 고대 그리스·로마 문화와 인간 원형에 대한 미적 아름다움을 복원하려는 문예부흥 운동을 말합니다. 이 르네상스의 분위기를 타면서 고대의 문화와 예술의 가치가 복원되는데, 우리가 알고 있는 고대 그리스 조각상은 대부분 덧칠한 색 없이 하얀 석고 모습 그대로입니다. 당시 서구 사회에서는 역시 아무 색도 입히지 않은 디세뇨가 콜로레보다 우월하다는 의식이 더욱 강화됐습니다. 더불어 미개한 인종이나 저열한 문명일수록 화려한 색을 좋아한다는 관념도 확산했고요.

디세뇨와 콜로레 논쟁은 서구 사회에서 백색 피부의 고귀함과 유색 피부의 저열함을 나누는 당위적 근거가 됐습니다. 이는 현대 사회에서 피부색에 혐오와 공포를 느끼는 현상인 '인종 혐오'로까지 이어지고 있으니, 디세뇨와 콜로레의 지난한 논쟁은 여전히 현재 진행형이라고 할 수 있습니다.

노예여, 사슬을 끊어라

앞에서 잠깐 언급했듯 백색과 흑색의 갈등이 최고조로 치닫던 시기는 아프리카 노예무역이 정점을 찍던 때입니다. 노예무역이 활발하게 일어나고 노예제도가 뿌리 깊게 정착하면서 인종차별 역시 가속화됐습니다. 특히 유럽 백인은 검은 피부 자체에 대해 강한 고정관념을 갖고 있었습니다. 뜨거운 태양 빛과 열기에 오랜 시간 노출되면 당연히 몸은 지치고 피부는 검게 그을리기 마련입니다. 백인은 흑인이 인간을 지치고 힘들게 만드는 기후에서 생활했기 때문에 천성이 게으르고 어리석다고 생각한 겁니다. 그러니 자신들이 흑인을 부리고 일을 시킴으로써 게으르고 나약한 천성을 고쳐준다고까지 믿었죠.

이처럼 흑인의 검은 몸은 혐오의 대상이었습니다. 동시에 백인에게 흑인은 공포의 대상이기도 했습니다. 백인을 대신해 고된 육체노동을 하는 흑인 노예의 몸은 자연스레 백인보다 훨씬 강인해졌습니다. 백인은 강해진 흑인이 언제든지 손과 발을 구속하고 있는 사슬을 끊어버리고 자신들을 죽일 수도 있다는 공포를 지니고 있던 겁니다. 때로 그 공포는 현실이 되기도 했죠. 바로 '마룬스'의 탈출과 '생도맹그 혁명'입니다.

마룬스에서 '마룬'은 '도망자'나 '아무것도 없이 쫓겨난 사람'을 의미하며, 16~17세기 카리브해 연안의 대농장으로 끌려왔

그림 5-4 흑인 노예가 백인을 상대로 벌인 반란 가운데 유일하게 성공한 생도맹그 혁명을 묘사한 그림. 치열한 전쟁은 10년이 넘도록 계속됐다.

다가 탈출한 다수의 흑인 노예를 가리킵니다. 당시 많은 흑인이 탈출을 시도해 성공하거나 실패했는데, 이들을 굳이 마룬스라고 부르는 데는 이유가 있습니다. 이들은 탈출했을 뿐만 아니라, 도망쳐서 정착한 곳에 마을을 만들고 문화를 형성했기 때문입니다. 도망친 흑인 노예는 자메이카 동부 지역의 블루 마운틴과 존 크로 마운틴 등지에 정착했고, 그곳 원주민의 토속 문화에 스며들어 '크레올 문화'créole culture라 부르는 혼혈 문화를 형성해 현재까지도 그 역사를 지키고 있습니다.

생도맹그 혁명은 흑인 노예가 백인을 상대로 일으킨 반란 가운데 역사상 유일하게 성공한 혁명입니다. 1791년 카리브해 연안의 프랑스 식민지였던 생도맹그에서 흑인 노예는 독립과 해방을 외치며 반란 전쟁을 일으켰습니다. 전쟁은 10년이 넘는 기간 동안 지속됐고, 1804년 마침내 프랑스가 물러나고 흑인 노예는 노예제 폐지와 함께 승리를 거머쥘 수 있었습니다. 이는 역사상 유례없는 흑인 노예 출신의 공화국 건국이었는데, 이 국가가 바로 지금의 아이티 공화국입니다. 따라서 생도맹그 혁명은 다른 말로 '아이티 혁명'이라 부르기도 한답니다.

단지 피부색이 희거나 검다는 이유만으로 이처럼 잔혹한 갈등과 전쟁이 일어난 것을 보면 너무나 안타깝습니다. 피부색이 아닌 인간 그 자체로 서로를 존중하는 시대는 영영 올 수 없는 것일까요? 『검은 피부, 하얀 가면』의 저자 프란츠 파농은 그의 저서에서 이렇게 물었습니다.

> 우월? 열등? 왜 그저 단순히 타자를 만지고, 타자를 느끼고, 나에게 타자가 모습을 드러내도록 해보지 않는가?

피부색으로 우월함과 열등함을 따지는 것이 아닌, 그 사람의 인격 자체로 존재를 바라볼 수 있어야 합니다. 그렇게 할 수 있을 때, 자신의 존재 역시 타인에게 피부색이 아닌 인간 그 자체로 존중받을 수 있습니다.

노예도 인간이었다
《장고: 분노의 추적자》

노예가 말하는 노예의 삶

'노예 서사'라는 장르가 있습니다. 노예나 해방된 노예가 직접 자기 삶과 경험을 이야기한 것을 바탕으로 기술한 작품의 장르를 말합니다. 노예 서사에 속하는 작품은 직접 겪은 일을 기술하는 것이기에 자전적 성격을 띠는 경우가 대부분이며, 종교적 구원이나 탈출 성공담, 노예해방운동에 참여한 경험 등 노예제와 관련한 다양한 경험이 주를 이룹니다.

시나리오 작가이자 영화 감독인 쿠엔틴 타란티노의 《장고: 분노의 추적자》는 노예 서사를 다룬 작품인데, 조금 더 구체적으로 이야기하자면 '가상의 노예 서사'입니다. 작품이 다루고 있는 전체적인 구조는 노예 서사의 방식을 따르지만, 실제로 일어난 일에 대한 경험이나 사실적인 요소를 기반으로 하고 있지 않기에 가상의 노예 서사라고 부르는 게 적합하겠습니다.

《장고: 분노의 추적자》는 해방 노예가 다른 노예를 구원하는 내용과 지배 계급인 백인을 향한 노예의 복수, 노예의 조력자로 등장하는 백인의 이야기 등 복합적인 노예 서사가 나타납니다. 특히 백인을 흑인 노예의 무조건적인 적으로 두는 뚜렷한 선과 악의 이분법적 구조를 지니지 않습니다. 무엇보다 흑인의 조력자로서 인종보다 능력을 중시하며 인간의 존엄을 믿는 백인 킹 슐츠 박사라는 인물이 돋보이도록 묘사한 점이 눈여겨볼 만한 특징입니다.

작품의 큰 줄거리는 타고난 총잡이인 흑인 노예 장고가 현상금 사냥꾼 슐츠 박사와 함께 범죄자를 사냥하러 다니며 노예로 잡혀 있는 연인 브룸힐다를 찾아 구출한다는 내용입니다. 이 과정에서 브룸힐다를 노예로 부리고 있는 대농장주 칼뱅 캔디와 총격전을 벌이기도 하고 캔디의 흑인 집사 스티븐 워런과 혈투를 벌이며 마침내 연인을 구하는 이야기입니다.

《장고: 분노의 추적자》에는 당시 백인이 흑인 노예의 신체를 어떻게 착취하고 구속했는지 매우 잘 나타납니다. 그중에서도 가장 돋보이는 장치는 '아이언 머즐'입니다. 〈그림 5-5〉는 아이언 머즐에 구속당한 장고의 모습입니다.

아이언 머즐은 노예의 입을 막아 목소리를 전혀 내지 못하게

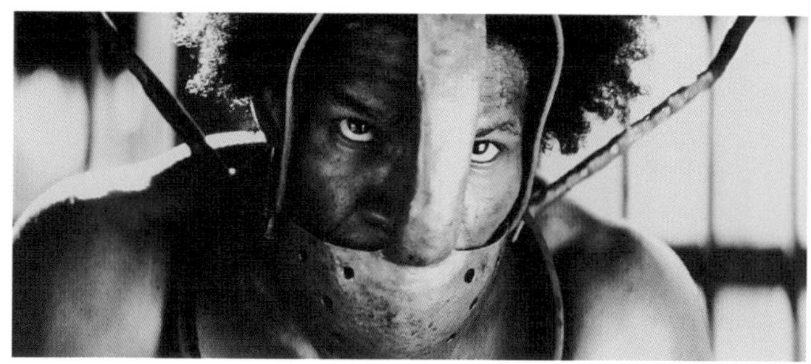

그림 5-5 아이언 머즐에 구속당한 노예는 동물만도 못한 취급을 받았다.

할 뿐만 아니라, 먹고 마시는 것조차 허락하지 않는 정신적·신체적 강압 도구입니다. 아이언 머즐에 구속당한 장고는 자신의 처지를 항변하지도 못하고, 백인의 허락 없이는 기본적인 생존조차 할 수 없는 지경이죠. 당시 흑인 노예가 처한 상황을 매우 직설적으로 보여주는 도구입니다.

노예가 주인의 허락 없이 말을 하거나 불복종의 뜻을 말로 표현하는 것은 절대로 용납되지 않았습니다. 그런 일이 일어나면 바로 아이언 머즐을 씌워버렸죠. 노예가 감히 주인에게 말을 한다는 것은 열등한 동물이 고결한 인간에게 도전하는 행위로 여겼던 겁니다.

노예 서사를 담은 작품은 아이언 머즐을 파괴하는 기능을 합니다. 또한 자신을 대변할 수 있는 목소리를 잃어버린 인간의 권리를 되찾게 합니다. 노예도 인간이며 '인간적 지위'를 가져 마땅한 존재임을 확인하게 만들고, 그들의 존엄성을 복권하는 기능을 하죠.

자본주의의 검은 엔진

영국에서 시작된 산업혁명과 노예제는 밀접한 관련이 있습니다. 산업혁명으로 말미암아 노예무역과 비인간적 학대가 더욱 가혹하게 일어났기 때문입니다. 프리드리히 엥겔스가 『영국 노동자 계급의 상황』이라는 책에서 처음으로 언급한 '산업혁명'은 증기를 동력으로 사용하는 증기기관의 발명으로 영국 내 산업 공정의 일대 변혁이 일어난 현상을 말합니다.

제임스 와트가 발명한 증기기관은 쉬지 않고 24시간 내내 일할 수 있는 동력이었습니다. 인간과는 비교할 수 없을 만큼 강한 힘을 제공하고 쉴 새 없이 일하는 기계의 등장으로 영국의 산업구조는 새롭게 재편되기 시작했습니다. 사회·경제 할 것 없이 모든 인간 활동 영역에서 거대한 변화가 일어났죠. 특히 주목할 만한 것은 바로 영국 산업혁명의 상징이라고 할 수 있는 '방직기'의 등장입니다.

방직기가 발명되고 기계화된 설비를 갖춘 공장이 세워지면서, 영국을 비롯한 유럽 전역에는 면화 수요가 폭발적으로 증가했습니다. 사람 손으로 천을 짜는 것보다 훨씬 빠르고 효과적이었으므로 그 원료가 되는 면화 수요가 폭증한 것은 당연한 수순이었죠. 그런데 산지가 많고 평지가 적은 유럽에는 대량으로 면화를 생산할 만한 토지가 마땅치 않았습니다. 유럽인은 드넓은 평야를 갖춘 아메리카 대륙으로 눈을 돌렸죠.

아메리카 대륙은 영국을 비롯한 유럽 전역으로 수출할 면화를 기르고 수확하기에 최적의 장소였습니다. 그런데 드넓은 대륙에서 일할 노동자를 유럽인으로만 채우기에는 턱없이 부족했죠. 그래서 아프리카 흑인 노예를 더욱 많이 잡아들여 노동력을 충당했습니다.

〈그림 5-6〉을 보면, 슐츠 박사가 현상금 사냥꾼으로 고용한 장고는 노예 신분이 아니기에 고급스러운 옷을 입고 말 위에 올라 목화밭을 지나가고 있습니다. 밭에서는 다른 흑인 노예가 면화를 채집하고 있죠. 이 장면이 중요한 이유는 바로 영국에서 일어난 산업혁명으로 인해 아메리카 대륙으로 잡혀간 흑인 노예의 실상을 짤막하지만 강렬하게 보여주기 때문입니다.

아메리카 대륙에는 흑인 노예가 대거 유입됐지만, 그것을 추동했던 유럽 본토에는 노예가 거의 없었습니다. 산업혁명으로 생긴 공장의 일자리는 유럽 백인의 것이었고, 아메리카 대륙에서 흑인 노예가 피땀으로 수확한 면화 역시 유럽인의 것이었습니다. 당시 유럽에서는 노예가 거의 보이지 않아 유럽인 대다수는 노예

그림 5-6 말에 올라 목화밭을 지나가는 장고. 슐츠 박사가 현상금 사냥꾼으로 정식으로 고용한 그의 처지는 다른 노예들과는 확연히 구분된다.

문제에 별 관심도 없었을 뿐만 아니라 심각성을 인지하지도 못했습니다. 즉, 피도 눈물도 없는 노예무역을 가속화한 주체인 유럽인은 노예의 삶을 거의 보지도 듣지도 못하면서 막대한 이익만 챙긴 겁니다.

이렇게 보면, 산업혁명과 자본주의 그리고 노예무역이 얼마나 밀접한 연관이 있는지 알 수 있습니다. 인류에게 막대한 생산력과 부의 폭증을 가져온 이면에 흑인 노예의 비참한 삶이 있었다는 것을요. 에릭 윌리엄스는 『자본주의와 노예제도』에서 노예제는 경제적 현상으로 발생했으며 노예제 때문에 인종주의가 생겨났다고 주장했습니다. 산업혁명과 자본주의가 고도화되는 과정에서 노예제는 필연적으로 강화될 수밖에 없었다는 겁니다.

즉, 산업혁명의 발전과 자본주의의 고도화는 노예무역과 노예제도를 근간으로 했고 노예의 가장 큰 비중을 차지한 아프리카인의 검은 피부는 곧 노예의 상징처럼 변질되고 말았던 겁니다. 자본주의의 추동력은 '검은 엔진'에서 나온 것이며, '노예는 곧 흑인'이며 '흑인은 곧 노예'라는 명제를 만들었죠.

저는 인간도 형제도 아닙니까

흑인 노예 문제는 청산되지 않은 채 여전히 우리 삶에 영향을 미치고 있습니다. '흑인의 목숨도 소중하다'Black Lives Matter 운동이 한창 뜨거웠던 시절 손흥민 선수를 비롯한 유럽 축구 선수가 경기 전 애도를 표하던 모습을 기억하시나요?

〈그림 5-7〉처럼 손흥민 선수는 불행하게 희생된 흑인을 위해 애도를 표했습니다. 그런데 왜 하필 한쪽 무릎을 꿇는 자세였을까요? 그건 흑인 노예를 해방하고 인권을 복권하는 것에 대한 상징적 자세이기 때문입니다.

1787년 노예해방론자였던 조사이아 웨지우드는 〈그림 5-8〉과 같은 메달을 만들었습니다. 메달에는 흑인 노예가 한쪽 무릎을 꿇고 앉아 묻고 있습니다. "저는 인간도 형제도 아닙니까"(AM I NOT A MAN AND A BROTHER)라고요.

이 메달이 흑인 노예해방운동의 상징이 된 지 거의 100년이

그림 5-7 경기 전 무릎을 꿇으며 희생된 흑인에게 애도를 표하는 손흥민 선수. 인종차별은 여전히 세계 곳곳에서 계속되고 있다.

지난 후, 1863년 1월 1일 미국 역사상 가장 위대한 대통령으로 불리는 링컨은 노예해방선언을 했고, 1865년 국회 비준을 거쳐 공식적으로 모든 노예는 자유를 누릴 수 있도록 법으로 공표됐습니다.

하지만 그로부터 약 150년이나 지난 지금도 여전히 현대 사회에서 흑인의 피부색은 천한 계급과 차별의 대상으로 여겨지고 있습니다. 아직도 갈 길이 멀어 보입니다. 링컨의 선언과는 별개로 해방 노예에 대한 그 어떤 권리 회복이나 물질적 배상이 없었다는 혹자의 지적처럼, 단순히 해방을 선포하는 것을 넘어 깊은 갈등의 상처를 회복하고 화합하려는 노력은 꾸준히 이어져야 할 것입니다.

그림 5-8 흑인 노예 해방의 상징이 된 메달. 그들은 오직 인간이고 형제이길 바랐다.

함께 나눌 이야기

- '적극적 우대 조치'(Affirmative Action)는 형평성의 정의를 실현하는가?
- '흑인의 목숨도 소중하다'(Black Lives Matter)를 주장하는 BLM운동이 역차별을 불러오지는 않았는가?

우리나라 사람은 '한국인은 IQ가 높고 똑똑하다'라는 명제를 좋아한다. 세계 여러 국가 가운데 IQ 순위가 1·2위라는 기사를 심심찮게 찾아볼 수 있을 정도이고, 이에 대한 자부심도 상당히 높은 편이다. 그런데 한국인의 뇌가 다른 인종의 뇌보다 특별하다는 연구 결과를 본 적이 없다. 한국인의 뇌도 다른 모든 인종의 뇌와 같이 무게가 1.4킬로그램이며 세부 기관의 구성도 동일하다. 정말 한국인이라서 똑똑한 걸까? 아니면 한국의 교육열 높은 문화 속에서 성장했기에 똑똑한 걸까? 그것도 아니라면 한국인에게 유리한 지표로 구성된 테스트이기에 한국인은 똑똑해 보이는 걸까?

'한국인은 IQ가 높고 똑똑하다'라는 명제에는 한국인이라는 고유 인종에 대한 우월성을 강조하는 태도가 담겨 있다. 우리나라 사람은 특히나 단일 민족, 단일 인종이라는 자부심이 강하다. 단군의 자손, 배달의 민족, 백의의 민족, 한민족, 한겨레 등 반만 년을 지켜온 단일 인종에 대한 찬사와 수식어를 우리 스스로 자주 사용한다.

인정하고 싶지는 않지만 우리도 모르는 사이 인종적 우월주의에 빠진 것은 아닐까?

6장

지울 수 없는 낙인

인종과 이데올로기를 몸에 새기다

#인종박람회 #호텐토트의비너스 #인종론 #골상학 #인종주의 #오리엔탈리즘 #상상의지리 #적대적상투성 #웨스터니즘 #옥시덴탈리즘 #바스터즈 #홀로코스트 #아리아니즘 #제스처 #낙인

조작된 인종 이데올로기

바트만의 비참한 삶

19세기 초 유럽인의 시선을 한 몸에 받은 여성이 있었습니다. 사라 혹은 사르트지에라고 불렸습니다. 아프리카인이었던 그녀의 성은 바트만이었고, '호텐토트의 비너스'Hottentot Venus라는 별칭으로 불리기도 했습니다. 참고로 호텐토트는 '미개한 남아프리카 인간'이라는 의미를 담은 멸칭입니다. 〈그림 6-1〉은 바트만의 생김새를 묘사한 그림인데, 보통 사람보다 훨씬 크게 부푼 엉덩이는 유럽인의 지대한 관심을 끌기에 충분했습니다. 유럽인들은 바트만의 엉덩이가 큰 것은 남아프리카인의 미개한 어떤 특성 때문일 거라고 추정했습니다.

독특한 엉덩이를 가진 바트만은 영국과 프랑스 등 유럽 각국

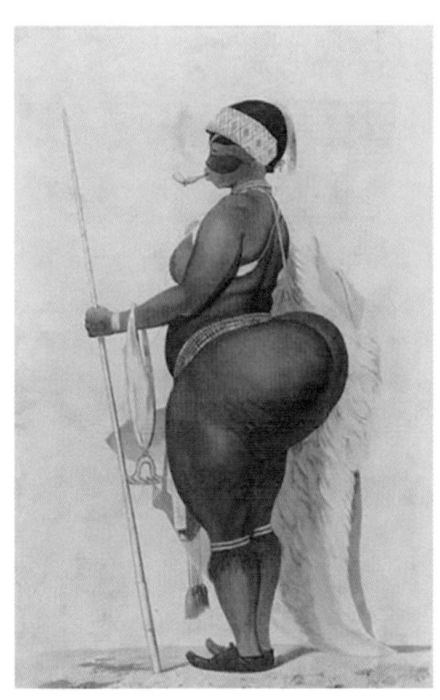

그림 6-1 호텐토트의 비너스라 불리던 사라 바트만. 그녀의 몸은 유럽 각국에 전시되었고, 유럽인들에게 바트만의 몸은 살아서나 죽어서나 구경거리였을 뿐이다.

을 돌며 '전시'되었습니다. 유럽인에게 바트만은 인간으로 받아들여진 것이 아니라, 관람하고 실험해야 할 존재로 여겨졌습니다. 유럽 등지에서 전시되고 연구되던 바트만은 스물여섯 살의 젊은 나이에 병으로 사망했지만, 그녀의 죽은 몸은 편히 잠들지 못했습니다. 2002년 고국으로 유해가 송환되기 전까지 192년 동안 바트만의 시체는 박물관에 전시되거나 과학 연구에 사용됐습니다. 인간으로서의 존엄은 전혀 지켜지지 못한 바트만의 비참한 삶과 죽음은 지금까지도 '인종박람회'를 이야기할 때 곧잘 회자

되고 있습니다.

19세기부터 20세기 초까지 유럽과 미국에서는 인종박람회가 크게 유행했습니다. 독특한 생김새나 특이한 신체적 특성 등을 지닌 사람이나 백인이 아닌 다른 인종을 전시하던 행사가 바로 인종박람회입니다. 거인증이나 소인증에 걸린 사람, 남자보다 털이 많이 나는 여자, 전신에 문신을 한 사람 등 독특한 외모나 특징을 지닌 사람이 주로 전시됐으며, 문명의 손길이 닿지 않은 나라의 원주민도 전시의 대상이었습니다. 당시 일제강점하에 있던 우리 조선의 남녀도 인종박람회에 전시됐는데, "조선 동물 두 마리"라는 치욕적인 말로 묘사되기도 했습니다. 이처럼 인종박람회는 마치 동물원에 갇힌 짐승처럼 사람을 관람하던 인종차별적 전시 행사였기에 "인간 동물원"이라고 불리기도 했죠.

인종박람회는 어떤 인종이 다른 인종보다 우월하다는 잘못된 '인종주의'racism에서 비롯된 결과입니다. 인간에 대한 혐오를 불러일으킨 인종주의는 언제부터 극단적인 수준으로 나타난 것일까요?

우월하다는 망상

17세기는 이른바 과학혁명이 유럽에서 절정에 달했던 시기로, 여러 학문 분야에서 과학적이고 객관적인 시각을 통해 연구를 수행하고 학술 체계를 분류하는 시도가 활발히 이루졌습니다. 이런 분위기 속에 인종을 체계적으로 분류하고 각 인종이 지닌 특징을 과학적으로 연구하려는 움직임이 있었습니다. 바로 '인종론'의 발달입니다. 인종론은 17~18세기에 발달하기 시작한 이론인데, 훗날 인종주의라는 비뚤어진 이데올로기의 근거가 됩니다. 인종론은 인종에 따라 태생적으로 타고난 우월함과 열등함이 있다고 믿는 망상에 가까운 신념을 바탕으로 성립된 이론입니다.

일단 인종이라는 용어 자체가 멸칭에서 기원했습니다. 인종을 지칭하는 영어 'race'(레이스)는 스페인어 'raza'(라사)에서 유래했습니다. 그런데 이 라사라는 단어는 '우월한 스페인 사람이 아닌 열등한 무어인이나 유대인 등 다른 인간'이라는 뜻을 담고 있습니다. 즉, 스페인 사람이 무어인이나 유대인 등 다른 민족을 조롱하고 비하할 때 쓰던 표현이 라사입니다. 또한 라사는 동물의 종을 구분할 때 쓰는 용어였기에, 기본적으로 인간보다 열등한 존재라는 의미를 지니기도 합니다. 이처럼 인종이라는 개념은 애초에 자기 존재와 다른 존재 간 '우성'과 '열성'을 구분해 차이를 가늠하기 위해 등장했습니다.

인종주의는 다른 사람의 존재와 정체성을 파악하고 고려할 때 타인의 몸이 지닌 외모나 특징을 우선으로 여기는 신념입니다. 몸을 측정해 타인에 대한 가치판단을 내리기 때문에, 관측의 주체가 되는 인간이 관측의 대상이 되는 인간을 철저하게 주관적으로 평가하고 판단합니다. 인종주의를 내재화한 이들은 시각적으로 쉽게 구분할 수 있는 몸의 속성부터 분류하고, 인간의 타고난 고유 감각으로는 확인할 수 없는 혈통이나 지성 등을 추적하고 측정해 분류합니다. 종국에는 자신이 속한 인종이 타 인종에 비해 우월하다는 믿음을 확인하려고 하죠.

진화하는 신인종주의

현시대의 인종주의는 과거에 비해 얼마나 그리고 어떻게 달라졌을까요? 과거의 인종주의는 '고전적 인종주의'라고 부릅니다. 고전적 인종주의에서는 주로 몸의 물리적 속성을 중심으로 인종을 분류하려는 태도를 보입니다. 앞서 인종박람회에서 본 바트만의 경우처럼 몸의 차이점을 부각시켜 인종적 우월성과 열등함을 구분하는 인종주의죠. 대표적인 분류 방식이 피부색이나 출생지, 출생 집단 등인데, 흥미로운 분류 방식 가운데 하나가 두개골의 모양에 따라 인종의 우열을 구분했다는 겁니다.

두개골의 크기나 모양에 따라 인간의 지적 능력이나 신체적 능력, 성격 등을 파악할 수 있다고 믿는 학문을 '골상학'이라고 합니다. 골상학은 독일의 물리학자 프란츠 요제프 갈 등이 뇌를 감싸고 있는 두개골의 형태를 분석하면 능력을 추정해낼 수 있다고 주장하면서 19세기 유럽에서 유행했습니다. 골상학이 인종주의와 결합되면서 유럽 백인 학자 중에서는 두개골이 클수록 지적 능력이 뛰어나다는 주장을 펼치는 이들이 나타나기 시작했습니다. 머리가 클수록 우월하다는 당시의 주장은 작은 머리가 아름답다고 여기는 요즘 우리나라 사람들의 주된 인식과는 완전히 반대였죠.

여하튼 머리가 클수록 똑똑하다는 건 애초에 말도 안 되는 주장이었습니다. 우선 남성이 여성보다 두상이 길고 큽니다. 이들의 주장에 따르면, 남성이 여성보다 지적으로 뛰어나야 합니다. 그러나 우리는 그렇지 않다는 걸 너무나 잘 알고 있습니다. 이들은 백인이 흑인보다 머리가 크다는 사실을 입증하려 했지만, 이 역시 실패했습니다. 흑인이나 아시아계 황인이라고 해서 두상이 백인보다 유의미하게 작은 경우는 없거든요. 결국 골상학과 결합된 인종주의는 한 세기도 못 가서 역사의 뒤안길로 쓸쓸히 자취를 감추었습니다.

과거의 인종주의가 이렇게 몸의 생김새와 물리적 속성으로 우열을 가리고자 했다면, 현대의 인종주의는 여기에 문화적 관습을 더해 인종을 분류하려는 태도를 보입니다. 그래서 현대의 인종주의를 '신인종주의' 또는 '문화적 인종주의'라고 부릅니다. 식습관이나 종교적 태도, 신념, 언어 등 고전적 인종주의보다 더욱 세분화된 분류 기준이 추가된 겁니다. 어떤 인종은 무슨 음식을 좋아하고 싫어하는지, 무슨 신을 믿고 어떤 옷을 입는지 등 문화적 다양성을 인종적 특성으로 구분하려고 하죠. 신인종주의는 이처럼 더욱 다양한 방식으로 특정 집단을 구분할 근거와 분류 기준을 만들어내고 있습니다.

제국주의의 총검이 되다

과거와 현재를 구분할 것 없이 인종주의는 기본적으로 인종 간 우월함과 열등함을 나누고, 상대를 비하하려는 성격을 갖고 있습니다. 이에 따라 한 인종이 다른 인종을 지배하는 것에 정당성을 부여할 수 있도록 했죠. 특히 근대 유럽 국가가 제국주의를 앞세워 팽창하던 시기에 인종주의는 더욱 기승을 부렸습니다.

근대 영국·프랑스·스페인 등은 아시아·아프리카·아메리카 등 다른 대륙에 존재하던 국가를 무력으로 굴복시키면서 식민지를 만드는 제국주의적 팽창과 정복을 이어갔습니다. 총검과 군함, 함포를 앞세워 침략 전쟁을 계속했으며, 식민지를 수탈하고 막대한 부를 축적했습니다. 당시 제국주의 국가가 식민지를 넓히며 내세운 근거 가운데 하나가 인종주의였습니다. 우월한 인종인 유럽 백인이 열등한 인종을 정복하는 것은 매우 당연하며, 나아가 백인은 열등한 인종을 교화해야 할 사명을 지니고 있다고 생각했죠.

당시의 유럽인은 과학혁명과 산업혁명 등 근대 기술의 발전을 이룩할 수 있었던 이유를 유럽인 자체가 타고난 우월성을 지닌 인종이었기 때문이라고 믿었습니다. 신의 선택을 받은 특별한 인종이라는 '선민의식'을 갖고 있었던 그들은 거리낌 없이 식민지를 수탈하고 핍박했습니다. 제국주의와 결합한 인종주의는 폭력적 침략과 지배를 정당화하는 확실한 근거가 될 수 있었습니다. 그리고 서양인이 동양인보다 우월하다는 생각을 심어주기에 충분했죠. 동양은 열등하기에 서양의 우월한 시선으로 평가받는 수동적 존재가 된 것입니다.

이러한 유럽 열강의 제국주의와 인종주의 사고와 정책을 답습한 아시아 국가가 있었으니, 바로 일본입니다. 일본은 동아시아의 패권을 장악하면서 자신들을 조선인과 중국인, 동남아시아인 등과 구분해 인종주의적 사고를 주입하고 강력한 차별 정책을 펼쳤습니다. 일본인이 아시아에서 가장 우월한 인종이기에 다른 열등한 아시아인을 지배하고 교화할 수 있는 천부적 권한이 있다고 믿도록 한 겁니다.

오리엔탈리즘

서양인의 눈에 비친 동양인

장이머우 감독의 《영웅: 천하의 시작》에는 신비로운 무예 대결 장면이 나옵니다. 〈그림 6-2〉는 바로 그 장면인데, 눈먼 악사가 연주를 시작하면 무사 무명과 장공은 눈을 감은 채 서로의 의식이 결합한 정신적 공간에서 결투를 치릅니다. 두 사람의 실제 몸은 전혀 움직이고 있지 않지만, 의식 속에서는 검과 창이 치열한 공방을 벌이고 있죠. 만약 정밀하게 뇌파를 읽을 수 있는 VR 고글을 쓰고 '메타버스'metaverse에 펼쳐진 대련장에서 대결을 벌인다면 딱 이런 모습일 겁니다.

제가 갑자기 《영웅: 천하의 시작》 속 무명과 장공의 대결을 이야기하는 것은 바로 이 장면이 '오리엔탈리즘'orientalism을 아주

그림 6-2 눈을 감은 채 의식 속에서 전투를 벌이는 무명과 장공. 동양의 이미지가 신비롭게 연출된 이 장면은 서양이 동양을 바라보는 오리엔탈리즘적 시각을 대표한다.

잘 보여주기 때문입니다. 오리엔탈리즘은 쉽게 말하면 서양이 상상하고 동경하는 동양의 신비로운 모습입니다. 오리엔탈리즘의 시선으로 바라본 동양은 물질보다는 정신을 추구하고, 과학기술보다 심신의 수련으로 발산하는 신비로운 기공이나 정신력으로 대결하는 모습 등 환상적인 요소로 이루어져 있습니다.

서양은 오리엔탈리즘에 입각해 동양의 낭만적이고 이국적인 모습만을 보려고 합니다. 오리엔탈리즘이 형성되던 시기에 동아시아 문화권에서도 이미 실학과 양명학 등 전통적인 유교 철학이나 노장사상에서 탈피한 여러 실용 학문이 발전하고 있었습니다. 그러나 서양은 동양이 자신들처럼 스스로 실용 학문을 발전시켰다는 사실을 인정하기 싫어했습니다. 서양은 객관적인 과학과 기술이 동양과 비교할 수 없을 만큼 발전했는데, 이에 반해 동양은 형이상학적이거나 신비하고 기이한 학문에만 관심이 있다는 사실을 강조하려 했던 겁니다. 이것이 바로 오리엔탈리즘입니다. 서양의 주도면밀한 의도에 따라 정의되고 보여지는 동양의 모습을 강제하려는 신념이죠.

심지어 독일의 철학자 카를 마르크스는 동양인은 스스로를 설명할 수 없는 존재이니 다른 누군가에 의해 대변되어야 한다고 주장할 정도였습니다. 오리엔탈리즘이 본격적으로 확산하면서 동양은 스스로가 어떤 존재인지를 말할 권리조차 보장받지 못했던 겁니다. 마치 아이언 머즐로 말할 권리를 구속당한 흑인 노예처럼 말이죠.

오리엔탈리즘을 지탱하는 두 가지 핵심적인 태도가 있습니다. '상상의 지리'와 '적대적 상투성'입니다. 먼저 상상의 지리는 다른 문화권을 바라볼 때, 이질적이고 애매한 것을 자신이 이해할 수 있는 도식이나 어휘 등으로 표상하려는 태도를 말합니다. 있는 그대로 받아들이기 어려우니 자신의 방식대로 이해하겠다는 태도라고 보면 됩니다. 영어권에서는 한글을 제대로 읽지 못하는 경우가 많은데, 이럴 때 자신들이 발음하기 편한 방식으로 마음대로 발음해버리는 게 바로 이런 태도라고 보면 됩니다. 외국인이 우리나라를 대표하는 세계적 기업 '삼성'을 공식 석상에서도 당당하게 '쌤성'이나 '쌤송' 등으로 발음하는 경우를 심심찮게 보곤 합니다. 이것 또한 상상의 지리에서 기인한 태도라 할 수 있습니다.

다음으로 적대적 상투성은 자신과 다른 문화를 열등하고 야만적인 것으로 여기는 태도입니다. 자신의 문화가 훨씬 더 우월하고 좋은 것이기에 다른 문화를 항상 비교적 하위에 두는 것이죠. 다른 문화를 희화의 대상으로 삼고 비난하거나 괄시하는 태도를 보이는 것이 바로 적대적 상투성입니다. 지나친 국수주의에 빠져 객관적인 태도를 잃어버려 자신의 문화가 무조건 잘났다고 우기거나, 다른 문화의 고유성이나 특성은 알지도 못하면서 깔보는 태도는 적대적 상투성의 대표적인 방식입니다.

상상의 지리와 적대적 상투성이 서양이 동양을 바라보는 방식에서 작동하고, 그것이 하나의 커다란 이데올로기로 작용하는 것. 이것이 바로 오리엔탈리즘을 등에 업고 서양이 동양에 가하는 폭력입니다.

개화라는 미명의 침략

근대 유럽인에게 동양인은 지속적으로 교화해야 하고 구제해야 할 대상이었습니다. 동양은 서양의 우수한 기술력을 통해 구시대적 문화와 기술에서 벗어날 수 있을 거라고 생각했죠. 동양의 서구화는 곧 오리엔탈리즘의 숙명적 결과라고 믿었던 겁니다.

이 논리는 스스로를 '아시아의 유럽'이라고 생각했던 일본으로 이어집니다. 동아시아의 근대화를 주도하겠다는 논리는 일본이 철저하게 오리엔탈리즘을 학습한 결과였죠. 근대 제국주의와 오리엔탈리즘을 학습한 일본은 자신들은 아시아의 구시대적 관습을 탈피했기에, 아직도 낡은 관습에 사로잡힌 중국이나 조선을 근대화한다는 명분으로 침략을 서슴지 않았습니다. 아시아의 그 어떤 국가보다도 빠르게 서양의 과학과 전쟁 기술을 받아들인 일본이었기에 다른 아시아 국가를 향한 침략이 수월하게 이루어질 수 있었죠.

아시아를 향한 서양의 군사적 침략과 식민지화는 '개화'로 포장됐습니다. 실제로는 중세 수준의 문화와 기술력에 머물러 있는 동양을 근대화한다는 미명하에 이루어진 '침략'일 뿐이었는데도 말입니다. 우월한 과학과 기술력, 군사력을 갖춘 서양은 미개한 동양을 가르치고 발전시키고 그로부터 이득을 취할 당연한 권한이 있다고 믿었던 겁니다.

또한 이 과정에서 지속적으로 동양을 신비화하는 전략을 구사했습니다. 동양을 신비화하면 할수록 동양에서 자생적으로 발생한 정치적 능력이나 사회적 구조는 실용적이지 못하고 추상적인 것으로 치부할 수 있었기 때문입니다. 이렇게 만든 동양의 이미지와 비교하면서 서양의 사회, 정치, 기술 등의 우월성을 강조했죠. 서양은 동양을 신비화하는 과정을 통해 자신들이 동양을 교화하는 체계적 정당성을 확보할 수 있었습니다.

서양에 대한 맹목적 우월성을 강조하는 오리엔탈리즘의 부정적 잔재는 아직도 남아 그 영향력을 과시하고 있습니다. 여전히 잔존하며 '열등한 동양, 우등한 서양'이라는 의식을 형성하고 있는데, 이를 '웨스터니즘'westernism이라고 합니다. 웨스터니즘이 팽배한 곳에서는 서양의 주요 문물이나 인물 등을 단편적으로 우상화하는 현상이 나타납니다.

민주주의의 나라 그리스, 민중 혁명의 나라 프랑스, 자유의 나라 미국, 철학의 나라 독일, 신사의 나라 영국 등은 웨스터니즘이 빚어낸 대표적인 이미지입니다. 단편적이고 멋들어진 하나의 이미지로 과장된 선입견을 형성하는 것이죠. 그야말로 서양의 문화는 '아이돌'(우상)이 되어 어두운 면모는 전혀 드러나지 않은 채 찬양만 받는 현상이 나타납니다. 이를 통해 서양을 동양의 지배자로, 동양을 서양의 피지배자로 여겨야만 하는 당위성이 사람들의 인식 저변에 강하게 자리하게 됩니다. 이런 웨스터니즘은 다른 말로 서양 문화에 대한 사대주의라고도 하죠.

물론 오리엔탈리즘이나 웨스터니즘에 대한 반발도 강합니다. 서양은 동양처럼 자연과 생명을 존중하지 않기에 비인간적이고 천박한 정신세계를 가지고 있다고 비판하는 이른바 '옥시덴탈리즘'occidentalism이 있습니다. 옥시덴탈리즘에서는 동양이 고고한 정신세계와 인간을 비롯한 모든 생명체를 귀하게 여기는 사상을 숭상한다는 주장을 앞세워 오리엔탈리즘을 강하게 비판합니다. 철저하고 강경한 반서구주의 태도로 동양의 문화와 가치를 찬양하는 이념이 바로 옥시덴탈리즘입니다.

『오리엔탈리즘』의 저자 에드워드 사이드는 오리엔탈리즘을 일컬어 "서양이 동양을 효과적으로 지배하기 위한 전략으로서 동양을 억압하고 재구성하는 서양의 방식"이라고 말했습니다. 사이드의 주장처럼 옥시덴탈리즘도 서양이 동양을 지배하기 위해 만들어낸 오리엔탈리즘에 강한 반발심을 갖고 있습니다. 서양과 동양이 문화적으로 섞이는 것에 상당한 거부감을 지니고 있으며, 동양의 전통과 문화를 지키는 데 매우 보수적인 방식을 취합니다.

몸은 벗을 수 없다

《바스터즈: 거친 녀석들》

박멸의 대상이 된 인간의 몸

타란티노 감독의 《바스터즈: 거친 녀석들》은 극단적 인종주의에 지배당해 다른 인종을 잔혹하게 학살한 나치의 잔인함과 인종주의로 박해받은 이들의 통쾌한 복수를 잘 엮은 작품입니다. 특히 영화 역사상 길이 남을 세기의 나치 악역인 한스 란다를 탄생시킨 작품으로도 유명하고요.

작품은 크게 두 가지 큰 플롯으로 진행됩니다. 하나는 란다에 의해 일가족이 몰살당한 유대인 여인 쇼산나 드라이푸스가 펼치는 란다와 나치에 대한 복수 서사이고, 또 다른 하나는 미국에서 파견된 비밀 부대가 나치의 수장인 아돌프 히틀러를 암살하기 위해 펼치는 작전 수행 서사입니다. 이 두 서사는 란다를 중심으로 하나로 엮이게 되며, 결국 나치에 대한 복수와 히틀러 암살이 모두 성공하는 통쾌한 결말을 보여줍니다.

《바스터즈: 거친 녀석들》은 인종주의의 폐해가 잘 드러나는 작품입니다. 무엇보다 나치 독일이 인종주의에 빠져 다른 인종을 무차별적으로 학살한 것을 서사의 발단이자 주요한 모티프로 삼고 있습니다.

나치 독일을 이야기하면서 결코 빼놓을 수가 없는 건 유대인을 비롯한 여러 인종 1,700만 명을 학살한 '홀로코스트'holocaust입니다. 제2차 세계대전 당시 유대인이나 흑인, 동양인 등을 '불치의 병'에 걸렸다고 여겨 순수하고 우월한 인종의 계보를 유지하기 위해 그들을 모조리 청소해야 한다는 기조 아래 행해진 대학살이 바로 홀로코스트입니다.

무수히 많은 사람이 해로운 인종이라는 낙인에 찍혀 살해됐고, 그들의 몸은 나치 독일의 전리품이 되기도 했습니다. 나치 독일은 홀로코스트를 저지르면서 다른 인종의 재산을 몰수하고, 학살한 이들의 모발이나 금이빨, 가죽 등을 탈취하는 잔혹 행위를 저질렀습니다. 인간의 몸이 일개 전리품으로 전락한 것이죠.

《바스터즈: 거친 녀석들》은 바로 이런 홀로코스트가 자행되던 시기를 배경으로 하기 때문에, 작품 속에서 유대인이나 흑인 등은 나치 독일에 강한 원한을 품은 것으로 묘사됩니다. 그리고 그런 시선에 아랑곳하지 않는 파렴치한 모습이 관객의 분노를 유발하죠. 그런데 나치 독일의 태도는 당시 그들 사이에서 매우 당연한 논리에 근거하고 있었습니다.

아리아니즘의 통쾌한 몰락

《바스터즈: 거친 녀석들》의 란다는 우월한 인종과 열등한 인종이 태생적으로 존재한다고 믿는 인종주의자입니다. 그는 출신 국가나 피부색 등을 우등과 열등의 근거로 삼으면서 인종을 차별하는 모습을 보입니다.

특히 란다의 인종주의자적 면모는 자기가 거의 죽일 뻔했다가 놓아준 드라이푸스가 소녀에서 성인으로 성장해 마주했을 때, 그녀를 알아보지 못하고 자신의 신념을 설파하는 장면에서 자명하게 드러나죠. 란다는 우월한 나치 독일의 행사에 감히 미천한 흑인의 손을 빌려 영화를 상영해서는 안 된다고 말하며, 영화관 관리자인 드라이푸스에게 직접 영사기를 돌리라고 지시합니다. 여기서 란다가 드라이푸스의 정체를 알아채지 못했더라도 만약 드라이푸스가 유대인인 걸 알았다면, 란다는 절대로 드라이푸스에게 영화 상영을 맡기지 않았을 겁니다. 나치 독일이 흑인보다 더 끔찍하게 싫어하는 게 유대인이었으니까요.

히틀러는 아리아인이 가장 숭고하고 우월한 인종이라고 믿었고 유대인은 가장 저급하며 사라져야 할 인종이라고 생각했습니다. 히틀러는 자신이 지닌 인종에 대한 빗나간 신념을 모든 이들이 믿도록 만들고 싶었고, 이른바 '아리아인 우월주의'인 '아리아니즘'aryanism을 설파하기에 이르렀습니다. 아리아니즘은 다른 인종보다 월등하게 뛰어난 아리아인에게 다른 모든 인종을 지배하고 통치할 천부적 권한이 있다는 인종주의적 신념이었습니다. 아리아니즘은 히틀러가 제2차 세계대전을 일으키면서 그 위세가 극렬해졌습니다. 히틀러를 중심으로 한 나치 독일은 아리아니즘을 앞세워 어떤 거리낌도 없이 다른 인종을 학살했습니다.

타란티노는 《바스터즈: 거친 녀석들》의 결말에서 나치 독일의 허황된 아리아니즘이 얼마나 모순적인지를 통쾌하게 폭로합니다. 그토록 우월한 아리아인이 자신들의 이념을 자화자찬하는 영화를 보다가 몰살당하고, 영화 속 실제 전쟁 영웅이 유대인 여자를 사랑하다 죽는 모습, 란다가 쉽게 나치 독일과 아리아인을 배신하는 모습 등 다양한 관점에서 벌어지는 아리아니즘의 몰락을 보여줍니다.

물론 이런 장면은 실제로 일어난 일이 아닌 '픽션'인데, 타란티노는 이렇게 사실과 허구를 합친 '팩션' 기법을 즐겨 사용합니다. 그의 또 다른 팩션 영화 《원스 어폰 어 타임… 인 할리우드》 역시 실제로 벌어진 사건의 비극적 결과와는 전혀 다른 통쾌하고 행복한 결말을 보여주거든요.

행위는 인종과 문화를 말한다

《바스터즈: 거친 녀석들》에서는 몸이 인종이나 문화를 표현하는 방식이 될 수 있다는 걸 매우 중요한 서사적 장치로 보여줍니다. 바로 숫자 '3'을 손으로 세는 장면인데요, 독일인 장교로 위장해 비밀 작전을 수행하던 미국 부대원 아치 히콕스가 위스키를 주문하면서 손으로 숫자 3을 세다가 독일인이 아닌 사실이 발각되죠.

히콕스는 〈그림 6-3〉처럼 검지와 중지, 약지를 사용해 숫자 3을 세면서 위스키를 주문합니다. 그리고 그의 손짓을 지켜보는 독일인 장교의 눈빛이 묘하게 빛나는 모습이 보입니다. 그 순간 독일인 장교는 히콕스가 독일인이 아님을 눈치 채고는 그들이 스파이란 걸 확신하게 됩니다. 〈그림 6-4〉를 보면, 독일인은 손으로 3을 셀 때 대부분 엄지와 검지, 중지를 사용하기 때문입니다.

타란티노는 이 장면에서 인종과 문화의 특성에 따라 몸을 사용하는 방식에 차이가 있음을 보여주고, 그것을 포착하는 독일인 장교의 탁월한 눈썰미를 통해 극중 긴장감을 극대화합니다. 아무리 말과 언어로 위장하더라도 몸의 활용 양식이 어긋난다면 인종을 속이는 건 불가능하다는 것을 보여주는 훌륭한 장면입니다.

몸으로 의미를 발산하는 방식을 우리는 '제스처'라고 합니다. 제스처는 비언어적인 몸의 행위로 의미를 전달하는 의사소통 방식이죠. 국가나 지역의 문화적 요소를 반영하기 때문에 문화권에

그림 6-3 손으로 숫자 3을 표시하는 히콕스와 그의 손짓을 지켜보는 독일인 장교. 날카로운 눈으로 히콕스를 지켜보던 장교는 히콕스가 독일인이 아님을 눈치 챘다.

그림 6-4 독일인이 손으로 숫자 3을 세는 방식이 뭔지를 보여주며 작전이 들통난 이유를 설명하는 해머스마크.

따라 차이를 보이기도 하고, 때로는 똑같은 제스처가 정반대의 의미를 지니기도 합니다. 예를 들어, 우리나라 사람은 검지와 중지를 V 모양으로 펴서 승리를 표현하는데, 영국인은 심각한 욕설로 받아들이기도 합니다. 영국에서 손바닥을 상대에게 보이면서 취하는 V 제스처는 승리를 의미하지만 손등을 보이면서 취하는

V 제스처는 모욕의 의미를 지녔기 때문입니다.

따라서 제스처를 이해한다는 것은 특정 문화권에서 몸을 어떻게 활용하고 어떻게 기표를 표현하는지 이해하고 몸의 활용에 대한 약속을 익히는 과정이 됩니다.

죽어야 벗을 수 있는 몸

낙인은 쇠를 불에 달궈 사물에 특정 표식을 남기는 도장을 의미합니다. 과거에는 죄인에게 가하는 형벌이기도 했죠. 2009년 KBS에서 방영한 드라마《추노》에서는 낙인 형벌이 자주 등장합니다. 그중 도망친 노비를 잡아 오면 노비를 의미하는 '노'(奴)나 '비'(婢) 자를 몸에 찍어서 지울 수 없게 만드는 장면이 나옵니다.

오늘날 우리는 종종 '낙인을 찍다' 또는 '낙인 찍히다'라는 표현을 사용하는데, 이때의 '낙인'은《추노》에서 나오는 것처럼 물리적으로 몸에 새기는 것을 의미하지 않습니다. 명예를 실추시키거나 안 좋은 사회적 평판을 만들어 공공연하게 사람들이 알게 만드는 것을 뜻하죠. 그런데 이런 사회적 낙인은 오해나 가짜 뉴스에서 비롯된 경우 해명과 진실 찾기를 통해 벗어버릴 수 있고(벗어야만 하고), 반대로 진실 감추기로 낙인을 감출 수도 있습니다.

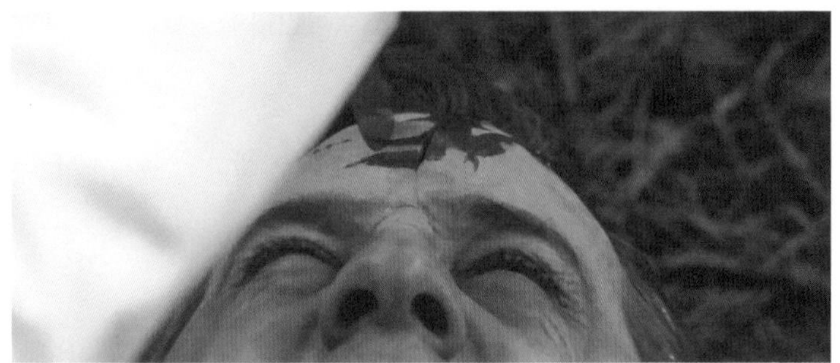

그림 6-5 란다의 이마에 칼로 하켄크로이츠를 새기는 레인. 인종주의자의 최후는 그가 다른 인종에게 행한 것과 같은 낙인 찍힌 몸이었다.

타란티노는 후자의 경우처럼 악인이 진실 감추기를 통해 낙인을 숨기고 사는 것을 용납할 수 없었나 봅니다.《바스터즈: 거친 녀석들》의 마지막 장면에서 란다는 나치 독일을 배신하고 미국으로 망명하며 끝까지 비열한 악인으로서의 면모를 과시합니다. 그런데 비밀 작전팀의 대장 알도 레인은 그런 란다에게 절대로 지울 수 없는 낙인을 찍습니다. 레인은 란다의 이마에 칼로 나치의 상징적 문양인 '하켄크로이츠'hakenkreuz를 새겨버리죠. 이렇게 말하면서요.

"너에게 평생토록 벗을 수 없는 나치 제복을 만들어주겠다. 그래야 네가 나치란 걸 모두 알아볼 수 있을 테니."

우월한 인종과 열등한 인종으로 몸의 계급을 나누고 학살하던 이의 최후는 하늘 아래서 결코 떳떳하게 살 수 없으며, 죽어야만 벗을 수 있는 가장 불명예스러운 낙인을 찍은 몸이었습니다.

인종마다 다른 특성을 타고난다는 사실은 부정할 수 없습니다. 다만, 그 특성을 차별의 근거로 이용해 존엄성마저 파괴하는 행위는 결국 부메랑처럼 돌아와 스스로를 파괴한다는 사실을 명심해야 합니다. 그래야 인종의 다양성을 통해 서로를 발전시키는 효용을 낳을 것이며, 공존과 공생의 길로 이어질 것이기 때문입니다.

함께 나눌 이야기

- 단일민족이라는 관념은 사회를 발전시키는 데 효과적일까?
- 진정한 다문화 사회를 위해 난민을 포용해야 할까?

나는 학생들에게 종종 이렇게 말한다. “대학에서는 어떤 주제의 이야기건 할 수 있어야 한다. 단, 그 주제를 학술적인 논의로 진행할 수 있다는 전제 하에.” 특히 성性을 주제로 강의할 때면 더욱 강한 어조로 말한다.

우리 사회에서 성을 이야기하는 일은 생각보다 불편한 경우가 많다. 대학생들 역시 강의실에서 성을 이야기하는 상황이 되면 여전히 많이 부끄러워한다. 다른 주제에서는 열변을 토하면서도 유독 성 이야기에는 수줍어하며 말을 삼킨다.

성생활은 인간 삶에서 매우 중요한 영역이며, 이것을 제대로 이야기하고 논의하지 못한다면 정제되지 않은 허무맹랑한 지식이 양산되고 잘못된 환상을 가지게 될 것이다. 성적 욕망이 발생하고 성적 쾌락을 추구하는 것은 인간 몸의 자연스러운 본성이다. 성과 관련한 디테일한 이야기를 자유롭고 분명한 방식으로 말할 수 있을 때 우리는 좀 더 즐거운 삶과 진정한 사랑을 누리게 되지 않을까?

7장

강렬한 쾌락의 탐닉

완전한 사랑을 갈망하다

#섹시 #에로틱 #에로티즘 #금기 #작은죽음 #섹스 #오르가슴 #성적쾌감 #성의학 #오르가슴론 #성반응주기 #오르가슴장애 #전희 #그레이의50가지그림자 #성적가학 #성적피학 #성적취향

에로티즘과 몸의 쾌락

섹시와 에로틱

여러분은 '섹시'(sexy)하다와 '에로틱'(erotic)하다를 어떻게 구분해서 쓰시나요? 우리말에 좀 더 가까운 표현을 찾아보면, 섹시는 '매력적이다', 에로틱은 '야하다'라는 뜻으로 보입니다. '섹시하다'는 어떤 사람이 지닌 성적 매력뿐 아니라 그 사람이 지닌 능력이나 언변까지도 포함하는 포괄적 의미로 사용하죠. 반면에 '에로틱하다'는 몸이 지닌 성적 매력과 분위기 그 자체만 표현할 때 주로 사용합니다.

이러한 차이 때문에 '섹시하다'는 표현은 비교적 넓은 범주에서 사용되는데, '에로틱하다'는 제한적 범주로 사용되고 공적인 영역에서는 잘 사용하지 않는 경우가 많습니다. 하지만 우리는 에로틱한 욕망과 성향을 갖고 있기 때문에 세대를 넘어 번식하고 인간의 명맥을 이어오고 있습니다. 오히려 에로틱함을 감추고 부정할수록 잘못된 성 지식이 쌓이고 성적인 오해와 피해가 발생할 수 있습니다.

요즘 우리 사회가 많이 개방되었다고는 하나 여전히 에로틱함을 이야기하는 걸 쉬쉬하는 보수적인 분위기가 강합니다. 그러므로 이 장에서는 섹시보다 에로틱에 초점을 맞춰 이야기해보겠습니다. 에로틱함에 대한 건강하고 올바른 지식을 쌓아야 우리 몸을 더욱 소중히 아낄 수 있을 테니까요.

바타유의 에로티즘

프랑스 철학자 조르주 바타유는 1957년 당시로서는 상당히 파격적인 주제를 다룬 『에로티즘』을 출간하면서, '에로티즘'erotism이라는 개념을 세상에 선보였습니다. 이 책은 제목뿐만 아니라 표지부터 사람들의 눈길을 단번에 사로잡기에 충분했는데, 표지에 들어간 삽화가 마치 강렬한 육체적 쾌감에 젖어 있는 성녀의 모습처럼 보였기 때문입니다.

그림 7-1 베르니니의 「환희에 찬 성녀 테레사」. 영적 환희와 고통을 표현했다고 보기에는 다소 에로틱하다. 조르주 바타유의 책 『에로티즘』의 표지에 쓰였다.

〈그림 7-1〉은 17세기 이탈리아 조각계의 거장 조반니 로렌초 베르니니의 조각 「환희에 찬 성녀 테레사」입니다. 이 조각은 성녀 테레사가 경험한 영적 환희와 고통에서 영감을 얻어 만든 작품입니다. 성녀 테레사의 경험을 짧게 요약하면 이렇습니다. 그녀가 여느 때처럼 기도를 드리고 있던 어느 날, 꿈인지 현실인지 분간도 못할 순간에 갑자기 천사가 나타났습니다. 천사는 불화살로 테레사의 심장을 사정없이 찔러댔고, 그때 테레사는 영적 환희와 고통을 동시에 경험했다고 합니다.

베르니니는 바로 이 신비로운 경험을 특히 성녀 테레사의 얼굴 표정으로 구현했고, 바타유의 『에로티즘』 표지 역시 조각의 얼굴만 크게 키워 넣은 겁니다. 제목도 제목이지만 조각 전체에 담긴 맥락을 읽을 수 없게 여인의 절정에 다다른 표정만 삽입했으니 출간과 동시에 사람들 입에 오르내리는 건 당연한 수순이었죠. 지금도 「환희에 찬 성녀 테레사」 조각의 표정이 너무 적나라하고 에로틱하다는 평가가 있는데, 얼굴만 클로즈업한 책 표지에 제목마저 『에로티즘』이었으니까요.

여하튼 바타유는 『에로티즘』에서 '에로티즘'이 무엇인지를 설파했습니다. 우리 인간은 다른 동물처럼 단순히 번식과 생존을 위해 성관계를 맺는 것이 아니라 보다 높은 수준의 성행위를 즐기는데, 그것이 바로 에로티즘이라고 말합니다. 인간은 번식 활동과 별개로 심리적 쾌감을 추구하고 특별한 의미를 부여하는 성행위를 합니다. 인간의 성행위에는 번식 외에 무수한 목적이 존재하며, 때로는 성행위가 번식으로 이어질까 오히려 두려워하기도 하죠.

바타유의 관점에 따르면, 출산과 번식을 위한 성행위는 에로티즘이 아니며, 매춘부가 성을 매매하는 행위 역시 에로티즘이 아닙니다. 전자는 오직 번식을 위한 행위로 귀결되고, 후자는 심리적 교감이 없는 금전 거래라는 목적만이 존재하므로 에로티즘이 아닌 겁니다. 바타유는 인간적인 감정의 교류와 공감이 없이 물물교환의 형태로 이루어지는 성관계는 동물의 성행위와 다를 바 없다고 말했습니다. 그는 성을 팔아 돈을 버는 목적이 생존과 같다고 봤던 것이죠.

금기를 깨는 에로티즘

우리는 사회적 질서와 도덕적 관념을 확립하고 사회를 어지럽히는 해악적 일탈과 도덕적 해이를 막기 위해 관습적으로 행하지 않겠다는 걸 약속하고 지키는 일을 '금기'라고 부릅니다. 간단히 말하면 사회와 도덕을 위해 마땅히 하지 말아야 할 것이 바로 금기입니다.

그런데 에로티즘에서 이야기하는 금기는 우리가 일반적으로 알고 있는 금기와 약간 다릅니다. 인간이 태생적으로 지닌 동물적 성향과 모습을 감추고 통제하는 것을 금기라고 말하죠. 다시 말해, 인간이 지닌 동물적 본능을 억제하고 인간만이 할 수 있는 행동을 하는 상태를 '금기를 지킨다'라고 부르는 겁니다. 금기를 지킴으로써 인간은 동물과 차별된 존재가 될 수 있습니다. 우리는 태어난 상태 그대로의 알몸이 아닌 옷을 입고 살아가며, 날것 그대로의 고기나 풀을 먹지 않고 음식을 만들어 먹는 등 동물적 본성과 거리 두기를 하면서 인간성을 공고히 합니다.

그림 7-2 사랑하는 사람이 서로의 옷을 벗기고 사회적 금기에서 벗어나 몸과 몸을 맞대며 사랑을 나누는 것은 에로티즘 방식 가운데 하나다.

금기를 지킴으로써 인간성을 가다듬는 존재로 다른 인간과 함께 살아가는 우리가 금기를 깨는 순간이 있습니다. 다시금 동물적 본능을 발견하는 순간이죠. 만약 어떤 사람이 법과 도덕을 무시하고 동물적 본능에만 이끌려 다른 사람에게 상해를 입히고 사회를 어지럽힌다면, 이것은 금기를 깨는 행위가 됩니다. 그 사람은 인간 사회의 법칙으로 통제가 안 되는 동물적 본능에 지배된 상태로 들어가버린 것이니까요.

에로티즘에서 말하는 금기를 깨는 행위는 이렇게 사회를 어지럽히거나 피해를 동반하는 행동이 아닙니다. 나와 상대방에게서 인간성을 해제하고 동물적 본능을 끌어내는 행위를 '금기의 위반'이라고 말합니다. 서로의 옷을 벗기고 나체를 드러내는 행위는 앞서 이야기했던 금기를 지키는 것과는 반대되는 행위입니다. 인간은 동물과 차별성을 가지기 위해 옷을 입는데, 옷을 벗는다는 것은 동물과 같은 상태로 돌아감을 의미하죠. 그렇게 동물적 본능으로 회귀한 후, 출산이나 번식이 아닌 오직 몸과 마음의 쾌감을 얻기 위한 성행위를 하는 금기의 위반을 통해 에로티즘을 실현하는 겁니다.

바타유는 이처럼 금기의 위반으로 실현하는 에로티즘을 다시 세 가지로 분류했습니다. '육체적 에로티즘' '심정적 에로티즘' '신성의 에로티즘'으로 말입니다. 우선 육체적 에로티즘은 몸의 쾌락 그 자체를 충족하는 에로티즘을 말합니다. 정상적인 상태의 육체를 혼란에 빠뜨리고 성행위를 통해 일순간에 인간성을 해체하며 동물적 본능으로 회귀합니다. 바타유는 혼란과 해체가 일어나는 육체적 에로티즘을 쾌락과 폭력의 에로티즘이라고 말합니다. 성적인 쾌락을 위해 폭력적으로 인간성을 해체한다는 뜻이죠.

심정적 에로티즘은 인간성을 해체하는 금기의 위반이 수치심과 고통으로 느껴지다가 쾌락으로 변화하는 상태를 말합니다. 옷을 벗고 나체 상태가 되면 부끄러움과 수치심이 밀려오지만, 성행위를 하면서 그 수치심이 점점 성적 쾌감으로 변하고 사랑의 감정도 느끼게 됩니다. 그리고 이와 같은 성행위를 지속함으로써 상대방과 열정적으로 감정을 교환하는 심리적 쾌감이 충만한 상태에 들어가게 되는 것이 바로 심정적 에로티즘입니다.

끝으로 신성의 에로티즘은 강렬한 쾌감으로 몸이 희생되었다가 다시 태어난 듯한 느낌을 받는 절정의 쾌락 에로티즘을 말합니다. 성행위가 절정에 이르렀을 때, 극도의 성적 쾌락을 경험하게 되고 그로 인해 마치 몸과 마음에 자리한 단단한 응어리가 해소되는 듯한 기분을 느끼는 경우가 있습니다. 이 경험이 극도로 치닫게 되면 마치 신을 영접하는 것에 버금가는 환희의 절정을 맞이하게 되는데, 이것이 바로 신성의 에로티즘입니다.

죽음에 버금가는 성적 쾌감

바타유는 성행위를 통한 쾌감이 최고로 고조되어 절정에 달했을 때, 우리는 간접적으로 죽음을 경험하는 것과 같은 상태가 된다고 말했습니다. 그는 이것을 '작은 죽음'이라고까지 불렀죠. 진짜로 죽는 것은 아니지만 죽음에 버금가는 쾌감이라는 뜻입니다.

흥미로운 사실은 에로티즘이 죽음에 버금가는 경험을 할 수 있게 해준다는 바타유의 관점이 정신분석학의 창시자 지그문트 프로이트가 말한 '에로스'와 '타나토스'의 관계와 유사하다는 겁니다. 프로이트는 사랑과 성적 욕망의 상징인 에로스와 죽음과 파괴의 욕망인 타나토스가 인간 욕망의 본질이라고 봤습니다. 우리는 살아가고 사랑하며 또한 죽음을 갈망하고 욕망하는 존재라고 말이죠. 이는 바타유가 성적 쾌감의 절정을 존재의 파멸인 죽음과 동일한 관념으로 생각했던 것과 매우 유사한 관점입니다.

바타유를 연구한 논문 「바타이유, "에로티즘과 죽음은 하나"」의 저자 조현경은 바타유가 말하는 에로티즘은 고독과 침묵 그리고 죽음과의 대면이라고 말하며, "에로티즘은 곧 죽음을 마주하는 경험"이라고 설명했습니다. 즉, 이 말은 바타유에게 에로티즘은 인간이 추구할 수 있는 가장 극단적 쾌락의 경험 그 자체이며, 동시에 쾌감으로 죽음을 간접 체험할 수 있는 상태라는 뜻입니다. 다시 말해, 인간이 경험할 수 있는 최고의 쾌락을 맞이하는 것이죠.

인간이 아닌 동물에게 에로티즘은 불가능합니다. 오직 죽음의 파멸을 인지하고 심리적 쾌감을 위한 성행위를 추구하는 우리 인간만이 할 수 있는 고차원적 경험이 바로 에로티즘입니다. 인간의 성행위는 결코 성적 욕망에만 사로잡힌 단순한 쾌감이 아닌, 고차원적 수준의 욕망이 획득하는 쾌감이라는 사실을 바타유는 에로티즘으로 이야기한 것이죠.

오르가슴을 느끼다

최고의 생명 에너지

성관계를 맺는 것을 영어로는 '섹스'sex라고 하고, 사실 우리가 일상에서 '성관계'라는 말보다 더 자주 쓰는 표현입니다. 지금보다 덜 개방적이고 보수적이었던 과거에는 섹스라는 말을 공공연하게 꺼내는 것조차도 어려웠으나, 요즘은 성 문화에 대한 인식도 높아지고 '건강하고 올바른 섹스'는 무엇인가에 대한 관심도 높아지고 있기에 섹스라는 말을 하기가 편해져서 좋습니다.

지식의 공유나 전달이 단절되고 은폐될수록 으레 잘못된 지식과 왜곡된 정보가 우후죽순 생겨나기 마련입니다. 따라서 음담패설의 섹스가 아닌 건강하고 올바른 섹스를 더욱 자유롭게 이야기함으로써 건전한 성 지식이 공유되는 문화를 만들어야 합니다.

제가 이번 장 「강렬한 쾌락의 탐닉」을 쓰는 가장 중요한 목적이기도 합니다.

섹스를 하면서 성적 쾌감과 흥분이 최고조에 이르는 상태를 '오르가슴'orgasm이라고 합니다. 오르가슴은 섹스가 아닌 자위에서도 느낄 수 있으나, 여기에서는 섹스를 중심으로 이야기하겠습니다. 남성은 절정의 흥분 상태에 이르러 정액을 사정하면서 오르가슴을 느낍니다. 여성의 오르가슴은 자궁과 질이 불수의적으로 여러 차례 수축하면서 강렬한 쾌감이 동반되죠.

오르가슴은 인간의 몸으로 느낄 수 있는 가장 극도의 쾌감이며, 진화론에서는 섹스라는 행위가 출산으로 이어지므로 오르가슴이 섹스를 촉진하고 번식하도록 만드는 기제라고 이야기하기도 합니다. 그런데 우리는 이미 앞에서 에로티즘을 이야기한 것처럼 단순한 번식의 차원이 아닌 보다 고차원적으로 오르가슴을 이해할 수 있어야겠습니다.

프로이트를 잇는 2세대 정신분석학자 가운데 빌헬름 라이히라는 사람이 있습니다. 라이히는 적극적인 성 해방 운동가이자 '오르가슴론'을 연구하는 학자였습니다. 그는 오르가슴을 인간이 할 수 있는 최고의 경험이자 에너지라고 믿었을 정도로 오르가슴 연구에 인생을 던진 사람입니다. 병적으로 집착한 탓에 다른 학자들에게 많은 비난을 사기도 했지만, 오르가슴 연구에 몰두하기로는 따라올 사람이 없을 정도였죠. 라이히는 그야말로 오르가슴에 진심이었습니다. 또한 정신분석학자였던 그는 오르가슴을 완전하고 반복적인 형태로 활성화시킬 수 있다면, 정신병이나 신경증을 치유할 수 있다고 믿었습니다.

라이히는 그의 저서 『오르가슴의 기능』에서 다음과 같이 주장했죠.

> 오르가슴 능력은 어떤 억제도 없이 생물학적인 에너지 흐름에 몰입할 수 있는 능력, 즉 본능적인 쾌락적 신체 경련을 통해 막혀 있던 성 흥분을 완전히 방출할 수 있는 능력이다.

라이히는 오르가슴을 모든 힘에서 완전히 해방되어 오직 단 하나의 에너지에 몰입하고 최고의 성적 쾌감과 흥분을 방출하는 상태이자 능력이라고까지 찬양(?)한 것입니다.

라이히의 주장에 따르면 성적 긴장과 흥분이 성기에 온전히 집중될수록 오르가슴의 쾌락은 강렬해집니다. 그리고 성적 흥분이 '하강'되는 기울기가 가파를수록 만족도는 높아지죠. 즉 이 말은 오르가슴에 도달하기까지 쾌감의 에너지가 서서히 쌓이다가 오르가슴이 방출될 때(남성은 사정, 여성은 경련), 그때까지 온몸에 쌓은 모든 에너지가 일순간 빠져나가는 경험을 한다는 겁니다. 그리고 에너지가 높게 쌓이면 쌓일수록 텅 빈 상태와의 격차는 클 테니 더 큰 오르가슴을 느낀다는 말이고요.

이처럼 오르가슴에 진심이었던 라이히는 『프로이트와의 대화』에서 오르가슴이 무엇인지 다음과 같이 말하기도 했습니다.

> 오르가슴, 그것은 포옹 자체 또는 성교만을 의미하지 않는다. 그것은 두 유기체가 하나가 됨에 따라 나타나는 본래적인 감정 경험, 당신의 에고가 사라지고 당신의 정신적 자아 전체를 상실하는 실제적인 경험이다.

오르가슴은 단순한 성적 쾌감을 넘어서는 인간 본질의 감정적 경험이라고 말하며 '에고'ego와 정신적 자아 전체를 상실한다는 그의 주장은 어딘가 기시감이 듭니다. 앞서 에로티즘에서 바타유가 작은 죽음이라고 말했던 최고의 쾌감과 죽음 경험의 동일성이 라이히가 말하는 오르가슴과 일맥상통합니다.

이처럼 라이히에게 오르가슴은 최고의 생명 에너지이자 가치였지만, 그가 활동하던 시대는 오르가슴을 말하기에 좋은 시절은 아니었습니다. 지금보다 더 성에 보수적인 분위기여서 그의 과격한 오르가슴론을 받아들일 준비가 되지 않았으니까요. 라이히는 오르가슴 및 정치와 사회 체제에 대한 반발 등을 너무 과격하게 밝힌 나머지 말년엔 철창 신세까지 지게 됩니다. 그리고 복역한 지 1년 정도 됐을 무렵 심장에 갑작스러운 문제가 생겨 회복하지 못했으며, 1957년 60세의 나이로 감옥에서 쓸쓸히 생을 마감하고 말았죠.

매스터스와 존슨의 오르가슴

라이히가 고독하게 사망한 후 성 의학 분야에 기념비적인 업적을 세운 윌리엄 매스터스와 버지니아 존슨이 등장합니다. 공교롭게도 이들이 본격적으로 성 의학 연구를 시작한 해는 라이히가 사망한 1957년이었습니다. 매스터스와 존슨은 성 의학을 연구하면서 서로 사랑에 빠져 결혼도 했고, 모든 연구 성과를 '매스터스와 존슨'이라는 이름으로 발표할 정도로 서로에게 가장 좋은 협력자였습니다. 심지어 그들은 1993년 이혼한 후에도 성 의학에 관해서는 긴밀한 협력을 지속할 정도였죠. 여하튼 여기에서는 매스터스와 존슨의 오르가슴 연구 성과만 이야기해보겠습니다.

매스터스와 존슨은 인간의 성적 흥분과 성적 반응이 일어나는 주기를 과학적으로 분석하고자 했습니다. 1957년부터 1965년까지 18세에서 89세까지 남녀 약 700명을 대상(남성 312명, 여성 382명)으로 성행위 도중 일어나는 신체 반응을 포착하는 연구를 수행했습니다. 당시로서는 상당히 파격적이고 나름 과학적이라 부를 만한 실험 도구도 만들어 사용했습니다. 여성의 질에 삽입할 자위 기구에 카메라를 장착해, 기구가 삽입됐을 때 실제로 질

그림 7-3
매스터스와 존슨 부부는 미국의 유명 잡지 『타임』의 표지 모델로 선정될 정도로 상당한 명성을 얻었다. 그들의 성 의학에 대한 거침없는 연구가 열렬한 환호를 받았음을 알 수 있다.

속에서 어떤 변화가 일어나는지 관찰하며 연구하기도 했거든요.

매스터스와 존슨은 그렇게 관찰하고 연구한 자료를 바탕으로 '성 반응 주기'를 4단계로 정리해 발표했습니다. 섹스하는 동안 인간은 '흥분기' '고조기' '오르가슴기' '해소기'의 4단계를 경험한다는 것입니다. 매스터스와 존슨의 성 반응 주기에 따르면, 오르가슴은 섹스와 동시에 시작되는 것이 아닙니다. 오르가슴은 충분한 흥분과 성적인 감정, 육체적 쾌락이 고조됐을 때 비로소 일어나는 것이며, 쾌락의 절정인 오르가슴이 서서히 가라앉는 해소 구간도 고려해야 합니다.

매스터스와 존슨은 성 반응 주기를 연구하면서 남녀 간 오르가슴을 느끼는 빈도에 차이가 있다는 사실도 발견했습니다. 남성의 경우 섹스를 마치는 사정 단계에 이르면 거의 대부분 오르가슴을 경험합니다. 이와 달리, 여성의 경우 절반에도 못 미치는 확률로 오르가슴을 경험하는 것으로 나타났습니다. 그런데 여성이 오르가슴을 느끼는 빈도를 90퍼센트 수준까지 끌어올리는 변수가 있었습니다. 그건 바로 흥분기와 고조기에 효과적으로 '전희'foreplay를 하는지의 여부였습니다. 성기를 삽입하기 전에 20분 정도 적극적으로 애무와 전희를 했을 때, 오르가슴을 느끼는 빈도는 90퍼센트 수준까지 올라갔던 겁니다.

이처럼 남성과 달리 여성은 섹스하는 과정 전체가 오르가슴을 느끼는 데 매우 중요합니다. 모두가 만족하는 성생활을 위해서 남녀가 얼마나 다른지를 잘 알고 있어야겠습니다.

오르가슴에 대한 심리학적 접근

매스터스와 존슨이 오르가슴과 성 지식의 지평을 크게 바꾸어놓으면서, 보다 건강한 성생활과 성에 대한 학술적 접근에 사람들의 관심과 욕구가 크게 상승했습니다. 덕분에 쉽게 꺼내지 못했던 '오르가슴장애'에 관해 이야기하는 것도 이제는 가능합니다.

오르가슴장애는 충분한 성적 자극에도 흥분과 성적 쾌감 상태에 이르지 못하는 증상을 말합니다. 이 증상이 심한 경우에는 단순히 성적 쾌감을 느끼지 못하는 데서 끝나는 것이 아니라, 섹스가 고통이 되는 수준에 이릅니다. 결국에는 섹스를 두려워하며 회피하게 되죠.

오르가슴장애에는 여러 원인이 있을 수 있는데, 크게 두 가지로 구분합니다. 신체적 요인과 심리적 요인인데, 먼저 신체적 요인에는 혈액순환이 제대로 이루어지지 않거나 호르몬 이상, 신경계통의 이상 등이 원인으로 지목되고 있습니다. 이런 경우에는 약물이나 호르몬 조절 등을 통해 치료합니다. 심리적 요인은 섹스를 일종의 '수행 능력'으로 왜곡하는 잘못된 심리에서 기인하는 상황을 말합니다.

앞서 언급했듯, 오르가슴은 섹스할 때마다 100퍼센트 느끼는 쾌감이 아니라는 사실을 꼭 염두에 두어야 합니다. 그런데 대부분 이 사실을 잘 모른 채, 자신이 섹스를 제대로 하지 못해서 오르가슴을 느끼지 못한다고 생각하는 경우가 많습니다. 이런 생각에 매몰되면, 자신이나 상대방이 오르가슴을 느끼지 못하는 횟수가 누적되고 심리적 불안이 증가할 수밖에 없습니다. 그러면서 더욱 오르가슴에 집착하게 되죠. 이렇게 되면 상대방을 성적으로 정복하고 오르가슴을 획득해야 할 대상으로만 여기게 되어, 일방적인 섹스만 반복되고 결국 오르가슴장애로까지 이어지기도 합니다.

섹스는 수행 능력 평가도 아니고, 오르가슴은 섹스할 때마다 반드시 얻어지는 결과물이 아니라는 사실을 꼭 알아야 합니다. 매스터스와 존슨의 성 반응 주기에서 살폈듯, 오르가슴을 느끼는 것은 상대방을 향한 사랑과 진심 어린 전희를 동반할 때 더욱 높은 확률로 가능합니다. 상대방과의 언어적·감정적 교감을 통해 오르가슴과 섹스의 만족도를 높일 수 있는 것이죠.

요즘은 뇌과학에서도 오르가슴의 메커니즘에 주목하고 있습니다. 뇌과학에서 볼 때 오르가슴은 뇌가 쾌감 호르몬을 분비시킴으로써 발생하는 '정신적 작용'입니다. 또한 사정이나 불수의적인 경련은 척수가 자극받아서 일어나는 작용이므로 오르가슴은 사정이나 경련과는 구별되는 독립적 메커니즘이라고 말합니다. 물론 대부분의 경우에는 동시에 일어나기에 같은 메커니즘이라 착각한다고 합니다.

여하튼 뇌과학에서는 오르가슴을 일으키는 기관이 뇌이기 때문에 뇌를 인간의 가장 강력한 성감대라고 말하기도 합니다. 즉, 뇌를 자극시키는 '뇌의 전희'를 효과적으로 수행해야 오르가슴을 더욱 잘 느끼도록 만든다는 겁니다. 상대방에 대한 열정적 사랑과 감정적 유대가 오르가슴을 잘 느끼도록 만드는 매우 중요한 요소라는 것을 기억하시길 바랍니다. 강제된 관계와 폭력적인 섹스에서 나타나는 오르가슴은 포르노에서만 존재하는 잘못된 환상입니다.

사랑과 욕망에 갇히다
《그레이의 50가지 그림자》

평범하지 않은 신데렐라의 성적 욕망

《그레이의 50가지 그림자》 3부작은 동명의 원작 소설을 영화화한 작품입니다. 원작자 E. L. 제임스가 2009년부터 인터넷 사이트 '팬픽션넷'에 「마스터 오브 유니버스」라는 제목으로 연재하다가 2011년에 정식으로 출간한 작품이 바로 소설 『그레이의 50가지 그림자』 3부작입니다. 연재하던 당시에도 강렬하고 수위 높은 성적 묘사 장면이 삭제됐을 정도였던 작품은 책으로 출간된 후 세계적인 베스트셀러가 되는 등 엄청난 인기를 구가했습니다.

그래서인지 영화로 재탄생했을 때 야박한 평가와 혹평을 피할 수 없었는데요, 특히 원작의 독자가 많이 없었던 한국에서 개봉했을 때는 그저 노골적인 성적 묘사만 보여주는 저급한 에로

영화 정도로 알려지기도 했죠. 그 바람에 영화를 직접 보지 않은 사람 사이에서도 작품의 서사나 완성도와는 관계없이 포르노 영화로 오해를 받기도 했습니다.

사실 이 시리즈가 대단히 높은 작품성으로 베스트셀러가 된 건 아니라는 의견이 지배적이지만, 그렇다고 해서 저질 포르노라고 볼 수도 없습니다. 저는 원작이 아닌 영화만 본 사람으로서 이야기해보자면, 이 작품은 전형적인 '신데렐라 서사'*의 구조를 갖춘 작품입니다. 다만, 그 주인공이 가학적이고 피학적 성적 욕망을 가진 것으로 묘사되기에 독특한 소재를 입힌 신데렐라 서사라 볼 수 있습니다.

작품의 큰 줄거리는 젊은 나이에 크게 성공해 엄청난 부를 쌓았지만 마음속 깊은 구석에 공허와 결핍을 갖고 살아가던 남자 주인공 크리스천 그레이가 평범하고 부유하지도 않은 여인 아나스타샤 스틸을 만나 서로를 구원한다는 이야기입니다. 그 과정에서 서로의 독특한 성욕을 발견하고 처음에는 불협화음을 내던 성생활을 맞춰가며 결국엔 아이를 갖고 행복하게 살아간다는 해피엔딩을 보여줍니다. 《그레이의 50가지 그림자》로 시작해서 《50가

* 신데렐라 서사에서는 가난한 여자 주인공이 부유하고 능력도 뛰어나고 매력적인 남자 주인공과 사랑에 빠지는데, 두 남녀의 사랑은 사회적 계급과 빈부의 격차를 뛰어넘는 순수하고 위대한 사랑이기에 오직 사랑 하나만으로 서로를 구원한다는 서사적 구조를 가집니다.

지 그림자: 심연》과 《50가지 그림자: 해방》으로 이어지는 3부작의 줄거리를 요약하면 이게 전부입니다.

서사적 구조만 보면 평범한 신데렐라 서사인 이 시리즈가 세계적인 베스트셀러 반열에 오른 이유는 역시 이 작품이 지닌 성적 요소 때문입니다. 차마 겉으로는 쉽게 이야기할 수 없었던 성적 욕망과 판타지를 우리에게 익숙한 서사적 구조 안에서 풀어냈기에, 많은 이들의 사랑을 받을 수 있었던 것이죠.

성욕과 지배욕의 상관관계

《그레이의 50가지 그림자》에서 그레이와 스틸이 본격적으로 만나기 시작하면서 맺는 계약이 상당히 흥미롭습니다. 두 남녀의 계약 관계에서 그레이는 '지배자', 스틸은 '복종자'의 위치에 서게 됩니다. 이렇게 지배자와 복종자의 위치를 구분한 주요한 이유는 지배자의 성적 욕구를 최대한으로 충족시키기 위해서입니다.

그레이는 스틸에게 계약서를 보내 '왜 지배자와 복종자의 관계를 맺는지'를 설명하며, 자신의 성적 욕구를 최대로 충족시킬 수 있는 몸을 만들고 관리하라고 노골적으로 통보합니다. 다음은 영화에서 묘사된 계약서 내용 가운데 일부입니다.

> 다음은 지배자와 복종자 사이의 계약 내용이다. 아래의 계약 내용은 복종자가 자신에게 내재된 관능미를 안전하게 끌어내도록 하기 위해서다. (…) 복종자는 지배자가 요구하는 성행위를 거부할 수 없으며, 이는 서로 협의에 따른 허용 범위 내에서 이루어진다. 복종자는 과음이나 흡연, 약물 복용을 해선 안 되며, 불필요한 위험 행동을 하지 않는다. 복종자는 지배자 외에 그 어떤 사람과도 성관계를 맺지 않는다. 복종자는 지배자가 지정한 전문의에게 처방받은 경구피임약을 복용할 것에 따른다. 복종자는 규칙적인 식습관을 유지해 건강한 몸을 유지하고 부록에 제시된 식단대로 식사를 한다.

지배자인 그레이는 복종자 스틸과의 관계에서 절대적 우위를 점할 뿐만 아니라, 그녀의 몸에 대한 권한마저 강력하게 행사합니다. 계약에는 스틸의 몸이 지닌 관능미, 성적 매력에 대한 관리부터 식단과 체형, 성생활까지 모조리 관리하며, 그녀의 몸이 자신의 성욕을 가장 잘 자극할 수 있는 상태로 유지되도록 강제하는 조항이 명시되어 있습니다. 그레이에게는 스틸을 만나기 이전에 동일한 계약을 맺었던 다른 여러 복종자가 있었으며, 그들은 속칭 '서브'라 불리고 있었죠.

그레이가 어쩌다 이렇게 강한 지배욕과 지배적인 관계의 섹스를 추구하게 됐는지 알기 위해서는 그의 유년 시절을 들여다봐야 합니다. 그레이가 타인을 지배하고자 하는 비정상적인 욕망을 보이는 이유는 어린 시절 무기력하게 어머니를 잃고 아버지에게 신체적 학대를 당한 경험에서 찾을 수 있습니다. 사랑하는 사람을 지키지 못하고 학대당하면서 그 어떤 것도 할 수 없었던 유년 시절의 트라우마는 완전히 반대로 타인을 굴복시키고 지배하는 욕망의 크기를 비대하게 키웠습니다. 그런데 이러한 과거의 트라우마는 지배자로서의 욕망이 비정상적으로 나타나는 것을 설명할 수 있지만, 왜곡된 성욕에 대한 설명은 되지 않습니다.

그레이의 왜곡된 성욕의 원인은 어머니의 친구인 엘레나 링컨에게서 찾을 수 있습니다. 링컨은 미성년자였던 그레이를 6년간 성적으로 학대했고, 그동안 그레이는 지배자 역할을 하는 링컨에게 철저히 지배당하는 복종자 역할을 했습니다. 몸과 마음이 아직 성장하지 않았거나 성장하고 있는 시기에 당한 학대는 심리 장애나 정신 질환의 주요한 원인으로 꼽힙니다. 그레이가 미성년자였던 시절 링컨에게 당해야 했던 신체적·성적 학대는 그에게 큰 트라우마가 되어 왜곡된 성욕을 갖도록 만들었던 것이죠.

독특한 성적 취향과 변태의 기준

그레이는 '성적 가학'의 성욕을 가진 사람이며, 다른 말로는 '사디스트' 또는 'S성향'이라고 표현하기도 합니다. 성적 가학의 성

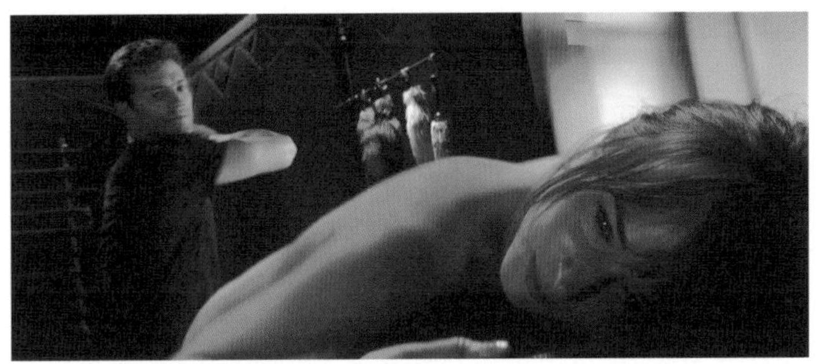

그림 7-4 그레이와 스틸의 성행위는 성적 가학 취향의 그레이가 성적 피학의 스틸에게 매질을 하는 방식으로 시작된다. 성적 취향은 개인마다 다를 수 있다.

욕을 가진 사람은 성행위 중에 상대방을 심리적·신체적으로 굴복시키려고 하며 고통스럽게 만드는 것을 즐기고 이에 강한 성적 쾌감을 느낍니다. 그레이는 스틸의 팔과 다리를 묶어 속박하거나 매질을 하면서 성행위를 하죠.

이에 반해 스틸은 '성적 피학'의 성욕을 가진 사람으로 묘사되는데, '마조히스트' 또는 'M성향'이라고 합니다. 성적 피학의 성욕을 가진 사람은 성행위 가운데 굴욕이나 매질, 결박 등 신체 부자유 행위나 고통을 당하는 것에 강렬하고 지속적인 성적 쾌감을 느낍니다. 스틸이 그레이와 지배자-복종자 관계 계약에 순순히 수긍한 이유나 가학적 섹스를 하면서도 계속 만나는 이유를 그녀의 성적 피학 성욕에서 찾을 수 있습니다.

그레이의 성적 가학과 스틸의 성적 피학 성욕은 미국정신의

학회에서 발간하는 『정신 질환의 진단 및 통계 편람』에 정식으로 실려 있습니다. 성적 가학은 조사 방식에 따라 유병률이 2퍼센트에서 30퍼센트까지 나타날 정도로 생각보다 흔한 성욕이며, 성적 피학은 1~2퍼센트 정도의 유병률을 보이기에 성적 가학에 비하면 흔하지 않지만 그렇다고 보기 드문 성욕은 아닙니다. 우리 주변 또는 자기 자신에게서 발견될 수도 있는 성욕이죠.

그런데 우리는 평범하지 않은 성욕을 가진 사람을 강한 부정의 의미를 담아 '변태'라고 부르기도 합니다. 그레이와 스틸의 평범하지 않은 성욕은 변태라고 불리는 것이 맞을까요?

앞서 말한 『정신 질환의 진단 및 통계 편람』에서는 '변태성욕'에 대해서 다음과 같이 말하고 있습니다.

> 변태성욕은 정상적인 표현형을 가진, 신체적으로 성숙한, 동의하는 인간인 동반자와 성기 자극이나 그 준비를 위한 애무를 하는 것 외의 다른 것에 강렬하고 지속적인 성적 관심을 가지는 것이다.

그레이와 스틸은 정상적인 표현형을 가진 사람이며, 그들의 몸은 충분히 성숙했고 서로 간의 동의를 통해 일반적인 섹스 이외의 것에 강렬한 성적 관심을 가지고 있습니다. 『정신 질환의 진단 및 통계 편람』에서 정의하는 바에 따르면, 두 사람의 성적 성향은 변태성욕에 들어맞습니다. 그런데 이 변태성욕이 잘못된 행동이나 범죄라는 말은 없습니다. 다만, 변태성욕이 너무 지나치게 발현되어 일상적인 생활이 불가능하고 타인에게 심각한 수준의 피해를 끼치는 범죄로까지 귀결될 때를 '변태성욕장애'라고 따로 분류합니다.

개인은 누구나 독특한 성적 취향이나 변태성욕을 가질 수 있습니다. 여기서 변태성욕은 우리가 흔히 말하는 범죄적인 변태를 말하는 것이 아니며, 변태성욕장애는 비정상적이고 사회적 물의를 일으킬 수 있는 범죄에 속할 수 있다는 사실을 잘 구분할 필요가 있습니다.

그레이와 스틸은 서로의 성적 취향을 조율하고 그 과정에서 두 사람은 정신적으로 성숙해지며 오랜 트라우마에서 해방되기도 합니다. 다시 말해, 처음에는 사랑보다 변태성욕으로 시작했을 수는 있으나, 진정으로 서로를 사랑하게 되며 보통의 섹스에서도 만족을 느끼고 사랑스러운 아이를 갖게 되는 수준까지 이르게 되는 겁니다.

성적 취향의 존중과 사랑의 방식

작품에서 정말로 질타를 받아 마땅한, 그야말로 우리가 일반적인 의미에서 변태라고 멸칭을 붙여야 하는 사람은 따로 있습니다.

바로 스틸의 직장 상사였던 잭 하이드입니다. 이름에서부터 겉과 속이 다른 인물임을 상징하는 '지킬 앤 하이드'의 모티프가 나타나는 이 캐릭터는 겉으로는 멋지고 젠틀한 남성으로 묘사됩니다. 그러나 그는 스틸을 강제로 추행하고 강간하고 싶은 더러운 욕망을 갖고 있습니다. 그레이에게서 스틸을 강제로 빼앗으려 하고 결국에는 납치와 폭행을 저지르기까지 합니다.

자신의 독특한 성적 취향을 드러내는 그레이와 젠틀한 척하면서 더러운 성적 욕망을 가진 하이드 중에 누가 더 변태일까요? 그레이와 하이드의 비교를 통해 비로소 찾게 되는 진실은 바로 이것입니다. 누구든 자기만의 성적 취향을 가질 수 있고, 몰랐던 성적 취향을 발견하게 될 수도 있습니다. 그런데 그것을 억압하고 감추는 것은 건강한 성관계를 보장하지 않으며, 오히려 상대방에게 그 사실을 감추고 있다가 갑작스럽고 강압적인 방식으로 표출하는 것이 훨씬 더 나쁘다는 것을요.

여전히 우리 사회에서는 성과 관련한 이야기를 도외시하고 공적인 자리에서 꺼내지 못하는 분위기가 지배적인 편입니다. 물론 지난 20세기에 비해서는 성적인 이야기를 할 수 있는 통로가 많아지긴 했지만, 아직도 많은 사람이 성적인 이야기를 부끄러워하거나 금기시하죠.

우리의 몸이 추구하는 성적 욕망은 결코 부끄럽거나 나쁜 것이 아닙니다. 오히려 그런 몸의 욕망을 강압적인 분위기와 방식으로 억누르고 표출하지 못하게 막는 것이 더 나쁜 일이죠. 때가 되면 자연스럽게 표출되는 우리 몸의 성적 욕망을 억누르고 모르는 척하려고만 한다면, 앞서 말했듯 오히려 잘못된 성적 환상과 성 지식이 생성되고 퍼질 수 있습니다. 올바른 성 지식과 타인의 성욕을 이해할 때, 몸의 성욕에 대한 왜곡된 시선과 지식을 없앨 수 있다는 사실을 명심해야 합니다.

함께 나눌 이야기

- 성적 취향이 맞지 않는다는 것은 정당한 결별의 사유가 될 수 있을까?
- 업무 능률을 높이기 위해 성적 욕구는 통제하는 것이 좋을까?

불멸의 세포가 만드는 필멸의 병. 수많은 사람을 죽음에 이르게 하는 병. 현대인이 가장 두려워하는 죽음의 병. 암을 상징적으로 표현한 말들이다. 의학과 첨단 기계의 발달로 암을 많이 정복했다고는 하나, 여전히 암은 두려운 병이다.
세포는 우리의 몸을 조직하고 구성하며 함께 살아남고자 하는 존재인데, 암이 발병하면 말 그대로 세포가 '미쳐서' 우리의 몸을 어떻게 해서든지 죽이려고 한다. 그러므로 암은 역설적이다. 미쳐버린 세포 덩어리가 자기가 살려고 오히려 자기가 속한 몸을 죽이는 공멸의 길로 인도하니 말이다.
사회를 좀먹고, 분열을 조장하고, 공멸을 부추기며 집단을 내부에서 파괴시키는 사람을 '암 덩어리 같은 놈'이라고 칭하는 것은 사뭇 적절한 표현이라는 생각이 든다. 그릇된 욕망에 눈과 귀를 잠식당해 오직 자기가 살고자 집단의 붕괴는 완전히 무시해버리는 태도는 암세포가 우리 몸에게 벌이는 반역과 똑같은 메커니즘이다.
어쩌면 우리는 필멸의 병을 극복하고 이겨내려는 시도와 노력 속에서 '사회적 암을 극복'할 수 있는 지혜를 발견할 수 있지 않을까?

8장

질병과 노화의 숙명

세포는 지키기 위해 싸웠다

#세포 #유전과증식 #물질대사 #진화 #환경에대한반응
#세포분열 #헤이플릭한계 #조직 #기관 #텔로미어 #네크로시스 #아폽토시스
#대식세포 #좀비세포 #암세포 #전이 #항암치료

세포가 만드는 몸

생존 욕구의 결정체

블록 놀이를 좋아하시나요? 우리 시대 블록 놀이의 대명사라고 할 수 있는 레고의 몇 가지 기본적인 블록을 조립하면, 각종 건물부터 자동차, 우주선, 공룡 등 무수히 많은 것을 만들 수 있습니다. 우리 몸에도 이처럼 가장 기본이 되는 단위가 있습니다. 그건 바로 '세포'입니다.

세포는 인간의 몸뿐 아니라 모든 생명체를 이루는 가장 기본 단위입니다. 단 하나의 세포로만 생명 활동을 유지하는 '단세포 생물'부터 2개 이상의 무수히 많은 세포로 구성된 '다세포 생물'까지, 세포 없이 생명을 유지할 수 있는 생명체는 없죠. 그렇다면 세포의 어떤 고유한 특성이 생명체의 생명을 가능하게 하는 것일

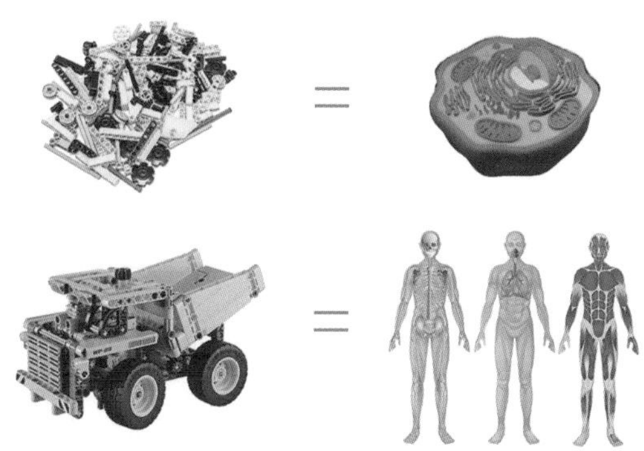

그림 8-1 레고의 기본 블록처럼 우리 몸은 세포로 이루어져 있다. 세포는 생명체의 장기, 뼈, 근육 등을 이루고 모든 생명의 가장 기본 단위가 된다.

까요?

생명체에는 네 가지 조건이 있습니다. '유전과 증식' '물질대사' '진화' '환경에 대한 반응'입니다. 먼저 유전과 증식은 자기 자신을 복제하거나 비슷한 형태의 다른 존재를 만들어낼 수 있는 능력인데, 세포의 능력 가운데 흔히 말하는 '세포분열'이 바로 세포의 유전과 증식입니다. 물질대사는 생명 활동을 유지하기 위해 필요한 물질을 합성하거나 영양분을 분해해 에너지를 만드는 능력을 말합니다. 진화는 환경에 대한 반응과 밀접한 관련을 맺고 있는 기능이니 둘을 같이 설명하자면, 주어진 환경을 적절하게 감지해 그 환경에 맞춰 생존에 가장 유리한 방식으로 서서히 변화하고 적응하는 능력을 말합니다.

생명체의 조건을 인간에 적용해보면, 자신과 꼭 닮은 아이를 출산하고 세대를 이어가는 것은 유전과 증식입니다. 인간은 다른 생명체와 마찬가지로 유한한 자신의 존재를 이어서 다시 생명력을 발휘할 존재를 남기죠. 음식을 섭취하고 태양 빛을 받아 비타민을 생성하는 등 생명 활동에 필요한 에너지를 만드는 것은 물질대사입니다. 우리 인간이 700만 년 전에 피그미 침팬지에서 분화되어 완전히 새로운 종으로 달라진 것은 진화이고요. 호모 사피엔스로의 진화는 인간을 둘러싼 자연의 조건을 때로는 극복하고 때로는 이용하면서 일궈냈습니다. 우리는 환경을 인지하고 적응한 결과로 지금의 몸을 갖게 된 겁니다.

아주 작은 단위에서 생명 활동을 하는 세포와 그 세포가 모여서 만든 우리의 몸 역시 동일한 생명 활동의 메커니즘을 구사하고 있다는 것은 매우 흥미로운 사실입니다. 인간의 몸은 이처럼 단일 존재만으로도 생명 활동을 할 수 있는 세포의 집합이며, 한 인간의 몸은 수십조 개의 세포로 구성됩니다. 참고로 아주 작은 개체의 매커니즘과 아주 거대한 개체의 매커니즘이 동일하거나 유사한 맥락적 구조를 보일 때, 이를 '프랙탈'fractal이라고 합니다. 세포와 인간의 몸은 프랙탈 구조를 지녔다고 말할 수 있죠.

몸을 구성하는 세포는 유사한 기능을 가진 세포끼리 모여서 근육이나 신경 등의 '조직'을 구성합니다. 이렇게 구성된 조직이 모여서 심장·간·허파·위 등의 '기관'을 구성하고 몸에 필요한 기능을 합니다. 즉, 우리의 몸은 세포가 만든 각종 조직과 기관이 조합되어 유기적으로 작동하는 생명체입니다. 세포로 구성된 조직과 기관이 각자 고유한 기능을 충실히 수행할 때 비로소 생명체는 생명을 유지할 수 있습니다. 세포는 생명체가 지닌 몸의 생존을 유지하기 위해 작동하는 순수한 생존 욕구의 결정체라고도 할 수 있겠네요.

세포분열과 텔로미어

모든 생명체가 죽음을 맞이하듯, 세포도 생명체로서의 죽음을 피할 수는 없습니다. 인간의 몸을 구성하는 여러 세포도 죽음을 맞이하는데, 대개는 세포분열을 통해 자신의 자리를 대신할 또 다른 세포를 생성하고 죽음을 맞이합니다. 물론 몸이 성장하는 시기나 조직과 기관이 커질 때는 죽는 세포보다 더 많은 세포가 세포분열로 생성됩니다.

이렇게 생성과 사멸로 인간의 몸을 구성하는 세포의 평균 수명은 25~30일 정도라고 합니다. 어느 조직과 기관에서 어떤 기능을 하는 세포인지에 따라서 짧게는 만 하루에서 길게는 몇 년까지 생존하는 세포도 있습니다. 이를테면, 음식물을 소화하기 위해 위산을 분비하는 세포 가운데 그 독한 위산을 정면으로 맞아야 하는 위벽의 세포는 빠르게 사멸합니다. 백혈구도 길어야 일주일 정도 생존한다고 합니다. 이에 반해 산소를 운반하는 적혈구는 4개월, 지방이나 뼈를 구성하는 세포는 최대 10년까지 생존한다고 하고요. 이렇게 보니 독하고 위험한 일을 하는 세포일수록 금방 사멸한다는 것을 알 수 있습니다.

재미난 사실은 인간 몸 안의 거의 모든 세포는 1년 안에 사멸하고 다시 생성되는 과정을 1회 이상씩 거친다는 것입니다. 다시 말해, 1년은 한 인간의 몸이 거의 완전히 새로운 세포로 재구성되기에 충분한 시간이라는 겁니다. 그렇다면 몸과 마음을 새롭게 다잡고 무언가를 시도하기에 적당한 시간이라고 생각해볼 수도 있겠습니다.

세포는 분열을 통해 자기의 존재를 대신할 또 다른 세포를 만들어내는데, 이 세포분열을 무한하게 이어나갈 수는 없습니다. 만약 무한한 세포분열이 가능하다면, 인간을 비롯한 모든 생명체는 불멸의 삶을 살 수도 있습니다. 20세기 초만 하더라도 알렉시 카렐 같은 생물학자나 의학자는 세포가 무한히 분열하고 증식할 수 있다고 생각했습니다. 원래는 무한하게 분열할 수 있는 세포가 환경적 요인으로 사멸한다고 생각했던 것이죠.

그런데 1961년 미국의 생물학자 레너드 헤이플릭은 약 2년 동안의 실험과 관찰을 거쳐 세포의 수명이 유한하며 분열의 횟수

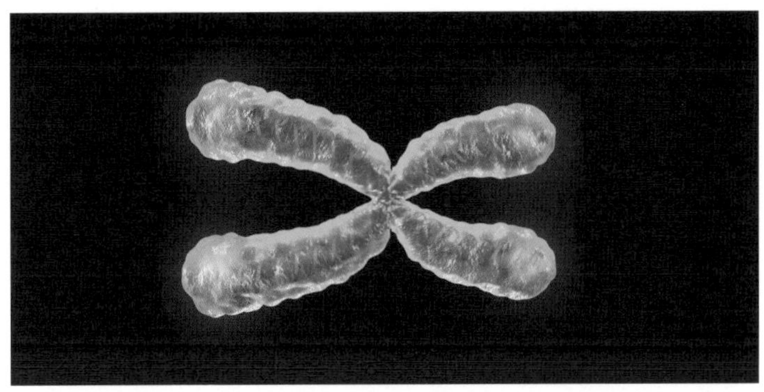

그림 8-2 염색체 끝 노란색으로 표시된 부분이 텔로미어다. 텔로미어는 염색체 유전정보를 보호하는 중요한 역할을 하는데, 세포분열이 일어날 때마다 조금씩 손상되어 사라진다.

에도 한계가 있다는 사실을 발견합니다. 비록 세포가 왜 유한한 수명을 지니고 있는지에 관해 명확한 원인을 밝히지는 못했으나, 그의 발견은 현재까지 '헤이플릭 한계'Hayflick limit라 불리며 세포의 분열 횟수와 수명이 유한함을 증명하고 있죠. 헤이플릭에 따르면, 인간의 몸을 구성하는 세포는 평균 최대 50회 정도 분열하고 사멸합니다.

세포는 왜 무한히 분열할 수 없고 유한한 수명을 갖느냐에 대한 대답은 그로부터 거의 20년 뒤인 1982년 '텔로미어'telomere의 발견과 분석에서 들을 수 있습니다. 텔로미어를 최초로 발견한 분자생물학자 엘리자베스 블랙번은 텔로미어가 세포의 노화와 직접적인 관련이 있음을 밝혀냈죠.

세포 안에는 X 모양의 염색체가 있는데, 염색체의 네 귀퉁이 끝부분이 모두 텔로미어입니다. 텔로미어의 주요 역할은 염색체의 유전 정보가 분열이 일어날 때 훼손되지 않게 보호하는 기능입니다. 그런데 세포분열이 일어날 때마다 함께 분열하는 염색체의 텔로미어는 조금씩 손상되어 사라집니다. 그렇게 지속적인 훼손이 일어나 마침내 텔로미어가 너무 짧아져 거의 없어지게 되면, 세포는 분열을 멈추고 사멸하게 되는 겁니다.

이렇게 세포가 노화하면 인간의 몸도 함께 늙어갑니다. 면역력이 약해지면서 외부 바이러스나 유해 세균의 침입에 취약해지고 질병에 시달리는 횟수가 잦아지죠. 그러면 인간의 몸은 점점 건강이 악화되고 쇠약해지다가 사망하게 됩니다. 세포의 노화와 사멸은 곧 인간의 죽음과 맞닿아 있다는 사실을 알 수 있습니다.

네크로시스와 아폽토시스

세포의 죽음을 이야기할 때, 매우 흥미로운 소재 가운데 하나가 바로 세포의 의도치 않은 돌발적 죽음과 자발적으로 죽어버리는 세포입니다. 전자는 '네크로시스'necrosis 또는 '돌발적 세포 죽음'이라 부르고, 후자는 '아폽토시스'apoptosis 또는 '의도적 세포 죽음'이라고 부릅니다.

먼저 네크로시스부터 이야기해보자면, 비정상적이고 예측 불가능한 사건과 충격으로 세포가 사멸하는 현상을 말합니다. 가장 쉬운 예는 어딘가에 부딪혀 멍이 들거나 뼈가 부러지는 등 상해를 입는 과정에서 세포가 사고사를 당하는 경우입니다. 몸에 침입한 바이러스나 세균과 치열하게 싸우다가 백혈구가 사멸하는 것처럼 상처나 염증, 질병으로 세포가 사멸하는 것이죠.

이처럼 네크로시스는 원래 잘 살아 있어야 할 세포가 불가피한 사태로 죽는 것인데, 아폽토시스는 다릅니다. 세포가 몸의 자연스러운 성장과 건강 유지를 위해 스스로 사멸하기 때문입니다. 아폽토시스의 대표적인 예는 손가락과 발가락이 10개씩 갈라지는 현상입니다.

여성의 자궁 속에서 태아가 세포분열을 통해 점차 인간다운 모습을 갖춰나갈 때, 태아의 손과 발은 처음에는 동그란 공처럼 뭉쳐 있습니다. 그런데 그 공과 같은 살덩어리에서 손가락과 발가락이 돋아나는 것이 아니라, 살덩어리 사이의 세포가 사멸하면서 균열이 일어나 손가락과 발가락이 갈라집니다. 그렇게 인간은 양손과 양발에 각각 10개씩의 손가락과 발가락을 갖추게 되죠.

만약 이때 죽기 싫어하는 세포가 있으면 어떻게 될까요. 〈그림 8-3〉은 아폽토시스가 제대로 일어나지 않은 사람의 발가락 사진인데, 이처럼 발가락이나 손가락이 제대로 갈라지지 않은 증상을 '합지증'이라고 부릅니다.

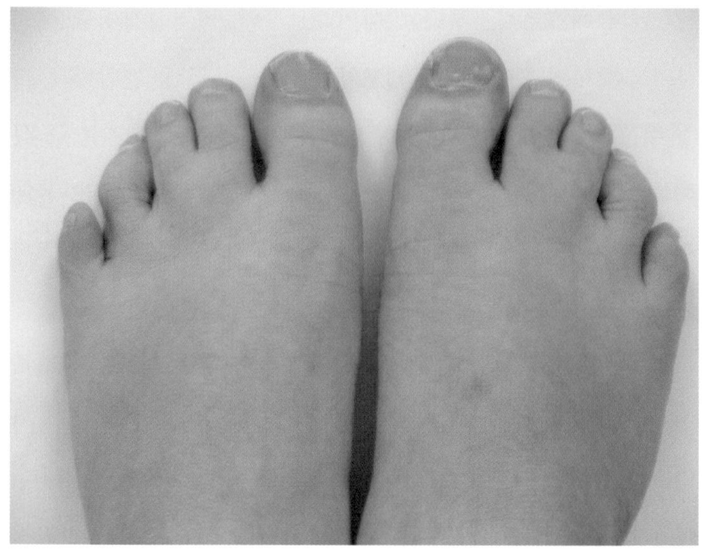

그림 8-3 아폽토시스가 정상적으로 일어나지 않은 발가락. 이처럼 세포가 죽어야만 몸이 더욱 자연스러워지는 경우도 있다.

이 사진 속 발의 주인은 둘째 발가락과 셋째 발가락이 모두 제대로 갈라지지 못했습니다. 잘 죽어야만 했던 세포가 아폽토시스를 거부하는 바람에 죽지 않았고, 세포가 죽지 않고 살아남았다는 역설적인 불행 때문에 발가락이 제대로 갈라지지 못한 겁니다.

아폽토시스는 올챙이가 개구리로 성장하는 과정에서도 발견할 수 있습니다. 알에서 부화한 올챙이는 머리와 꼬리로만 이루어져 있죠. 성장하는 과정에서 뒷다리와 앞다리가 점점 자라나기 시작하면서 우리가 아는 개구리의 형상을 갖추게 됩니다. 그런데 올챙이 시절에 있던 꼬리는 보이지 않습니다. 다리로 헤엄을 치는 개구리에게 꼬리는 걸리적거리기만 하는 불필요한 기관이기 때문입니다. 즉, 꼬리를 구성하던 세포가 스스로 죽음을 택하는 아폽토시스를 수행하고 불필요한 꼬리를 소멸시킴으로써 비로소 정상적인 개구리로 성장하게 되는 겁니다.

모든 생명체는 생존에 대한 자연스러운 욕망을 갖고 있지만, 아이러니하게도 아폽토시스를 수행하는 세포는 전체를 위해 자기 스스로를 희생합니다. 어떤 세포가 가장 기본적인 생존의 욕구를 위배하고 반드시 죽어야만, 세포의 집합인 몸이 더욱 잘 생존할 수 있다는 역설은 우리의 몸이 얼마나 치밀한 전략으로 구성되어 있는지를 다시 한번 깨닫게 합니다.

세포가 지키는 몸

대식세포와 좀비세포

우리 몸을 구성하는 세포가 외부 위협에 맞서 싸우며 몸을 지키는 것은 지극히 당연한 일입니다. 회복할 수 없을 만큼 몸이 손상된다는 건, 몸을 구성한 모든 세포의 죽음을 의미하니까요. 세포는 스스로 살아남기 위해서라도 몸이라는 세포들의 거대 복합체를 지켜야만 합니다.

그런데 세포 중에서도 특히 몸의 내부와 외부에 존재하는 위험 인자에 대해 경계 능력이 뛰어나고 전투를 잘하는 세포가 있습니다. 바로 '대식세포'인데 우리 몸이 지닌 선천적인 면역세포입니다. 대식세포는 사멸한 세포나 이물질, 미생물, 암세포, 이상 단백질 등을 집어삼키는 역할을 합니다. 몸에 해가 되는 성분을 먹어 치우는 대식세포 덕분에 우리는 면역력을 유지할 수 있죠.

대식세포는 몸의 항상성을 해치는 세균부터 정상적으로 기능하지 않거나 기능을 다하고 사멸해버린 세포의 사체까지도 흡수해 재활용할 수 있도록 하는 등 몸속에 침투한 침략자를 처단할 뿐만 아니라 청소부 역할도 하고 있습니다. 심지어 최근 몇 년간 발표된 여러 연구 결과에 따르면, 대식세포는 몸의 항상성을 지키는 면역 작용만 하는 것이 아니라 우리 몸의 대사조절에도 관여합니다. 대사조절이 제대로 되지 않으면, 몸의 조직과 기관을 책임지는 세포가 제대로 증식하거나 성장하지 못합니다. 이에 따라 고지혈증, 고혈압, 당뇨 등 여러 '대사증후군'이 유발될 수 있습니다. 그리고 대식세포가 사멸한 세포를 제대로 처리하지 못할 경우에는 그것이 '좀비세포'zombie cell가 되어 질병을 일으키기도 합니다.

좀비세포는 이름처럼 정상적으로 사멸했어야 할 세포가 죽지 않고 돌아다니며 다른 세포에 악영향을 끼치는 세포를 말합니다. 세포분열을 할 수 있는 만큼 다하거나 자신이 담당한 기능을 다하고 사멸해야 하는 세포가 대식세포에 흡수되지 않고 살아남아 비정상적인 기능을 하는 것이죠. 좀비세포가 된 비정상적 세포는 다른 세포를 공격하거나 몸속에 염증 반응을 일으키고 완치된 암을 재발시키는 등 우리 몸에 굉장히 부정적이고 치명적인 영향을 끼칩니다.

좀비세포는 암을 재발시키는 것을 넘어 때로는 암의 근원이 되는 종양을 유발하기도 합니다. 이처럼 좀비세포는 우리의 생명을 직접적으로 위협하는 원인이 될 수 있습니다. 좀비세포가 생기는 이유는 앞서 언급했듯 대식세포가 세포의 사체를 제대로 흡수하지 못했을 때입니다. 몸에 충분한 영양분이 공급되지 않거나 다른 여러 이유로 몸의 면역력이 약해진다면, 대식세포가 충분하게 생성되지 못하고 대식세포가 처리할 수 있는 것 이상의 세포 사체가 쌓이게 됩니다. 그렇게 좀비세포가 발생하게 되고 몸에 위협이 되는 것입니다. 따라서 몸에 필요한 영양소를 잘 공급하는 것은 대식세포가 충분히 생성될 수 있도록 해 좀비세포의 발생을 막는 아주 중요한 활동입니다.

내가 먹은 음식이 나를 만든다

독일의 철학자 루트비히 포이어바흐는 사람이란 무릇 자신이 먹은 음식으로 이루어진다고 말했습니다. 우리가 섭취하는 음식이 곧 몸을 구성하는 재료가 된다는 뜻이죠. 굳이 포이어바흐의 말을 빌리지 않더라도 우리는 경험적으로 음식이 우리의 몸에 필요한 에너지를 만든다는 사실을 알고 있습니다. 몸의 기관을 강화하고 성장시키기 위해서 영양에 좋다는 음식을 찾아 섭취하기도 하죠.

인간의 몸은 음식을 섭취함으로써 영양분을 획득합니다. 세포 역시 각종 해로운 병원균과 질병을 이겨낼 수 있는 에너지를 음식에서 분해한 영양소로 획득하죠. 그러니 세포가 고유한 기능을 수행하기 위해서는 영양분을 충분히 담고 있는 음식을 주기적으로 잘 섭취해야 합니다. 그렇지 않으면 영양 불균형이나 영양실조로 온갖 질병의 위협에 처할 수 있습니다.

우리의 몸은 3대 영양소라고 불리는 탄수화물·단백질·지방이 포함된 음식을 통해 세포를 생성합니다. 이렇게 만들어진 세포는 몸에 필요한 조직과 기관이 되어 각각의 역할을 충실히 수행할 수 있고요. 그런데 이 3대 영양소 중에서도 몸을 지키고 면역력을 키우는 데 가장 큰 역할을 하는 것은 단백질입니다.

단백질은 효소, 근육, 호르몬, 항체, 혈액 등을 구성하는 주요 물질입니다. 우선 산소와 결합하고 분리하는 역할을 함으로써 몸 전체에 산소를 운반하는 헤모글로빈의 생성을 돕습니다. 혈액이 몸속 곳곳을 돌아다니며 세포에 산소를 공급할 수 있는 주요한 동력을 단백질에서 얻는 것입니다.

단백질은 우리 몸을 지탱하고 움직이는 뼈와 근육을 만들고 강화하는 아주 중요한 기능도 수행합니다. 단백질이 충분히 공급되어야 몸을 지탱하는 구조체라고 할 수 있는 뼈가 튼튼하게 잘 성장할 수 있습니다. 뼈와 함께 우리 몸을 지탱하는 역할을 하며 역동적인 움직임을 가능하게 만드는 근육 역시 단백질이 생성하죠. 단백질은 이렇게 만들어진 근육에 저장되기도 하므로, 단백질을 잘 섭취하고 근력을 강화하는 운동을 열심히 하면 단백질 축적에 유리한 몸 상태를 만들 수 있습니다.

이처럼 우리 몸에서 주요한 기능을 두루 담당하는 단백질을 충분히 섭취하는 것은 매우 중요합니다. 단백질이 부족하면 노화가 촉진되고 면역력이 약해집니다. 현재로서는 우리가 영구적으로 노화를 피할 수 있는 수단은 없습니다. 가능한 한 노화를 늦추는 방법으로 보다 건강한 몸을 오래도록 유지하는 것이 최선이죠. 충분한 단백질 섭취는 건강한 몸 상태를 오랫동안 유지하는 데 필수적입니다.

물론 탄수화물과 지방도 세포벽 형성이나 에너지 축적, 체온 보호, 소화 촉진 등 훌륭한 기능을 수행합니다. 어느 영양소든 과도하거나 부족하게 섭취되면 몸에 이상이 발생할 수 있으니 적절하게 잘 섭취하면서 우리의 몸을 건강하게 유지하도록 해야겠습니다.

죽기 위해 사는 세포

불멸이 된 돌연변이 세포

우리가 건강한 몸을 지키려고 노력해도 아직까지 완전한 치료법을 발견하지 못한 질병은 너무나 많습니다. 우리 몸 밖에 존재하는 무수한 것들을 광범위하게 개척하고 필요에 맞게 변화시킨 과정 바로 인간의 역사입니다. 인간은 자신의 몸을 사용해 자연의 많은 것을 몸에 적합한 형태가 되도록 정복해왔죠. 그러나 아이러니하게도 우리 몸 안에서 몸을 죽음으로 이끌고 불가항력적으로 변화시키는 그 무엇에 관해서는 아직도 많이 모릅니다. 질병 앞에 나약하고 노화와 죽음을 이길 수 없는 존재가 인간이고, 모든 생명체의 몸입니다.

우리를 죽음으로 이끄는 원인은 외부에서 기인하는 것이 더

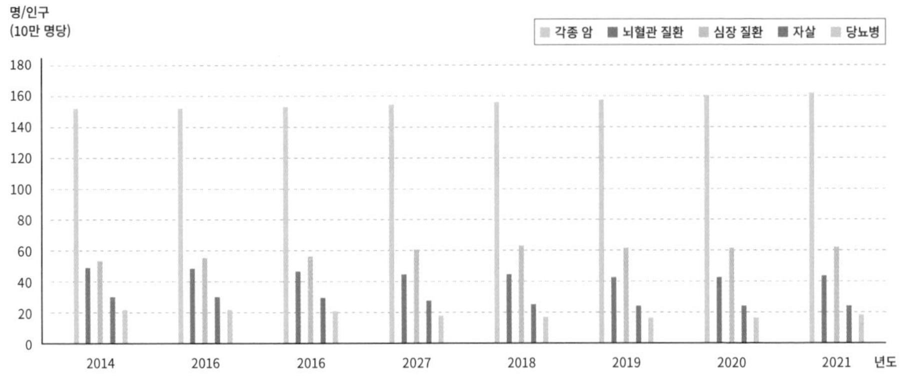

표 1 2014~2021년까지 사망 원인별 사망률 변화 추이. 각종 암이 부동의 1위를 차지하고 있다.

많을까요? 아니면 우리 몸의 내부에서 기인하는 것이 더 많을까요? 〈표 1〉은 최근 몇 년 동안 우리나라에서 사망한 사람의 사망 원인별 통계를 'e-나라지표'에서 그래프로 정리해 보여준 자료입니다.

압도적으로 긴 하늘색 그래프가 바로 각종 암으로 인한 사망입니다. 2021년 전체 사망자가 32만 명에 달하는데, 그중 암으로 인한 사망자는 8만 명 정도로 전체 사망자의 26퍼센트에 달하죠. 그 뒤를 뇌 질환과 심장 질환이 각각 2위와 3위를 잇고 있습니다(불행하게도 자살이 무려 4위네요). 2위와 3위를 합쳐도 1위인 암에 미치지 못하는데, 아직 우리 인류가 완전히 정복하지 못한 암의 본질을 좀 더 자세히 이야기해봐야겠습니다.

암은 조직과 기관을 유지, 보수, 발달시키는 정상적인 기능을 수행하던 세포가 자기 조직과 기관을 파괴하는 비정상적인 세포가 되어 발생하는 치명적인 반역의 질병입니다. 암세포는 몸이 유지해왔던 세포 증식 조절 기능을 무시하고, 돌연변이 세포가 되어 세포분열 속도를 훨씬 더 빠르게 올려 무서운 속도로 증식합니다. 혈액이나 임파선을 타고 전신으로 퍼져 나가고 최초 발생한 장기나 기관 외의 다른 장기와 기관을 손상시키면서 온몸을 파괴하려고 합니다. 이렇게 암이 퍼져 나가는 현상을 '전이'라고 합니다.

암세포를 '죽기 위해 사는 세포'라고 부르는 이유는 바로 이 빠른 증식과 전이 때문입니다. 자신이 속한 몸을 죽이기 위해 그 어떤 세포보다 빠르게 분열하고 수를 늘려 강하게 살아남는 아이러니한 세포죠.

암은 왜 생기는 것인가

어떤 병이 발생하는 원인을 줄여서 '병인'이라고 합니다. 암의 병인은 크게 두 가지로 나타나고 있습니다. 첫째는 선대에 이미 암을 앓았거나 사망한 사람이 있어 그에게서 받은 유전자로 인해 암이 발병하는 가족력에 따른 암입니다. 건강검진이나 유전자 검사를 할 때면, 설문조사 형식으로 부모나 조부모가 암에 걸린 적이 있었는지, 있다면 어떤 암인지 등을 묻는 이유가 바로 이러한 가족력을 알기 위함입니다. 암의 가족력을 따져봄으로써 유전적으로 발생할 수 있는 특정 암에 대한 위험 인자를 줄이는 예방적 차원의 건강관리를 할 수 있습니다.

두 번째 암의 병인은 외부 유해 물질이 체내로 침입해 세포를 손상시키는 경우입니다. 외부에서 침입한 유해 물질이 세포 속 DNA를 손상시켰을 때, 세포는 앞서 언급한 좀비세포처럼 비정상적인 기능을 보이게 됩니다. 이러한 세포가 정상적인 세포와 장기, 기관 등을 공격하면서 암세포가 되어 비정상적인 증식을 하는 것이죠. 뉴스에서 곧잘 나오는 방사성 물질이나 유해 화학물질 외에도 음식, 담배, 술 등 많은 것이 발암물질로 분류되어 있습니다. 다만, 그 분류에 따르면 일상생활에서 발암물질이 아닌 것을 찾기 거의 어려울 정도이니, 아주 심각한 수준으로 암을 유발하는 물질이 아닌 이상 지나친 염려는 하지 않아도 괜찮습니다.•

우리나라에서 가장 많은 사망자를 만드는 암은 폐암이며, 그 뒤를 간암과 위암이 뒤따르고 있습니다. 전 세계적으로 봐도 폐

• 화학물질에 대한 과도하고 병적인 공포를 갖는 증상을 '키모포비아'(chemophobia)라고 합니다. 햇빛, 커피, 육류, 생선, 전자파 등 일상생활에서 필수적으로 마주하는 많은 것이 학술적으로 보면 모두 암을 유발할 수 있지만, 그 확률은 아주 미미합니다. 이 모든 것에 발암의 공포를 느낀다면 정상적인 생활을 할 수 없겠죠.

암은 전체 암 중에서 가장 많은 사망자를 내는 암인데, 우리나라의 경우는 간암으로 인한 사망률이 비교적 높은 편입니다. 간암의 주요 원인이 음주이기는 하나 유독 우리나라가 간암을 비롯한 간장 질환이 많이 발병하는 데는 또 다른 이유가 있습니다. 바로 탄수화물을 지나치게 많이 섭취하는 식문화 때문입니다.

인간의 간은 체내에 탄수화물이 과도하게 유입됐을 때, 그것을 지방으로 바꿔서 저장하는 기능을 합니다. 우리나라에서는 오랜 기간 쌀과 보리 등을 주식으로 하는 식문화가 자리 잡고 있습니다. '밥을 먹는다'는 표현도 '쌀밥 한 그릇을 챙겨 먹는다'는 것과 다름없을 만큼 우리는 쌀을 많이 먹습니다. 그래서 '쌀밥 중독'이나 '탄수화물 중독'에 걸린 사람도 많죠. 이처럼 탄수화물을 주식으로 하는 식문화 때문에 음주를 전혀 하지 않는 사람이 지방간 판정을 받기도 하고, 간장 질환이 발병하기도 합니다.

이처럼 암은 특정 문화권의 생활양식에 따라 발병 빈도가 높아지기도 하고 낮아지기도 합니다. 남녀에 따라 주로 발병하는 암의 종류도 다르게 나타나는데, 이건 남녀가 가진 신체적 차이에서 기인합니다. 최근 우리나라에서는 남성은 전립선암, 여성은 유방암 발병률이 증가하고 있다고 합니다.

오랜 기간 잠복하는 암과 그 징후

가족력이든 외부 유해 물질이든 급성으로 암이 발병하는 경우보다 아주 오랜 시간 동안 세포 손상이 이루어져 암으로 이어지는 경우가 대부분입니다. 즉, 어느 시점에 암이 발생했다면 그 원인은 수십 년 전부터 세포 손상이 이루어졌고 손상된 세포를 적절하게 회복하지 못했기 때문이라고 추측할 수 있죠.

암세포가 될 가능성이 있는 손상된 세포는 15~30년 정도의 기간 동안 면역반응을 회피하면서 몸 안에 숨어 있습니다. 그렇게 기회를 보다가 몸의 면역력이 약해졌을 때 세력을 키워서 암세포로 변이하는 것이죠. 이와 같은 관점에서 본다면, 젊은 날 몸을 아끼지 않고 여러 해로운 발암물질에 지속적이고 과도하게 노출시킨다면, 노년에 암으로 고통받을 수 있다는 말이 됩니다. 그러니 한창 쌩쌩하고 건강할 때도 몸을 아끼고 건강을 위해 노력하는 것이 좋습니다(물론, 아주 몸 관리를 잘한다고 하더라도 가족력으로 인해 암이 발병할 수도 있습니다).

암이 발병한다면 초기에는 약간의 피로감이나 소량의 체중 감소 등 별다른 징후가 나타나지 않을 수도 있습니다. 영화나 드라마에서 묘사되는 것처럼 갑자기 체중이 확 줄어들거나 머리카락이 빠지는 일은 잘 나타나지 않습니다. 머리카락이 빠지는 건 항암치료를 받을 때 나타나는 대표적인 현상인데, 항암제가 털이

자라는 모낭과 모발 세포를 공격하기 때문입니다. 항암제는 비정상적으로 빠르게 분열하는 암세포를 공격해 파괴하는 것을 목적으로 하는데, 그러다 보니 빠르게 세포분열을 하는 다른 조직을 공격하기도 합니다. 머리카락이 자라는 모낭이나 위 점막 등이 우리 몸에서 특히 빠르게 세포분열이 일어나는 곳이라 항암제의 공격을 피하지 못하는 것이죠. 그래서 항암치료를 받기 전에 미리 머리를 삭발하기도 합니다.

암세포는 빠르게 자기 영역을 확장하면서 그 덩치가 점점 커집니다. 그러다 보면 정상적으로 자리하고 있는 장기나 조직, 혈관, 신경 등을 강하게 압박하면서 심한 통증을 일으킵니다. 압박당한 장기나 기관은 당연히 제대로 기능을 하지 못하게 되며, 이에 이상을 느껴 검진을 받고 암 발병 사실을 아는 경우가 많습니다. 초기의 미미한 징후는 참고 무시하거나 다른 약한 질병으로 여기는 일이 많기에, 정기적으로 건강검진을 받고 미리 예방해야겠습니다.

암을 극복할 수 있을까

인간의 몸을 죽음에 이르게 하는 여러 질병 가운데 가장 빈도가 높고 치명적인 암을 극복하는 일은 종종 '꿈'이라고 불릴 정도로 전 인류적인 목표로 여겨지기도 합니다. 영화나 드라마, 소설 속 비극의 단골 소재가 되기도 하고, 질병과 맞서 싸우는 인간의 모습을 담은 다큐멘터리에서 가장 많이 소개되는 것 또한 암이고요. 이런 암을 극복한다면 우리 인간의 기대 수명은 크게 늘어날 것이고, 지독한 고통 속에서 숨을 거두는 일도 크게 줄어들지 모르겠습니다.

오늘날 암을 치료하는 방법은 '외과적 치료' '방사선 치료' '화학적 치료' 세 가지로 구분합니다. 각각의 치료 방식은 어떤 특징을 지니는지 간략하게 알아보도록 하죠.

외과적 치료는 암세포가 발달해서 몸집을 키운 암 덩어리를 직접 절제해 제거하는 방식입니다. 주로 장암이나 간암 등을 치료할 때 사용하며, 몸을 갈라서 장기를 잠식하고 있는 암세포를 의료진의 힘으로 제거합니다. 장기의 일부를 직접 절제하는 방식을 취하기 때문에, 일부를 절제해도 생명에 지장이 없거나 사람의 손으로 절제할 수 있는 정도의 암세포를 제거할 때 효과적입니다.

방사선 치료는 사람의 손으로 수술할 수 없는 부위에 발생한 암 덩어리에 방사선을 쪼여서 녹이는 방식을 말합니다. 주로 폐암이나 뼈에 전이된 골육종암 등을 치료할 때 사용하죠. 최근에는 이른바 '꿈의 암 치료기'라 불리는 중입자 가속기가 도입되어 많은 각광을 받고 있습니다. 중입자 가속기는 암세포만 표적

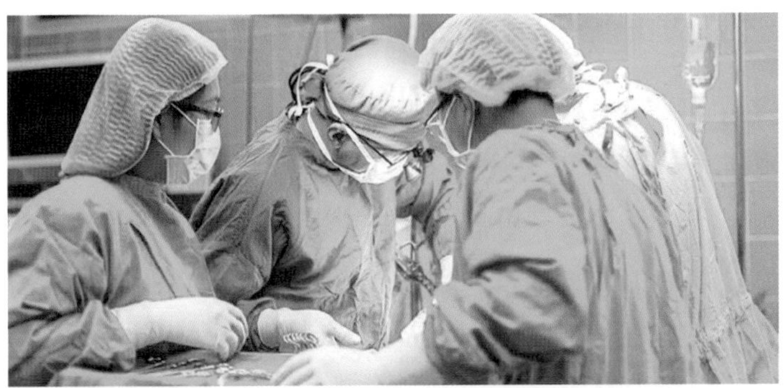

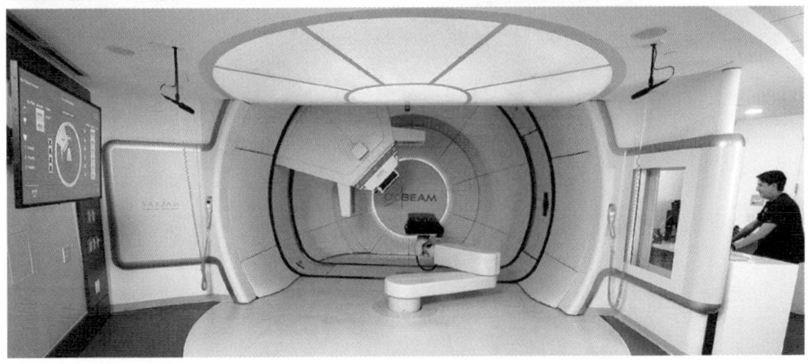

그림 8-4 보통 암을 치료한다고 하면 암세포를 직접 절제하는 외과적 수술 방식을 주로 떠올리는데, 최근에는 중입자 가속기와 같은 최첨단 기술을 활용해 치료하는 새로운 방식도 속속 도입되고 있다. 암을 완전히 정복할 날을 곧 맞이하게 될까?

해 강한 방사선 치료를 할 수 있고 1회 치료 시간이 2분 안팎으로 짧아 후유증이 거의 없는 등 많은 장점이 있다고 합니다. 2022년 국내에도 중입자 가속기가 암 치료에 도입됐으니, 암을 치료하고 극복하는 사례가 더욱 늘어날 것으로 보입니다.

끝으로 화학적 치료는 독성이 강한 항암제를 투여해 암세포를 죽이는 방식입니다. 이 역시 주로 혈액암이나 전신암 등 외과

수술이 불가능한 경우에 주로 사용합니다. 혈액은 우리 몸을 타고 계속 이동하기에 외과적 수술이 불가능하며, 전신으로 퍼진 암을 모두 수술하는 것 역시 불가능하기에 약물로 치료하는 방식을 사용하는 겁니다. 이때 사용하는 항암제는 굉장히 독하기 때문에 지독한 통증을 유발하기도 하며, 앞서 이야기했듯 전신에 탈모를 일으키는 등 신체에 많은 영향을 끼칩니다. 그러므로 최대한 체력을 기르고 약물을 이길 수 있는 의지를 가지는 것이 중요합니다.

암 치료에 들어갈 때 많은 의사가 강조하는 것이 개인의 의지와 체력입니다. 암을 치료받는 과정은 길고 고단하기에 체력적으로 지치기 일쑤이므로, 체력을 보충하는 일은 매우 중요합니다. 소고기처럼 붉은 육류 속 단백질은 섭취량 대비 체력을 보충하는 효율이 좋으니, 암 치료 중이거나 추적 관리를 하는 기간 동안은 붉은 육류를 많이 섭취하는 것도 좋은 방법입니다.

무엇보다도 암을 치료하고 일상을 회복하고자 하는 의지가 중요합니다. 미국의 작가이자 예술가 테리 템페스트 윌리엄스는 가족 가운데 7명을 암으로 잃으면서 가정이 산산조각 나는 고통을 겪은 사람입니다. 많은 가족 구성원이 암에 걸리고 고통받다가 사망하는 것을 본 윌리엄스는 암은 환자 당사자만의 것이 아니라고 말했습니다. 가족 구성원 가운데 누구 하나라도 암에 걸리면 그 가족 전체가 암에 걸리는 것이라고 강조했죠.

암은 우리 시대의 가장 치명적인 질병입니다. 치료법이 발달해 예전처럼 걸리면 무조건 죽는 것은 아니지만 여전히 무수히 많은 사람의 목숨을 앗아가는 질병입니다. 한 번 치료받기 위해서는 1년 이상 대기 순번을 받고 기다려야 할 수도 있을 정도로 많이 발병하는 질병이기도 하고요. 암을 이겨내는 강한 의지를 갖기 위해서는 가족과 친구를 비롯한 주변인의 따뜻하고 진심 어린 지원과 응원이 필수적입니다.

길고 어려운 병마와의 싸움을 이겨내고 건강한 몸을 지키기 위해 혼자가 아닌 우리가 되어야겠습니다.

함께 나눌 이야기

- **의료인의 과실로 사고가 발생하면 의료인에 대한 처분은 어떻게 해야 하는가?**
- **불치병에 걸린 이에게 안락사를 선택할 수 있는 권리를 보장하는 것이 맞을까?**

내가 어릴 때만 하더라도 전염병은 결석하기 좋은 사유였다. 감기가 유행하는 계절이 오면 일부러 감기에 걸려서 학교나 학원을 빼먹고 일명 '땡땡이'를 칠 수 있기를 바라기도 했다. 그런데 코로나19 팬데믹 이후 전염병은 더 이상 장난스럽게 옮길 수 있는 성질의 것이 아니게 됐다.

코로나19로 우리는 익숙하고 친숙했던 사이가 서로에게 공포가 될 수 있다는 새로운 사실을 알게 됐다. 특히 한 인간의 몸이 다른 인간의 몸을 죽음에 이르게 할 가능성을 갖고 있다는 사실은 몸의 거리 두기로 말미암은 마음의 거리 두기를 하도록 만들었다. 한때는 온기를 그리워하며 "프리 허그!"를 외쳤던 우리는 몸이 지닌 잠재적 위협을 경계하며 "거리 두기!"를 외치기 시작했다.

두려움이 된 몸을 다시 예전처럼 아무런 경계 없이 예의와 친근함으로 받아들일 수 있으려면 앞으로도 많은 시간과 안전에 대한 담보가 필요할 것이다. 그럼에도 서로의 온기를 나누며 타인을 그리워하던 인간의 습성은 다시금 더욱 가열차게 타오르지 않을까?

9장

치명적 바이러스의 창궐

그날 이후의 몸은 공포가 되었다

#좀비게임 #전염병 #팬데믹 #코로나19 #거리두기 #도시의역설
#전염병의확산 #죽음의무도 #언택트 #비대면 #언택트버프 #코로나사피엔스
#컨테이젼 #백신 #진짜뉴스 #가짜뉴스

대전염병의 시대

보이지만 보이지 않는 공포의 전염병

우리가 즐겨 하는 게임 중에 '좀비 게임'이라는 장르가 있습니다. 정체불명의 좀비 바이러스에 감염되어 숙주가 되어버린 비정상적 인간이 정상적 인간을 자신과 같은 좀비 상태로 만드는 디스토피아적 세계를 모티프로 하는 게임이죠. 숙주가 된 좀비 인간은 물어뜯기나 할퀴기 등으로 정상적인 인간의 몸에 상처를 내고 바이러스가 침투하도록 만들어 '전염'시킵니다. 게임의 주인공은 좀비 바이러스를 치유하고 원래의 정상적인 인간성을 회복할 수 있도록 만들어줄 해독제를 찾는 미션을 수행하죠.

좀비 게임의 공포는 한때 정상적이던 인간이 일순간 최악의 적으로 변한다는 것에서 기인하며, 이들을 다시 원래의 인간적인 상태로 되돌릴 수 있다는 희망이 게임을 지속하는 추동력이 됩니다. 인간의 몸을 숙주로 삼아 작동하는 좀비 바이러스는 눈에 보이지 않은 채, 숙주가 된 인간의 몸 그 자체를 공포의 대상으로 만들어버립니다. 그나마 다행인 건 좀비 게임에서 숙주는 비정상적인 움직임이나 망가진 몸의 형상 등 우리의 감각으로 쉽게 구분할 수 있는 특징을 보입니다.

그런데 우리를 진짜 두렵게 만드는 바이러스는 눈에 보이지도 않고 외적인 증상조차 뚜렷이 나타나지 않습니다. 감염됐는지 아닌지를 확실히 알 수 없는 불확정성의 상태가 된 인간의 몸은 그 자체로 공포의 대상이 되는 것이죠. 2019년부터 지구 전체를 '팬데믹'pandemic* 상태로 몰아넣은 '코로나바이러스 감염증-19'COVID-19(이하 '코로나19')처럼 말입니다.

전염병은 비전염성 질병과는 차이가 있습니다. 비전염성 질병은 외부 충격으로 몸이 상해를 입거나 세균과 바이러스 같은 미생물이 몸속으로 침입해 세포를 공격하고 목표한 인간의 몸만을 파괴시키는 방식을 취합니다. 그런데 전염병은 공격을 가한 인간의 몸을 숙주로 삼은 뒤, 또 다른 인간의 몸을 감염시키는 질병입니다. 한 인간의 몸이 또 다른 인간의 몸을 병들게 하는 잠재

* 팬데믹은 고대 그리스어에서 '모두'나 '전부'를 뜻하는 '판'(pan)과 전염병 유행 상황을 뜻하는 영어 '에피데믹'(epidemic)의 합성어로 '지구 전체의 전염병 유행'을 의미합니다.

적 공포의 대상으로 만들어버리는 것이 바로 전염병이죠.

전염병을 일으키는 특정 세균과 바이러스는 눈으로 볼 수 없지만, 감염된 사람에게서 전염병 증상을 확인하고 관찰할 수 있습니다. 가장 많이 발생하는 전염병 가운데 하나인 감기는 심한 기침과 콧물, 가래, 고열 등을 발생시키기에 이런 증상을 관찰함으로써 어떤 사람이 감기 바이러스 보균자인지 확인할 수 있죠. 즉, 전염병은 공포를 유발하는 실체인 '병원체'는 보이지 않으면서 그것으로 고통받는 인간의 몸인 '숙주'를 공포의 대상으로 여기게합니다.

여기서 전염병의 필수 조건이 하나 분명해졌습니다. 바로 인간과 인간의 직간접적 접촉(혹은 생명체 간 접촉)입니다. 이 조건이 충족되지 않으면 전염병을 일으키는 병원체는 숙주를 구하지 못해 전염될 수 없습니다. 자신을 둘러싼 위험을 보다 효과적으로 이겨내기 위해 사회를 구축하고 함께 모여 살아가는 것이 우리 인간의 강점인데, 아이러니하게도 모이면 모일수록 전염병은 더욱 빠르고 강하게 확산한다는 사실을 이번 코로나19의 확산과 팬데믹 사태를 통해 우리는 너무나 잘 알게 됐습니다.

도시의 발달과 전염병 확산의 역설

도시학자 조엘 코트킨은 『도시의 역사』에서 신은 자연을 창조하고 인간은 도시를 창조했다면서, 인간이 만들어낸 도시라는 시스템이 감히 신의 영역에 버금갈 수 있을 정도로 위대한 업적이라고 평가했습니다. 현대의 도시는 그야말로 인간이 만든 사회 시스템의 최고 번영이기에, 그 번영을 누리기 위해 많은 사람이 도시에 모여 살기를 욕망합니다.

최초의 도시는 유목과 수렵이 주요 생활양식이었던 구석기 시대를 지나 신석기 시대에 들어서면서 발달하기 시작했습니다. 논과 밭을 경작하고 한곳에 정착해 살게 된 이른바 '농업혁명'이 일어나면서, 신석기인은 생존을 위해 끊임없이 먹거리를 찾아 이동하던 구석기인의 생활양식을 버리게 되죠. 농업이 발달하면서 처음으로 잉여생산물이 축적되기 시작했고, 그것을 저장하고 거래할 수 있는 공간이 필요했습니다. 저장과 거래를 위해 많은 사람이 편하게 이동하고 살 수 있는 곳으로 모여들기 시작했는데, 이것이 바로 거대한 군집 생활양식을 영위하는 동시에 상업 공간으로서 기능할 수 있는 최초의 도시 탄생입니다.

이처럼 인간이 만들어낸 최고의 발명품이자 많은 이들이 선망하는 복합 공간인 도시는 역설적으로 전염병의 확산과 피해를 극대화하는 역기능의 두 가지 충분조건을 가집니다. 도시에는 전염병 병원체의 숙주가 될 인간의 몸이 아주 많이 모인다는 점이 첫 번째 충분조건입니다. 또한 밀접한 거리를 두고 엮여서 생활하는 공간이기에 병원체가 숙주의 몸을 벗어나 사멸하기 전에 다른 인간의 몸을 숙주로 삼을 수 있는 충분한 거리가 확보된다는 점이 두 번째 충분조건이죠. 인간 몸의 '밀집'과 '밀접'이라는 도시의 조건이 전염병이 창궐하기 아주 좋은 환경을 만든 겁니다.

더 많이 더 빠르게

사람들이 도시로 모이고 경쟁과 협의를 통해 더 윤택하게 살 수 있는 방법을 모색하면서 자연스레 기술도 발달했습니다. 그렇게 우리의 문명은 발달해왔으며, 주거와 업무의 공간 역시 발전했습니다. 특히 19세기부터 엘리베이터가 본격적으로 건축에 이용되기 시작했고, 이는 고층 건물이 등장하는 신호탄이 되었죠. 도시에 고층 건물이 등장하면서 동일한 넓이의 공간에 훨씬 더 많은 사람이 밀도 있게 집적하는 생활환경이 구축됐습니다.

앞서 말했듯이 전염병을 일으키는 병원체는 인간의 몸을 숙주로 삼고 인간과 인간 사이를 이동하면서 감염을 확산시킵니다. 도시가 발달할수록 당연히 땅값은 치솟기 마련이고 똑같은 공간에 높은 건물을 지을수록 더 효율적인 공간 활용과 더 높은 금전

그림 9-1 미키엘 스베르츠의 「아테네의 전염병」은 고대 가장 강성했던 도시 중 하나인 아테네의 밀집 환경이 불러온 전염병의 참극을 생생하게 묘사하고 있다.

적 이익을 얻을 수 있습니다. 당연히 도시의 건물은 고층화되고, 그 안에서 생활하는 사람의 수도 증가합니다. 높은 인구 밀도를 보이는 도시의 생활환경은 전염병이 빠르게 확산하기에 매우 유리한 구조입니다. 밀접과 밀집의 생활 방식은 집단 감염에 아주 취약한 방식일 수밖에 없죠.

교통수단의 발달은 전염병을 더 빠르고 더 멀리 확산시켰습니다. 자동차나 기차, 비행기 등 기계화된 교통수단이 발명되기 이전만 하더라도 전염병은 인간의 두 발이나 길들여서 타고 다니는 동물을 통해 확산했습니다. 그때는 전염병에 감염되어 숙주가 된 인간이나 동물이 다른 지역에 도달하기도 전에 사망하는 경우가 대부분이었기 때문에 전염병이 큰 규모로 창궐하는 경우는 드물었죠.

그런데 비행기와 대형 선박, 기차, 자동차 등 현대 교통수단의 발달은 과거와는 비교도 할 수 없을 만큼 빠르게 대량의 인구 이동을 가능하게 했습니다. 첨단으로 발달한 여러 교통수단은 지구 전체를 '일일생활권'으로 만들었는데, 이는 전염병 보균자를 세계 곳곳으로 순식간에 확산시켰습니다. 과거처럼 병원체를 가진 숙주가 이동하는 도중에 사망하는 것이 아닌, 사망하기도 전에 새로운 숙주를 쉽게 찾을 수 있는 환경이 조성된 겁니다.

무차별적 죽음의 행진

거대한 규모의 전염병 창궐로 한 사회나 국가가 구조적인 변화를 겪기도 하고, 개인의 인식이 완전히 달라지는 전복적 효과가 나타나기도 합니다. 치명적이고 거대한 규모로 확산하는 전염병은 죽음의 공포를 불러일으키죠. 사람들은 치명적인 전염병이 드리우는 죽음의 그림자는 종교적 신앙심이나 계급의 우월성으로는 막을 수 없다는 사실을 알게 됩니다.

〈그림 9-2〉는 중세 유럽에서 유행하던 '죽음의 무도'를 주제

그림 9-2 '죽음의 무도'를 주제로 한 그림. 죽음은 신분, 나이, 성별, 빈부를 초월해 누구에게나 공평하게 어느 날 갑자기 찾아온다.

로 한 그림입니다. 그림 속 죽음으로 상징되는 해골은 어린아이건 장애인이건 고위직이건 상관하지 않고 무작정 사후 세계로 끌고 갑니다. 죽음은 모든 인간에게 무차별적으로 행해진다는 사실을 보여주려는 목적을 가진 예술의 한 장르가 바로 죽음의 무도입니다.

전염병으로 인한 죽음은 신분, 나이, 성별, 빈부를 가리지 않고 찾아갑니다. 이로써 사람들은 죽음은 누구에게나 공평하고 무차별적이라는 인식을 갖게 됨으로써, 추상적인 권위나 계급에 대한 저항 의식을 품기 시작합니다. 전염병으로 지배계급의 붕괴와 해체가 촉진될 수 있는 겁니다. 대표적인 예가 바로 중세 유럽을 죽음으로 뒤덮었던 흑사병과 그로 인한 교회 권위의 추락입니다. 아무리 신에게 빌고 믿음을 헌사해도 흑사병을 피할 수 없다는 것을 알게 된 대중은 교회의 권위를 의심하기 시작했고, 교회의 위상과 권력은 붕괴되고 말았습니다. 역설적으로 중세 1,000년의 암흑기는 무차별적 죽음의 전염병인 흑사병으로 말미암아 걷히게 된 겁니다.

전염병은 산업구조의 변화를 이끌기도 합니다. 전염병으로 많은 사람이 사망하면 노동과 산업 현장에서 일손이 부족해지기 마련입니다. 일손이 부족해지면 자연스럽게 임금은 상승합니다. 임금이 상승하면 고용주는 사람을 많이 쓰는 것에 부담을 느끼고, 새로운 방식의 노동 현장을 만들기 위해 고심합니다. 노동력을 적게 들이면서 생산량을 높일 수 있는 방식을 말이죠. 같은 노동력을 쓰면서 생산력을 늘리는 방법에 대한 모색은 노동 현장의 기계화와 노동 방식의 변화로 이어집니다. 다시 말해, 노동 인구의 감소와 임금의 상승은 산업 현장의 기술 발전을 촉진한다고 볼 수 있습니다. 그래서 몇몇 학자는 유럽에서 산업혁명이 가장 먼저 일어날 수 있었던 이유를 흑사병으로 인한 엄청난 노동력의 감소에서 찾기도 합니다.

사실 전염병에 따른 산업구조와 환경의 변화는 흑사병이나 산업혁명처럼 먼 곳에서 찾을 필요도 없습니다. 우리나라 역시 2020년부터 코로나19의 영향으로 대대적인 산업구조와 환경의 변화를 경험하고 있으니까요.

코로나19 팬데믹

동시에 찾아온 공포와 기회

이진우 교수는 코로나19를 극복한 사회에서 진짜로 걱정해야 할 것은 코로나19와 팬데믹으로 크게 달라질 정치적·경제적 상황과 위기라고 말합니다. 2020년부터 지난 3년 동안 전 세계는 코로나19의 영향으로 아주 많은 것이 달라졌습니다. 사람과 사람이 마주하고 접촉하는 것이 죽음의 공포와 결합되었고, 비대면 생활 양식이 일상이 되고 이동은 크게 제한됐죠.

무엇보다 코로나19는 몸에서 분비되는 타액과 비말에 실린 미생물로 감염되는 전염병이었기에, 타인의 몸에 대한 극심한 공포를 키웠습니다. 한 인간의 생명 메커니즘이 또 다른 인간에게는 지옥과도 같은 공포의 대상이 되는 상황이 야기됐죠. 숨을 쉬고 음식을 먹는 등 생존의 필수 활동을 타인과 마주한 공간에서 금기시되는 규칙이 생겼습니다. 유행 초중기에는 코로나19에 관한 전반적인 이해와 정보가 부족한 상황이라 강도 높은 거리두기를 통해서 사람들 사이의 접촉을 최소화하는 일차원적인 방역이 실시됐습니다. 이는 자연히 사람이 사람 그 자체를 두려워하도록 만들었죠.

이처럼 코로나19 팬데믹은 사람에 대한 공포와 위기의 시대를 불러왔습니다. 그런데 역설적으로 어떤 분야에서는 천금과도 같은 기회가 되기도 했습니다. 무엇보다 우리 사회 전반에 걸쳐 엄청난 변화를 가져왔고, 혹자는 언젠가는 올 법한 변화의 바람이 코로나19로 "강제로 앞당겨졌다"라고 말하기도 했습니다.

코로나19 팬데믹과 함께 우리 사회에서 크게 유행한 신조어가 있습니다. 바로 '언택트'untact입니다. 영어의 부정 접두사 '언'(un)과 '접촉하다'를 뜻하는 '컨택트'(contact)가 결합해 '접촉하지 않는다'라는 의미를 가진 신조어입니다. 전 세계적으로 통용되는 신조어는 아니고 우리나라에서 특히 널리 쓰이는 말로 팬데믹으로 인한 비대면 생활양식의 확산을 표현하기 위해 등장했죠. 언택트는 분명 누군가에게는 공포와 절망이었지만, 또 다른 누군가에게는 일생일대의 기회였습니다.

언택트 시대의 생존법

코로나19 팬데믹으로 언택트 생활과 일을 가장 효과적으로 영위하는 방법이 무엇인가에 대한 깊은 고민이 시작됐습니다. 언택트는 이 고민을 해결할 수 있는 영역에서 좋은 기회가 되었는데, 그 방식은 바로 디지털 플랫폼 기술의 발전과 접목이었죠. 사람과 사람의 접촉과 만남이 공포가 됐기에, 지난 3년 동안 가상의 디지털 공간에서 만남을 이어갈 수 있도록 해주는 디지털 플랫폼 기술은 엄청난 발전을 이뤘습니다.

대표적인 예를 들어보면, 식당에서 손님을 맞이하는 일은 강력한 거리 두기 정책과 사람들 마음속에 깊이 자리한 공포로 크게 줄어들 수밖에 없었습니다. 그 자리를 대신한 것은 비대면 배달 서비스와 밀키트 시장 등이었죠. 음식을 직접 해 먹을 시간조차 없거나 요리하는 것보다 사 먹는 방식에 익숙했던 사람들이 식당에 가지 못하게 되면서 배달 서비스와 간편하게 한 끼를 조리할 수 있는 밀키트를 이용하기 시작했습니다. 자연스레 배달 플랫폼과 밀키트를 유통하는 업체는 수익이 늘어 규모가 크게 성장했고, 그와 반대로 많은 수의 식당이 폐업하고 말았습니다.

제가 일하고 있는 대학가에도 코로나19 팬데믹은 갑작스러운 변화를 몰고 왔습니다. 강의실에서 얼굴을 마주하며 교육하는 방식에 익숙했던 교수와 학생은 전염의 위험성 때문에 강의실을

그림 9-3 비대면 강의 시행 직후 동국대학교 커뮤니티에 올라온 여러 사연. 지금은 웃으며 볼 수 있지만 당시 느낀 혼란은 상당히 컸다.

이용할 수 없었습니다. 대학은 서둘러 전면 등교 금지를 시행하고 강의실 강의를 대체하기 위해 온라인 강의 플랫폼을 받아들이기 시작했습니다.

교수는 물론 학생도 이런 변화의 상황 속에 갑작스럽게 던져졌고, 〈그림 9-3〉처럼 시행 초기에는 웃지 못할 상황이 대학 커뮤니티에서 이슈가 되기도 했죠. 모두가 처음 직면하는 사태에 잘 적응할 수 있는지 시험대에 오른 것만 같았습니다.

저 역시 이 사태에 적응하기 위해 부단히 노력했고요. 온라인 강의지만 최대한 강의실에서 강의를 듣는 것과 비슷한 느낌을 주기 위해 〈그림 9-4〉처럼 강의를 진행했습니다.

그림 9-4 처음으로 비대면 강의를 했던 2020년도 1학기 강의 모습. 우리는 그렇게 예고 없이 맞이한 새로운 시대에 적응해야 했다.

스마트폰으로 강의 현장을 송출하기 위해 삼각대를 구매하고 소리가 잘 들어가는 마이크를 찾기 위해 헤드셋부터 핀마이크, 무선 마이크 등 마이크를 몇 개나 구매하고 프로젝션 TV로 쓰기 위해 집에 있는 TV를 강의에 사용하기도 했죠. 중계 형식의 강의를 해본 적 없었기에 할 수 있는 방안을 이래저래 많이 시도했던 기억이 납니다. 그렇게 부단히도 '새로운 시대에 적응'해야만 했으니까요.

저뿐만 아니라 많은 사람이 자신의 환경에 맞춰 저마다의 방식으로 새로운 상황에 적응하려고 노력했습니다. 그렇게 우리는 치열한 시기를 함께 지나온 겁니다.

돌아갈 수 없는 강을 건너다

'언택트 버프'untact buff라는 신조어도 코로나19 팬데믹 시대가 만들어낸 새로운 개념입니다. 언택트라는 신조어에 '능력이나 스킬을 강화하다'라는 뜻을 지닌 영어 '버프'(buff)가 한데 엮인 또 다른 신조어입니다. 언택트 버프는 언택트 환경에서 효과적으로 적응하고 살아가며, 나아가 언택트 환경을 잘 이용할 수 있는 개인의 능력이 강화됐음을 말하죠.

이제 우리는 언택트 버프를 얼마나 잘 받았느냐에 따라 새로운 시대를 살아가는 능력이 뛰어난지 아닌지를 평가받을 가능성이 커졌습니다. 언택트 환경에서 경제 활동과 산업 활동, 소비, 교육, 운동 등을 할 수 있게 해줄 디지털 플랫폼이 우후죽순 생겨났습니다. 각양각색의 디지털 플랫폼 이용 능력은 이 시대를 얼마나 잘 개척하고 살아갈 수 있느냐를 가늠해줍니다.

예전에는 타인과의 접견 및 접촉으로 이루어지던 많은 활동이 이제는 타인의 몸과 '감염이 발생하지 않을 것이라 확신하는 정도의 거리' 안에서 이루어지게 됐습니다. 현재 언택트 거리를 확신할 수 있는 가장 분명한 방법은 디지털 플랫폼을 이용하는 것이고요. 코로나19를 확실히 예방할 수 있는 좋은 백신이나 치료약이 등장해 '게임체인저'game changer•가 된다 하더라도 언택트 버프에 대한 수요는 계속 있을 겁니다. 좋든 싫든 이미 우리는 언젠가는 지나야 할 '언택트의 강'을 건너버렸으니까요.

코로나19 팬데믹으로 타인의 몸이 공포가 되는 시대로 변화하면서 우리는 거의 모든 사회적 활동을 접견과 접촉 없이 수행하는 언택트 사회로 급격한 전환을 해야만 했습니다. 갑작스럽게 전환된 언택트 시대는 기존의 대면 중심 사회와는 이질감이 크며, 이 간극을 극복할 방안을 모색하는 것도 우리가 풀어야 할 과제입니다. 디지털 플랫폼 기술이 크게 발달하고 언택트 방식에 상당 부분 적응했더라도, 인간의 소통과 사회적 활동에 부족한 부분이 여전히 많기 때문입니다.

> 어떤 사람들은 코로나바이러스가 사라져도 결코 코로나 사태 이전의 사회로 되돌아갈 수 없다고 주장하고, 어떤 사람들은 코로나 위기를 시대 전환의 징조와 기호로 읽으려 한다. 또 어떤 사람은 아무도 겪어보지 못한 신세계에서 살아갈 새로운 인간을 '코로나 사피엔스'라고 부르기도 한다.

• 우리가 직면한 난국의 상황을 완전히 뒤집을 만한 '무언가'를 일컫는 용어가 게임체인저입니다. 대표적인 예로 '신종 플루'(A/H1N1)가 유행했을 때 등장한 항바이러스제 '타미플루'(Tamiflu)가 신종 플루 유행기의 게임체인저였죠.

이진우 교수는 「코로나의 철학적 도전」에서 우리 사회가 결코 코로나19 팬데믹 이전의 방식으로는 유지될 수 없음에 동의하며, '코로나 사피엔스'corona sapiens라는 새로운 학술 개념을 소개했습니다. 코로나19 팬데믹을 경험한 세대는 분명히 이전 세대와는 다른 방식의 생활양식을 갖춘 아주 새로운 세대입니다.

그리고 또 한 가지 중요한 점. 전염병의 창궐로 공포의 기저에 자리한 서로의 이기심과 민낯을 너무 많이 봐버렸다는 것도 코로나 사피엔스만의 씁쓸한 경험입니다. 물론 공포를 넘어서는 이타심도 볼 수 있었으니 희망적인 경험도 할 수 있었죠.

진짜 두려운 건 인간이었다
《컨테이젼》

팬데믹 속 천태만상

스티븐 소더버그가 감독을 맡은 《컨테이젼》은 단순히 전염병이 창궐하는 시대의 생과 사를 다룬 영화가 아닌, 그 안에서 각계각층의 사람이 어떤 태도를 취하는지를 잘 포착해 묘사한 작품입니다. 코로나19 팬데믹에서 우리가 목도해야 했던 인간의 숭고하고 의로운 모습과 비열하고 저열한 모습이 《컨테이젼》에 등장하는 여러 인물에 잘 담겨 있죠. 그럼 각각의 인물이 어떤 역할을 하는지 간단하게 살펴보겠습니다.

〈그림 9-5〉는 《컨테이젼》 속 주요 인물의 이름과 역할을 정리한 것입니다. 코로나19 팬데믹의 경험과 비교해서 보면 이 작품이 얼마나 사실적으로 현실을 묘사했는지 알 수 있습니다.

그림 9-5 영화 《컨테이전》 속 주요 인물의 이름과 역할. 2011년에 개봉한 이 영화는 코로나19 팬데믹 당시의 상황을 아주 현실감 있게 묘사했다.

먼저 살펴볼 인물은 베스 엠호프입니다. 처음으로 강력한 전염병 병원체인 'MEV-1 바이러스'(이하 'MEV-1')* 감염을 확진받은 인물로 외국 여행 도중 감염됐습니다. 감염 사실을 모르고 있다가 가족과 다른 인물에게 바이러스를 전염시키는 '슈퍼 전파자'의 모습을 보여줍니다. 엠호프는 격리되고 일거수일투족을 감시당합니다. 결국 전염병을 확산시킨 원인으로 지목된 그녀는 바이러스 그 자체로 취급당하다가 사망하게 됩니다.

다음은 그녀의 남편 미치 엠호프입니다. 그는 천운으로 바이러스 자연 항체를 가진 덕분에 아내에게 전염되지 않았고 타인에게 바이러스를 옮기지도 않습니다. 그는 자기 피를 뽑아 백신이나 치료제를 만들 수는 없냐고 의료진에게 호소하지만 백신과 치료제를 만드는 과정은 매우 복잡하고 대량 생산 및 사용 승인까지 많은 단계를 거쳐야 하기에 결국 무력함에 좌절하는 모습을 보이기도 합니다.

팬데믹 시절 우리는 누구나 한 번쯤 자신이 코로나19 자연 항체 보유자는 아닌지, 만약 그렇다면 자신의 항체를 복제해 다른 이를 도울 수 있다면 좋겠다는 막연한 희망을 품어봤을 겁니

* 영화 《컨테이젼》에 등장하는 전염병 바이러스입니다. 박쥐와 돼지의 체내에 있던 바이러스가 결합하면서 생성된 신종 바이러스로 전파 속도와 치사율이 상당히 높으며, 감염된 숙주는 폐와 뇌가 급속도로 손상되어 심한 경우 수일 내에 사망에 이르게 된다는 설정입니다. 영화 속에서만 존재하는 가상의 바이러스입니다.

다. 저 역시 그랬고요. 자신이 누군가에게 위협이 되지 않는 인물이며, 타고난 면역력으로 바이러스를 물리칠 수 있는 영웅이기를 말이죠.

다음은 질병예방센터장으로 분투하는 엘리스 치버입니다. 치버는 국가 보건을 책임지는 수장이 팬데믹 시국에 어떤 결단을 내려야 하는지 치열한 고민을 보여주는 인물입니다. 개인 정보를 어디까지 공개하고 의료진은 어디로 우선 투입해야 할지, 백신 수급은 어떤 순서로 이루어져야 하는지 등 국가 보건 정책의 주요 사안을 결정하면서 상황을 헤쳐 나가는 인물의 고뇌를 보여줍니다. 우리나라로 치면 질병관리청장으로 볼 수 있죠. 국민의 생명과 보건을 담보로 해야만 하는 정부의 결정이 결코 모두를 만족시킬 수 없다는 딜레마를 안고 있다는 것을 알 수 있습니다.

일선에서 전염병과 직접 맞서 고군분투하는 의료진의 모습을 보여주는 인물은 에린 미어스입니다. 미어스는 역학 전문가로서 전염병의 원인을 조사하고 환자를 돌보는 등 최전선에서 MEV-1과 맞서다가 결국 전염을 피하지 못하고 사망하는 인물입니다. 오직 환자를 구하기 위해 자신을 아끼지 않으며 코로나19와 정면으로 맞서 싸운 수많은 의료인의 숭고한 모습을 미어스에게서 발견할 수 있습니다.

역학 박사인 리어노라 오란테스는 팬데믹을 끝낼 수 있는 백신을 만드는 데 전력을 다하다가 정체불명의 괴한에게 납치당합니다. 실제로 코로나19 백신이 처음 개발·배포되기 시작했을 때, 수송 과정에서 테러 단체에게 백신을 탈취당할지도 모른다는 염려가 컸습니다. 백신을 무기화하려는 테러 단체에 대항하기 위해 우리나라에서도 철저한 수송 훈련을 실시했으며, 실제로 세계 각지에서 백신을 탈취하거나 의료진이 납치당하는 사태가 벌어지기도 했죠.

오란테스를 통해 비단 백신의 무기화와 의료진의 납치 위협만을 보여주는 것이 아니라, 그녀를 납치한 괴한 역시 피치 못할 사정이 있었음을 보여줍니다. 선진국 위주로 백신이 보급되다 보니, 백신 보급의 사각지대에 있을 수밖에 없는 개발도상국 사람들이 취할 수 있는 마지막 수단이 백신 탈취라는 것을 보여주죠. 전염병은 선진국과 후진국을 가리지 않고 생명을 무차별적으로 앗아가니까요.

마지막으로 가장 주의 깊게 봐야 하며 경계해야 하는 인물 앨런 크럼위드입니다. 기자이자 인터넷 스트리머인 그는 전염병 초기에 여기저기 들쑤시고 다니며 정보를 캐내다가 보건 당국과 협의 없이 기사를 쓰거나 가짜 뉴스를 유포하는 등 가장 많은 해악을 끼치는 인물입니다. 심지어 정부를 불신하고 크럼위드의 가짜 뉴스에 현혹된 군중이 공공의 질서를 무너뜨리고 대혼란을 일으키기도 합니다. 코로나19 팬데믹 초중반 그리고 지금까지도 출처와 근거를 알 수 없는 무수한 루머가 생산되고 퍼지는 현실을 보면, 독버섯처럼 해악을 입히는 크럼위드 같은 인물이 얼마나 위험한지 알 수 있습니다.

각각의 인물 하나하나가 팬데믹 사태에서 실제로 나타나는 인간형을 보여주고 있다는 것이 이 작품을 눈여겨봐야만 하는 이유입니다. 어느 한 입장을 지지하는 것도 아니며 팬데믹이라는 대혼란의 시대에 발생할 수 있는 여러 딜레마와 각양각색으로 행동하는 다양한 인간 군상을 만날 수 있으니까요.

어디까지 공개해야 했을까

《컨테이젼》에서 주목할 것 가운데 하나는 정부와 보건 전문가 사이에서 벌어지는 논쟁입니다. 보건 정보를 어디까지 공개할 것인가에 대한 딜레마로 인해 불거진 논쟁이죠. 먼저 정부 고위 인사는 MEV-1 연구가 전혀 진행되지 않아 성분조차 파악할 수 없는 신종 바이러스가 창궐하는 상황에서 확실치 못한 정보를 공개하면 더 큰 혼란만 초래할 것이라는 입장입니다. 충분히 일리 있는 말입니다. 다방면으로 정밀한 역학조사를 실시한 뒤에 정보를 공개해야 잘못된 판단에 따른 피해를 막을 수 있으니까요.

보건 전문가의 입장은 정반대입니다. 모든 정보를 투명하게 공개하는 것이 바이러스의 확산을 막는 길이라고 보고 있습니다.

국민이 바이러스의 위험성을 충분히 자각하고 보건을 위한 최소한의 조처를 스스로 취할 수 있도록 선제적으로 대응해야 한다는 의견입니다. 보건 전문가의 주장 역시 일리가 있습니다. 정보를 무작정 통제하면 오히려 무지의 공포가 초래하는 더 큰 혼란이 가중될 수도 있으니까요.

기존 정보가 전혀 없는 새로운 형질의 신종 바이러스 등장은 정보의 공시 시점을 언제로 할 것이냐에 대한 첨예한 대립과 혼선을 가져올 수밖에 없습니다. 정보의 공시로 사회질서의 붕괴를 우려하는 입장과, 정보가 주어지지 않아 발생하는 불의의 피해자를 막아야 하는 입장을 동시에 충족시킬 수 없기 때문입니다. 이것은 코로나19 팬데믹 초기에 확진자 동선을 공개하는 문제와도 연관지어 생각해볼 수 있습니다. 과연 전 국민의 알 권리를 위해 한 개인의 정보를 공개하는 것이 맞았는지를 지금 시점에서 생각해보면 무엇이 옳은지 판단하기는 어렵습니다.

바이러스처럼 번지는 가짜 뉴스

크럼위드는 MEV-1에 '개나리 추출액'이 특효라는 내용을 개인 인터넷 스트리밍 서비스에서 생방송으로 내보냅니다. 그가 퍼뜨린 내용은 당연히 과학적 근거가 전혀 없는 전형적인 가짜 뉴스

그림 9-6 크럼위드는 개인 방송을 통해 개나리 추출액이 MEV-1을 치료할 수 있는 특효약이라는 가짜 뉴스를 배포하는가 하면, '정부가 거짓 선동을 하고 있으며, 개나리 추출액만이 진짜 치료제다'라는 전단을 만들어 뿌리는 등 혼란을 초래하고 있다.

입니다. 마치 코로나19 팬데믹 초기에 락스를 마시면 효과가 있다는 뉴스처럼 말이죠. 실제로 중동 지역에서 락스를 마시고 사망한 사람이 속출했다는 소식을 보면 가짜 뉴스의 영향력이 얼마나 강한지 알 수 있습니다.

여하튼 크럼위드는 가짜 뉴스를 생성하고 퍼뜨리면서 사회를 일순간 대혼란의 상태로 빠뜨립니다. 병원이나 약국에서는 개나리 추출액을 구하기 위해 사람들이 장사진을 치고 기다리다가 거친 폭력 사태로 이어지기도 합니다. 그는 애초에 정부가 개나리 추출액이 효과가 있다는 사실을 숨겼다는 또 다른 가짜 뉴스를 퍼뜨리면서 정부를 비난하는 여론을 키우고 최전선에서 희생하는 의료진에 대한 불신을 만들어내기도 합니다.

크럼위드가 이런 가짜 뉴스를 만들어내는 진짜 목적은 다름 아닌 돈입니다. 그는 가짜 뉴스를 퍼뜨리고 다니면서 자신이야말로 정부가 감추고 있는 비밀을 밝혀내는 '탐사 보도자'라는 식으로 이미지를 구축합니다. 이에 크럼위드를 극성으로 지지하는 이들이 결집하게 되고 막대한 후원금을 기부하기까지 합니다. 진위라고는 확인조차 할 수 없는 가짜 뉴스를 통해 불안한 대중을 감정적으로 자극하고 엄청난 경제적 부를 축적하는 악랄한 인간이 바로 크럼위드입니다.

크럼위드 같은 인간이 퍼뜨리는 가짜 뉴스를 구분해낸다면 우리는 확실한 정보를 습득하고 혼란에 빠지지 않을 수 있습니다. 매우 정교한 가짜 뉴스를 구분하는 일은 어렵겠지만, 기본적으로 가짜 뉴스와 진짜 뉴스가 지닌 일반적인 특징을 알아봄으로써 최소한의 예방을 할 수 있는 방법을 알아보도록 하죠.

먼저 가짜 뉴스는 출처가 불분명하며 불특정 다수에게 전파된다는 특징을 지니고 있습니다. 인터넷 커뮤니티, 블로그나 개인 SNS 등 출처 표기도 없이 다발적으로 번져 나갑니다. 출처 표기를 한다고 해도 그 출처가 공신력 있는 기관이 아니거나 허위 출처일 가능성이 높습니다. 가짜 뉴스는 이슈가 잠잠해진 다음에도 쉽게 사라지지 않고 불쑥불쑥 등장하는 특징을 지닙니다. 무엇보다 가짜 뉴스는 조금만 자세히 들여다보면 제작자의 특정한 의도가 강하게 투영되어 있다는 것을 알 수 있습니다. 크럼위드처럼 사회를 혼란에 빠뜨리고 후원금을 모금하는 등 제작자의 이익과 그가 원하는 현상을 유도하려는 목적에서 제작되기 때문입니다.

이에 반해 진짜 뉴스는 공신력 있는 기관과 국영 매체, 유명하고 거대한 대형 매체를 통해 공표된다는 특징을 지닙니다. 공표하는 정보에 대한 책임 의식을 지니고 있기에 출처가 분명하고 정보의 근거도 탄탄합니다. 가짜 뉴스와는 달리 특정 이슈가 정리되고 나면 뉴스의 전파 역시 잠잠해지는 특징을 보이는데, 이는 정보로 특정한 현상을 일으키거나 경제적 이득을 취하려는 목적이 없기 때문입니다. 무엇보다 불확실한 정보가 아닌 사실로 판명된 정보를 공익 실현의 목적을 위해 전파하려는 성격을 지닌 것이 진짜 뉴스라는 사실을 기억한다면, 우리는 가짜 뉴스에 쉽게 현혹되지 않을 수 있습니다.

보건에도 계급이 있는가

코로나19 백신이 개발되어 배포되기 시작했을 때, 우리나라는 일선 의료진과 노인 등 감염에 가장 취약한 사람들에게 우선 접종을 시작하는 방식을 택했습니다. 다른 여러 나라 역시 거의 동일한 방식을 취했고요.

그런데《컨테이젼》속 상황은 조금 다릅니다. 일단 MEV-1이라는 작품 속 가상의 바이러스는 치사율이 매우 높으며, 나이나 신체 능력 등 여러 조건을 무시하는 강력한 바이러스입니다. 따라서 작품 속에서는 의료진 우선 접종이라는 점은 동일하지만 나머지 접종 대상자는 '운'에 의존하는 방식을 보입니다.

운으로 백신접종 우선순위를 정하는 장면은 국가 전체의 보건 위기를 극복하게 해줄 게임체인저인 백신의 접종 우선순위를 무엇으로 정해야 하는가에 대한 고민이 담겨 있어 눈여겨볼 만합니다. 작품에서는 접종할 사람을 제비뽑기로 선택하는 장면을 공공연하게 보여줍니다. 이 부분을 우리는 더 진중하게 들여다봐야 합니다.

작품은 백신 접근성이 높고 용이한 사람이 일부 존재한다는 사실도 놓치지 않습니다. 정부 고위 관료나 백신 개발자, 백신 유통자 등은 제비뽑기에만 의존할 수밖에 없는 일반 국민과 달리 암암리에 서로 백신을 주고받는 모습을 보여줍니다.《컨테이젼》

은 자신이 암암리에 구한 백신을 지인에게 나눠주는 질병예방센터장 치버와 자신에게 공급된 백신을 들고 우선순위에서 한참 밀려난 개발도상국을 향해 달려가는 오란테스의 모습을 대비해 보여줍니다. 무엇이 옳은 선택인지 또는 무엇이 이해할 만한 선택인지를 관객에게 질문하죠.

백신 접근성이 높았던 정부 관료가 지인에게 백신을 우선 공급하는 것을 보면서, 당신은 그 상황에서도 공정을 지키고 일면식도 없는 취약계층에게 백신을 넘길 수 있는지 묻는 장면이기도 합니다. 물론 쉽게 대답하기 어렵습니다. 제삼자의 관점에서 작품을 들여다보면서 정의와 공정을 외칠 수는 있으나, 과연 진짜 자신의 상황이 됐을 때 가족이나 지인이 아닌 생판 모르는 불특정 다수를 위해 백신을 양보할 수 있을까요? 글쎄요. 마스크 품귀 사태나 백신 부족 사태를 돌이켜보면 마냥 낙관적이지만은 않습니다.

질병예방센터장 치버는 지인의 아들에게 백신을 나눠주며 이렇게 말합니다.

> 꼬마야. 악수의 유래가 뭔지 아니?
>
> 낯선 이에게 무기가 없다는 걸 보여주는 방법이었어. 오른손이 비었다는 걸 보여주면서 말이야.
>
> 비록 바이러스를 옮길 수도 있겠지만.

코로나19 팬데믹을 극복하고 난 뒤에도 우리는 또 새로운 바이러스의 창궐을 맞이하게 될지도 모릅니다. 하지만 우리는 서로를 완전히 격리하고 멀리하면서 살 수는 없습니다. 또다시 악수하고 손을 내밀어 서로를 일으키겠죠. 알 수 없는 위험의 습격으로 서로 반목하며 갈등을 빚다가도 결국 서로에게 의지하고 서로를 지키며 이겨내 살아남은 것이 바로 우리 인간이니까요.

우리의 몸이 서로에게 두려움이 되게 만드는 전염병을 전 세계가 힘을 모아 이겨냈다는 이 교훈은 살아 있는 동안 절대로 몸과 분리될 수 없는 인간에게는 매우 값진 경험과 울림이었을 것입니다.

때로는 몸이 두려울 수 있으나, 결국은 지켜내야 한다는 사실을 우리는 너무나 잘 알고 있는 인간이기에.

함께 나눌 이야기

- 국가가 시행하는 보건을 위한 통제 조치는 개인의 자유보다 우선하는가?
- 국가는 보건과 관련한 모든 정보를 반드시 대중에게 공개해야 하는가?

얼마전 병원에서 목디스크가 튀어나와 신경을 누르고 있다는 진단을 받았다. 어릴 때부터 PC게임을 좋아해서 하루에도 10시간씩 컴퓨터 앞에 앉아서 놀았고, 연구와 강의를 업으로 삼게 되면서 컴퓨터 앞에 있는 시간이 길었으니 어쩌면 당연한 결과였다. 그나마 업무적으로 필요할 때가 아니면 스마트폰을 잘 쓰지 않아 생각보다 상태가 심각하지는 않았다.

그렇게 물리치료와 일상에서의 자세 교정이 시작됐다. 한 시간을 초과해서 컴퓨터 앞에 앉아 있지 말자고 스스로 정해보았다. 목디스크에 좋은 스트레칭을 하고, 소홀했던 근력 운동의 강도를 다시 높이기로 했다.

삶을 윤택하게 한다는 첨단 장비는 역설적으로 우리의 몸을 고통스럽게 만들고 있다. 반드시 필요한 순간이 아니라면 몸을 일으켜 자연 풍광을 바라보자고 다짐해본다. 아니, 지금 당장 잠시라도 걸으며 몸이 들려주는 소리에 귀를 기울여보는 것은 어떨까?

10장

편리함에 배신당한 건강

거북목 인간이 세상을 잠식하다

#호모하빌리스 #마우스 #커서 #클릭 #터치 #접촉위안 #디지털행위자
#호모모빌리스 #스마트기기 #거북목증후군 #일자목증후군 #거북등증후군
#디스크 #월-E #신체지배 #생존과삶

세계는 나의 손끝에서 시작된다

손으로 세상을 정복한 인간

인간이 다른 영장류나 동물에 비해 월등히 뛰어난 지능과 문화를 만든 출발점을 직립보행으로 보는 관점이 있습니다. 특히 이러한 관점에 따르면, 직립보행으로 자유로워진 두 손을 자유자재로 사용하게 되면서 다양한 도구를 만들어 활용하고 다른 동물과의 격차를 더욱 크게 벌릴 수 있었던 것으로 봅니다.

'손을 쓰는 인간'인 '호모 하빌리스'Homo Habilis는 230만 년 전 등장했다가 140만 년 전에 멸종한 것으로 추정되는 현생인류의 조상입니다. 그들은 처음 손으로 여러 도구를 활용해 자신의 몸을 지키고 사냥을 했죠. 호모 하빌리스 이전의 인간 조상은 다른 동물에 비하면 이빨이나 발톱 등이 나약해 사냥에 불리했고 높은

그림 10-1 스탠퍼드 연구 센터에서 발명한 세계 최초의 마우스. 마우스의 발명은 인류 역사에서 금속 활판 인쇄술만큼이나 혁신적이었다.

열량의 단백질을 섭취하기가 어려웠습니다. 인류학에서는 호모 하빌리스의 등장을 기점으로 이러한 인간의 약점을 손과 도구를 사용해 보완했고, 고열량 단백질을 섭취하기 시작하면서 뇌가 커졌다고 보고 있습니다. 즉, 손을 자유롭게 사용하는 것이 인간의 지성이 고도로 발달하는 계기였다고 볼 수 있습니다.

『에디톨로지: 창조는 편집이다』의 저자 김정운 교수는 그의 책에서 요하네스 구텐베르크의 금속활자 인쇄술 발명을 뛰어넘는 엄청난 혁명적 사건으로 컴퓨터 마우스의 발명을 지목합니다. 컴퓨터 화면에서 우리의 시선과 의식에 따라 움직이는 커서는 손끝의 움직임에 따라 통제됩니다. 키보드를 사용해 문자를 입력하는 것과는 다른 차원의 자유로운 이동과 클릭 방식은 김정운 교수의 말처럼 마우스가 일으킨 엄청난 혁명이었습니다.

우리가 일반적으로 사용하는 형태를 지닌 최초의 마우스는 1968년 스탠퍼드 연구 센터의 더글러스 엥겔바트와 빌 잉글리쉬가 발명했습니다. 〈그림 10-1〉처럼 나무 박스 안에 커다란 볼이 있고 빨간색 버튼을 눌러서 클릭하는 방식이었습니다. 그 뒤로도 이 구조는 크게 변하지 않았는데, 요즘은 볼과 선이 없는 무선마우스나 사용자 편의에 따라 다양하게 형태를 바꾼 마우스도 많이 사용하고 있습니다.

마우스의 등장과 함께 컴퓨터의 메커니즘은 굉장히 다른 방식으로 변화했습니다. 마우스를 사용하기 이전에는 키보드로 명령어를 입력해 컴퓨터의 기능을 구동하는 텍스트 입력 방식 체계였다면, 마우스 등장 이후에는 자유로운 이동과 클릭으로 창을 여는 윈도우 시스템이 가능해졌죠. 우리가 지금 가장 일반적으로 컴퓨터를 사용하는 방식입니다.

지금은 컴퓨터를 쓸 때 결코 없어서는 안 되는 마우스가 처음에 하찮은 발명품으로 천대받았습니다. 명령어를 입력하는 키보드도 없는 도구를 어디에 쓰겠냐면서 말이죠. 하지만 마우스의 잠재력과 진가를 알아본 사람이 있었으니, 바로 스티브 잡스입니다. 잡스는 1983년 마우스 특허권을 사들였고 이후 전 세계에 마우스가 상용화되도록 했습니다. 이번 장에서 중점적으로 이야기할 스마트폰이 혁명적으로 세계를 바꾸기 이전에 마우스의 대중화로 컴퓨터 사용 환경에 거대하고 혁명적인 변화를 일으킨 인물 역시 잡스였다는 건 정말 놀라운 사실입니다. 잡스는 단순히 시대를 잘 타고난 인물이 아니라, 시대를 바꿀 만한 혁신과 트렌드를 한눈에 알아보는 사람이었던 것이죠.

만지고 문지르는 디지털

마우스의 대중화를 이끌었던 잡스는 스마트폰으로 또 한번 완전히 새로운 시대를 열었습니다. 스마트폰이 대중화되면서 커서를 이용한 클릭과 윈도우를 기반으로 하던 마우스 시스템을 뛰어넘어 터치가 일상이 됐습니다. 물론 터치 기반의 시스템은 스마트폰 이전에 이미 발명됐지만 매우 제한적으로 이용됐습니다. 그러다가 스마트폰의 대중화로 모든 사람이 직접 손으로 기기를 만져 시스템을 구동하는 방식의 컨트롤이 가능해진 것이죠.

마우스가 등장하면서 커서라는 자유로운 의사결정의 매개체를 화면 안에 둘 수 있었지만, 터치 시스템의 등장은 '손→마우스→커서'라는 명령 시스템을 '손→화면'으로 밀착시켰습니다. 터치로 말미암아 비로소 스마트폰을 비롯한 다양한 스마트 기기가 몸과 직접 밀착하면서 여러 작업과 의사결정 행위를 할 수 있게 된 것이죠. 몸과 대상을 밀착하는 행위가 중요한 이유는 대상을 만지고 문지르면서 경계를 풀고 친밀감을 쌓는 것이 인간의 가장 기본적인 사교 방식 가운데 하나이기 때문입니다.

우리는 낯선 상대와 경계를 풀기 위해 맨손으로 악수를 하며 온기를 나눕니다. 상대방을 위로하거나 슬픔을 나누기 위해 몸과 몸을 맞대고 두 팔로 서로를 감싸 안기도 하죠. 대상과 자신 사이에 다른 어떤 매개물을 두지 않고 밀착한다는 것은 그 대상과 애착 관계를 형성할 가능성을 만듭니다. 접촉함으로써 안정감을 얻게 되는 이러한 현상을 심리학에서는 '접촉 위안'이라고 부릅니다. 터치 시스템은 스마트 기기가 지닌 무수한 기능과는 별개로 스마트 기기와 인간 사이의 직접적인 접촉으로 애착 관계를 형성하고 '접촉 위안'을 얻도록 만든 겁니다.

손과 몸의 불협화음

키보드와 마우스를 활용하는 컴퓨터와, 터치 시스템을 기반으로 하는 스마트 기기의 대중화는 다시금 호모 하빌리스의 전성기를 불러오기라도 하듯 손의 역할을 극대화시켰습니다. 손을 제외한 거의 모든 몸의 움직임을 최소화하면서도 원하는 정보를 얻고 즐거움을 만끽할 수 있는 '디지털 행위자'가 되는 경험을 누릴 수 있게 됐죠.

그런데 손을 가볍게 움직이기만 하는 간편한 행위만으로도 다양한 디지털 활동이 가능하기 때문에 역설적으로 손을 제외한 몸의 거의 모든 부분은 나태하고 유약해지는 상황이 발생했습니다. 컴퓨터와 스마트 기기를 사용하는 시간이 늘수록 몸은 게을러졌다고 볼 수 있습니다. 이에 반해, 손목 관절 부위에 통증을 호소하는 '손목 터널증후군'은 남녀노소를 가리지 않고 해가 갈수록 증가하는 추세입니다.

최소한의 물리적 공간에 몸을 고립시키거나 스마트 기기에 지나치게 정신을 몰입하는 환경에 몸을 방치함으로써 전체적인 건강은 오히려 악화되고 있습니다. 디지털 세계는 손끝에서 시작되고 무한히 펼쳐지지만, 실제 세계에서는 이전보다 훨씬 더 유약한 몸 상태를 갖게 된 것이죠. 즉, 디지털 세계에서 활발하게 활동할수록 그에 비례해 손을 제외한 현실의 몸은 둔하고 유약한 모습을 보이는 것이 현대를 살아가는 인간의 전형적인 모습입니다. 디지털 세계를 매우 활발하게 활보하지만 현실의 움직임은 최소화되는 몸의 괴리가 발생한 겁니다.

호모 모빌리스와 거북목 인간

몸과 정신이 이동하는 시대

지금으로부터 20만 년 전 아프리카에서 나타나 지구 전역으로 이동하면서 환경을 개척하고 문화를 일군 우리 호모 사피엔스에게 '이동'은 어쩌면 숙명입니다. 이동하고 정착하고 다시 또 이동하며 새로운 환경에 적응하고 때로는 환경 그 자체를 설계하면서 현재의 우리가 존재하게 되었으니까요.

이처럼 '이동하는 인간'을 '호모 모빌리스'Homo Mobilis라고 지칭하는데, 단순히 두 발을 사용한 몸의 물리적 이동만을 가리키는 것은 아닙니다. 좀 더 구체적으로 어떤 방식을 사용해 무엇을 이동하는지 그 의미가 담겨 있습니다. 호모 모빌리스는 교통과 통신, ICT의 비약적 발전으로 말미암아 몸과 정신, 정보의 이동이 급격하게 증가하는 시대를 살아가는 21세기형 인간을 지칭합니다. 단 하루만에도 지구 반대편까지 날아가거나 디지털 세계 속을 무한히 이동하는 우리가 바로 호모 모빌리스인 것이죠.

'N차 산업혁명'이 바꿔놓은 생활환경의 다양한 변화는 우리로 하여금 끊임없이 이동하고 새로운 정보를 접하도록 만들고 있습니다. 비행기를 타고 몸을 아주 멀리까지 이동하고, 새로운 정보를 찾기 위해 무한한 인터넷 바다를 서핑하기도 합니다.

이렇게 빠른 속도로 이동할 수 있는 기술은 공간을 심리적으로 압축시키는 효과를 가져왔습니다. '지구촌'이라는 개념이 등장한 배경에는 이러한 이동 기술 발달의 영향도 있었죠. 그런데 아이러니하게도 디지털 세계에 잠식당한 이들에게 심리적으로 공간을 압축시키는 또 다른 효과는 전혀 다른 방식으로 나타났습니다. 최소한의 공간에 몸을 구속시키거나 오랜 시간 같은 자세를 유지할 수 있는 작은 공간만 있어도 괜찮다는 생각을 갖도록 말입니다.

뒤틀린 척추와 목

산업혁명 이후 농수산업과 제조업 분야 등의 노동이 기계화되면서 노동의 형태가 사무직으로 전환되었습니다. 사무직의 증가는 노동자가 한자리에 오래 앉아서 컴퓨터나 스마트 기기, 문서 등을 보도록 만들었죠. 비단 노동뿐만 아니라 교육 권리가 확대되면서 학교에서 오랜 시간 앉아 책과 자료를 보는 시간이 늘어났습니다. 책상과 의자는 같은 자리에 앉아 있는 시간을 늘리도록 발달했는데, 그로 인해 척추에 무리가 갈 수밖에 없는 구부정한 자세를 유지하는 시간이 늘어나고 말았습니다.

스마트 기기는 목이 비정상적으로 꺾인 자세를 유지하는 나쁜 습관을 부추기는 악영향을 끼치고 말았습니다. 〈그림 10-2〉는 내려다보는 자세로 꺾인 목을 오랜 시간 유지했을 때, 목을 지탱하는 경추가 얼마나 비정상적으로 전진할 수 있는가를 보여줍니다.

정상적인 사람의 머리는 전방 이동 각도가 6~7도 정도입니다. 〈그림 10-2〉에서 보면 가장 왼쪽에 있는 골격의 모습이 딱 그 정도죠. 이에 반해 가장 오른쪽 골격의 모습처럼 경추가 심각하게 꺾여 머리 전방 이동 각도가 15도 이상이 된 사람이 꾸준히 늘어가고 있습니다. 무엇보다 어릴 때부터 스마트 기기를 접한 청소년 세대에서 매우 빈번하게 나타납니다. 뼈와 근육을 비롯한 몸의 여러 기관이 성장하는 시기에 잘못된 자세를 오랜 시간 유지하면서 생긴 부작용이라고 볼 수 있습니다. 세 살 버릇이 여든까지 간다고 했으니 어릴 때 형성된 습관은 더욱 고치기 어렵겠죠.

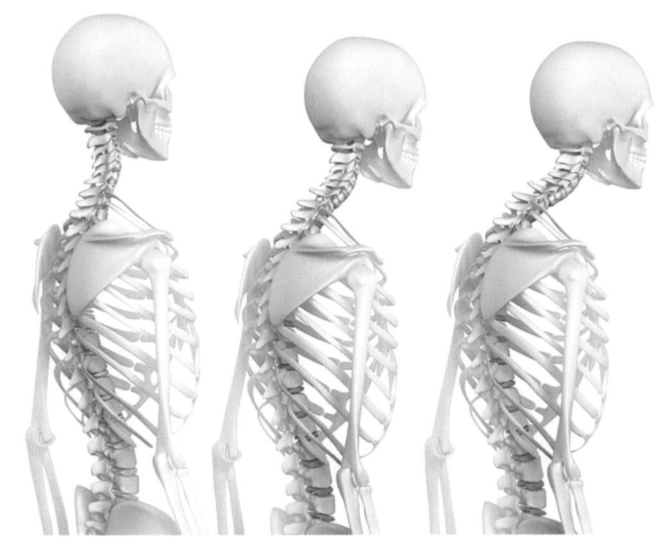

그림 10-2 정상적인 상태의 목(맨 왼쪽)과 오른쪽으로 갈수록 점점 심하게 전진하는 목. 컴퓨터와 스마트 기기의 편리함이 아이러니하게도 몸의 불편함을 초래했다.

계속 거북목 인간으로 살 것인가

머리와 목의 잘못된 자세가 오랜 시간 굳어져 정상적인 자세를 유지하기 어렵고 통증마저 호소하는 걸 '거북목 증후군'이라고 부릅니다. 거북목 증후군은 목과 어깨의 근육과 인대가 비정상적으로 늘어나 통증이 심해지고 머리의 위치가 전방으로 심하게 이동해 고착된 증상입니다. 겉으로 보기에도 안 좋을 뿐더러, 심한 통증도 유발하므로 증상이 나타나지 않도록 여러모로 예방이 필요합니다.

거북목 증후군 증상을 보이는 사람은 정상적이고 건강한 목의 형태를 가진 사람보다 목 근육에 가해지는 압박이 3~5배 정도로 크다고 합니다. 그만큼 통증 또한 커지기에 점점 같은 자세를 유지하기 힘들어지죠. 조금만 같은 자세로 있어도 통증이 시작되니 일상생활 역시 지장을 받게 됩니다.

〈그림 10-3〉은 요즘 주변에서 정말 많이 보는 자세입니다. 앉은 자세로 스마트폰을 보는 사람의 전형적인 자세라고 할 수 있습니다. 이 자세는 거북목 증후군을 유발하기에 반드시 지양해야 합니다.

앉은 자세로 스마트폰을 내려다보면 경추와 척추가 모두 비정상적인 형태로 꺾인 자세를 유지하게 되어, 거북목 증후군이 '일자목 증후군'이나 '거북등 증후군'으로 번질 수도 있습니다. 정상적인 목의 경추는 아치 형태로 굽어 힘을 분산해 머리를 받치지만, 일자로 펴진 경추가 고착되는 일자목 증후군은 머리 무게를 효과적으로 감당하지 못해 목에 심각한 통증을 유발합니다. 거북등 증후군 역시 정상적으로 굽어서 몸을 지탱해야 하는 척추가 비정상적으로 심하게 휘어 전신에 통증을 유발할 수도 있습니다.

전 세계적으로 스마트 기기가 보급되면서 세계 인구의 75퍼센트가 거북목 증후군의 위협에 처해 있다고 합니다. 그 이유는

그림 10-3 앉아서 스마트폰을 하는 사람에게서 볼 수 있는 아주 나쁜 자세. 거북목 증후군은 생각보다 심한 통증을 유발하니 발생하기 전에 주의해야 한다.

당연히 잘못된 자세로 스마트 기기를 오래 사용하기 때문이고요. 여기서 우리는 중요한 역설을 발견할 수 있습니다. 스마트 기기로 정보를 얻으며 활용하는 능력으로 그 어떤 시대의 사람보다 빠르고 뛰어난 우리가 됐습니다. 그런데 몸의 형태와 움직임은 '느림보 거북이'로 바뀌고 있습니다. 목만 거북이가 된 것이 아니라, 걸으면서 스마트폰을 보는 사람은 정상적으로 걷는 사람보다 현저히 느린 속도로 걸음을 옮기게 되어 실제 몸의 움직임은 거북이에 준하는 속도라고 합니다.

토끼처럼 분주하게 이곳저곳 활발히 이동하고 정보를 사냥하는 줄만 알았던 호모 모빌리스의 실상이 기형적으로 변해버린 거북이라면 너무 암울합니다. 인문학적 시선으로 건축을 연구하고 바라보는 유현준 교수는 인간이 만든 공간에만 갇히지 말고 자주 하늘을 보라고 꾸준히 말합니다.

거북이가 될 위기에 처한 현대인에게도 그의 말을 빌려 이렇게 말하고 싶습니다. 인간이 만든 디지털 세계와 스마트 기기에서 벗어나 하늘을 보라고요. 그렇게 높은 하늘을 한껏 올려다보면서 경추와 척추를 풀어주라고요. 늘 내려다보기만 하는 자세 때문에 울부짖고 있는 우리 몸의 고통에 찬 비명을 들어야 할 때입니다.

이제는 일어서야 할 때
《월-E》

노동에서 해방된 나약한 몸

세계적으로 엄청난 흥행몰이를 한 《토이 스토리》 시리즈와 《니모를 찾아서》 등 가히 명작이라 부를 수 있는 여러 애니메이션 제작에 중추적으로 참여한 앤드류 스탠튼의 작품 중에 개인적으로 가장 사랑스러운 작품으로 꼽는 건 《월-E》입니다. 작품의 배경은 폐허가 된 지구이고 주인공은 낡은 로봇이지만, 아주 따뜻한 이야기로 감동을 선사하기 때문입니다. 몽글몽글한 감성과 서로 간의 사랑이 줄어가는 시대에 반드시 눈여겨봐야 할 작품이라고 말하고 싶습니다.

2008년 개봉한 《월-E》는 폐허가 된 지구에 홀로 남아 각종 산업폐기물과 쓰레기를 치우는 로봇 월-E와 버려진 행성 지구에 생명체를 탐색하러 온 최첨단 로봇 이브의 이야기를 다루고 있습니다. 중심 스토리는 월-E와 이브를 주축으로 흘러가는데, 여기에서는 지구를 버리고 떠난 인간을 중점적으로 이야기해보겠습니다.

지구가 생명체가 살 수 없을 만큼 척박한 환경으로 바뀔 때쯤, 살아남은 인간은 '액시엄'이라는 첨단 인공지능이 관리하는 우주선을 타고 우주로 떠났습니다. 인공지능이 모든 것을 관리하는 탓에 액시엄에서 살아가는 인간은 그 어떤 노동도 하지 않으며 완벽한 편의를 제공받습니다. 처음 탑승객을 모집할 때 내건 슬로건처럼 액시엄은 '걸을 필요조차 없는 곳'이기에, 탑승객은 생산적이거나 물리적인 노동과 움직임이 필요하지 않았습니다. 가만히 누워 있어도 인공지능의 관리하에 모든 식사와 생리 활동, 놀이까지 가능했죠.

너무나 편리한 나머지 몸이 왜 필요한지 모를 지경에 이르고 '걸을 필요조차 없는 곳'에서 '걷는 방법조차 모르게 된 곳'으로 바뀌고 말았습니다.

편리와 맞바꾼 자유

액시엄 속 인간의 몸은 '무목적 사육'을 당하는 나약한 상태로 전

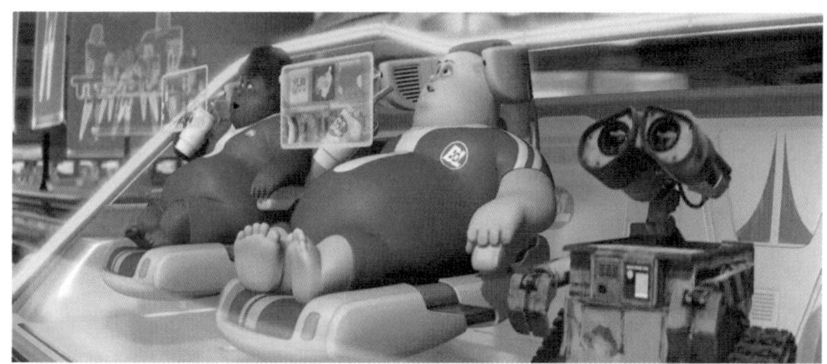

그림 10-4 전동 의자와 스마트 스크린만 보는 액시엄 탑승객과 그 옆의 월-E. 탑승객들은 편리함만을 추구하다가 결국 걷는 법조차 잊어버렸다.

락했습니다. 액시엄의 인공지능은 인간에게 절대적 편리함과 안락함을 주는 듯 보였지만, 전동 의자가 몸의 운동 능력을 지배하고 스마트 스크린이 정신의 자유를 지배해 인간의 몸과 마음을 완전히 통제했습니다.

〈그림 10-4〉처럼 액시엄 탑승객은 단 한 번도 전동 의자에서 내려오지 않고 스마트 스크린으로 모든 소통과 교류를 하고 있습니다. 정해진 양만큼의 음식을 마시면서, 입을 통해 음식을 씹고 잘게 부수는 최소한의 움직임마저도 하지 않고 있죠. 탑승객들은 인공지능에게 몸의 주도권을 모두 내주고 마치 움직이지 않는 식물처럼 되어버렸습니다.

결국 전동 의자에서 벗어나면 한 발자국도 걷지 못할 정도로 운동성이 퇴화한 몸을 갖게 됐습니다. 그들의 뼈는 매우 연약해져 두 발로 일어서기 어려웠고, 근육은 거의 없이 지방만 가득 낀 몸이 됐죠. 첨단 기술의 '신체 지배'입니다. 또한 스마트 스크린 밖에서는 무슨 일이 일어나는지도 모르는 그들은 스크린 속 미디어에 완전히 중독되어 있습니다. 외부 환경과 단절되어 스마트 스크린 속에서만 사는 모습은 '정신 지배'입니다.

이 모습이 비단《월-E》라는 작품의 상상에 그치기만 할까요? 유쾌하고 코믹한 모습으로 그려진《월-E》속 인간의 신체와 정신 지배는 상당한 기시감이 듭니다. 인간이 기술을 발달시켜온 이유는 조금이라도 몸의 노동을 줄이고 편해지기 위해서입니다. 몸의 노동은 발달한 기계가 대신해줄 것이기에 미래의 인간은 지능을 쓰는 머리만 크게 발달하고 다른 신체 부위는 퇴화할 것이라는 예측이 나올 정도였죠.

요즘은 그 어느 때보다 비만한 사람과 건강한 몸의 기준에 못 미치는 사람이 늘고 있습니다. 여기에는 몸을 움직이지 않음으로써 편리함을 추구하는 기술 발전과 문화도 분명 한몫하고 있습니다.

앞서 거북목 인간을 이야기할 때 언급했듯, 스마트 기기에 중독된 사람도 자꾸 늘어만 갑니다. 액시엄의 탑승객이 스마트 스크린에 중독되어 스크린 밖의 상황을 전혀 알지 못하듯, 스마트 기기에 중독되어 길에서 걷는 일조차 정상적으로 하지 못하는 모습을 생각하면《월-E》에서 묘사한 코믹한 상황을 그저 웃으며 볼 수가 없습니다. 생각보다 매우 현실적인 미래 디스토피아에 대한 경고니까요.

다시 일으키는 몸의 기적

편리함으로 충만한 액시엄은 인간 몸의 관점에서 보면 지독한 디스토피아였습니다. 액시엄의 편의는 편리함이라는 무기를 통해 인간의 몸을 완전히 망가뜨렸고, 선장을 비롯한 탑승객은 그걸 전혀 모르고 있었죠. 그런데 아이러니하게도 황폐화된 지구에서 월-E와 이브가 가져온 새싹은 거짓 유토피아인 액시엄을 벗어나려는 의지를 만들어줍니다.

인공지능에게 철저하게 사육당하던 액시엄의 선장은 지구로의 귀환을 방해하는 인공지능에 맞서며, 비로소 전동 의자를 벗어나 첫걸음을 뗍니다. 이 위대한 발걸음이 시작되는 순간은 다시금 인간의 강인한 몸을 회복하려는 확고한 의지로 해석할 수 있습니다.

무엇보다 선장이 인공지능에 대항해 몸을 일으키는 장면은 영화계의 거장 스탠리 큐브릭의 영화《2001: 스페이스 오디세이》 오프닝 장면에 대한 훌륭한 오마주입니다. 처음 도구를 사용하기 시작한 인류의 조상이 위대한 진화의 출발을 시작하듯, 다시

그림 10-5 인공지능에게 사육당하기만 하던 선장이 마침내 몸을 온전히 일으키는 장면에서 '생존'이 아닌 '삶'을 향해 나아가겠다는 인간 본연의 강력한 의지를 확인할 수 있다.

금 지구로 돌아가는 여정을 시작하려는 선장의 의지를 발걸음을 내딛는 동작으로 보여주는 겁니다. 심지어 선장이 발걸음을 떼는 순간 배경음악도 《2001: 스페이스 오디세이》 오프닝 음악인 리처드 스트라우스의 「짜라투스트라는 이렇게 말했다」를 사용했으니 작심하고 오마주를 하겠다는 스탠튼 감독의 확고한 의지를 확인할 수 있죠.

이 장면에서 인간의 문명은 지배되지 않는 몸과 정신의 자유를 통해서만 가능하다는 것을 알 수 있습니다. 인공지능에게 지배당해 나약해진 몸과 정신은 주체성을 잃어버리고 그저 사육당할 뿐입니다. 그건 결코 삶을 제대로 살아가고 있다고 말할 수 없는 단순한 생존 상태일 뿐입니다.

난 생존survive을 원하지 않아! 삶live을 원해!

선장은 황폐화된 지구로 가지 말고 편안한 액시엄에 머무르라고 강요하는 인공지능에게 '생존'이 아닌 '삶'을 원한다고 말합니다. 과도하게 제공된 편리함은 몸과 정신이 지닌 강인함을 빼앗고, 그것이 지속되면 우리는 삶을 잃게 됩니다. 우리는 결코 생존만 하는 존재가 아닙니다. 최소한의 생존이 보장된 다음에는 삶을 꾸리고 가치를 추구하며 살아가는 존재죠. 고차원적 삶이 인간을 특별하고 귀하고 존엄하게 만듭니다.

함께 나눌 이야기

- 모든 노동에서 해방된 인간의 몸은 어떤 쓸모를 추구하며 살아야 할까?
- 인공지능이 인간의 노동을 대신하는 사회는 유토피아와 디스토피아 가운데 어디에 더 가까울까?

열 살도 채 안 된 나이에 처음 읽은 동화책 속 에밀레종 이야기는 너무나도 기괴했다. 어린아이를 산 채로 용광로에 녹여 종을 만들다니. 그리고 그 이유가 가장 아름다운 소리를 내는 종을 만들기 위해서라니. 동화책에서는 신성하고 아름답게 묘사하고 있었지만, 어린 내게 그 이야기는 아주 이상하고 무서웠다.
제법 나이를 먹은 어른이 된 지금도 에밀레종 설화는 여전히 '유아 살해와 집단적 광기의 이야기'로 여겨진다. 물론 그 이야기가 가진 함의는 신성한 인간의 몸을 바쳐 높은 뜻의 불법을 이룩하려는 고결한 정신의 실현일 것이다.
그런데 우리는 보통 살아 있는 대상을 죽음에 이르게 하는 행위를 악하다고 말한다. 그렇다면 생명을 제물로 삼는 의식을 숭고하다고 이야기하는 것은 모순이 아닐까. 악이 숭고하다는 명제가 성립되니까 말이다.
살아 있는 인간의 몸이나 아직 죽을 때가 오지 않은 인간의 몸을 바쳐 완성하는 예술이나 종교적 제의를 거룩하고 귀하다고 할 수 있을까?

11장

무엇을 위해 몸을 바치는가

광기의 제물이 되다

#제갈량 #만두 #인신공양 #심청전 #에밀레종설화 #순장 #순사 #아즈텍제국 #태양신의제물 #꽃의전쟁 #포로전쟁 #더메뉴 #행위예술 #전위예술 #신체드로잉 #엉망진창 #예술이되는몸

인간의 몸을 바쳐 기원하다

인간을 자연에 바치는 풍습

『삼국지』를 인상 깊게 읽은 사람이라면 제갈량과 만두에 얽힌 이야기를 기억하고 있을 겁니다. 간략하게 소개하자면 이렇습니다. 촉나라의 승상이었던 제갈량이 남만의 이민족을 정벌하고 돌아오는 길에 강이 심하게 범람해 도무지 건널 수가 없었습니다. 이에 제갈량은 남만의 원주민에게 어떻게 하면 강을 진정시킬 수 있는지 물었고, 원주민은 사람 49명의 목을 베고 염소와 소를 함께 강에 바치면 잠잠해질 것이라고 말했죠.

강을 건너기 위해 무고한 49명의 목숨을 바치는 것이 너무 잔인하다 생각한 제갈량은 묘수를 냈습니다. 다진 고기를 밀가루로 만든 반죽에 싸서 마치 사람의 머리처럼 모양을 빚고 강에 던지기로요. 제갈량의 묘안에 따라 가짜 사람 머리를 만들어 던졌더니 강이 잠잠해져 무사히 건널 수 있었습니다. 이 이야기는 나중에 제갈량이 만두를 발명했다는 설이 되어 널리 알려졌습니다. 다만, 이 '제갈량 만두 발명설'은 사실이 아닌 허구라는 것이 학계의 정설입니다.

여기서 제갈량의 만두 발명설보다 더 주목하려는 것은 인간을 강에 제물로 바치는 풍습입니다. 사람의 몸을 신이나 초월적 존재에게 바치며 신앙심을 표현하거나 기원을 드리는 등의 문화를 '인신공양'이라고 합니다. 산 채로 바치기도 하고 죽여서 시체로 바치거나 신체 일부를 바치기도 하는 등 인신공양의 방식은 다양했습니다.

인신공양은 방식만 다양할 뿐만 아니라 지구 곳곳의 여러 문화권과 지역에서 행해졌습니다. 4대 문명이 일어난 이집트, 메소포타미아, 중국, 인도는 물론이거니와 아메리카 대륙에서도 발견되는 인신공양은 그야말로 '세계의 보편적인 악습'입니다. 우리 한반도 역사에서도 쉽게 발견할 수 있습니다.

사후 세계를 꿈꾼 사람들

우리가 익히 알고 있는 인신공양 이야기 가운데 가장 대표적인 것은 『심청전』과 에밀레종 설화입니다. 눈이 멀어 앞을 보지 못하는 아버지 심봉사가 눈을 뜰 수 있도록 딸 심청이가 인당수에 몸을 던진 애틋한 이야기가 『심청전』이죠. 에밀레종 설화는 가장 아름다운 소리를 낼 수 있는 종을 만들기 위해 어린아이를 산 채로 용광로에 녹여 바쳤다는 매우 그로테스크한 이야기입니다. 현대에 와서 이 설화가 정말 사실인지 확인하기 위해 에밀레종으로 알려진 '성덕대왕신종'의 성분을 분석하기도 했죠.

여하튼 우리나라 설화 속에 등장하는 인신공양은 대부분 소중한 가치를 위해 몸을 바치는 것으로 나타납니다. 그런데 『심청전』이나 에밀레종 설화처럼 숭고한 목적을 위해 인신공양이 일어나는 경우는 그리 많지 않았습니다. 대부분은 권력자의 욕심 때문에 무고한 사람의 몸을 희생시키는 경우였죠. 대표적인 것이 바로 '순장'입니다.

왕이나 권력자가 사망했을 때, 그를 모시거나 따르던 사람을 죽여서 같이 매장하거나 산 채로 생매장하는 것을 순장이라고 합니다. 우리나라에서 순장의 흔적은 고구려·신라·백제·가야와 같은 고대국가에서 자주 발견됩니다. 금관가야가 융성했던 김해 지역 왕족의 무덤에서 순장을 당한 사람들의 흔적이 발견되거나, 경주 고분에서 여러 명의 백골이 발견되는 등 순장은 고대국가의 유적 전반에서 나타납니다.

고대국가에서는 순장이 아닌 '순사'라는 자발적인 죽음도 종종 일어나곤 했습니다. 순장이 본인의 의지와 관계없이 죽임을 당하는 것이라면, 순사는 본인의 의지로 고인과 함께 죽음을 택하는 것을 말합니다. 권오영 교수의 「순장을 통해 본 고대사회」를 보면, 고구려에서 동천왕이 사망했을 때 그를 따르던 수많은 사람이 자살을 선택했다고 합니다. 동천왕의 뒤를 이은 중천왕이 나서서 말렸음에도 불구하고 그 많은 사람의 자살을 막을 수 없었을 정도라고 하죠.

왜 고대국가에서는 순장이나 순사와 같은 일이 일어났을까요? 잔혹한 악습이고 끔찍한 일인데 말이죠. 이건 고대 사람이 현대의 우리와 죽음을 대하는 관점이 달랐기 때문입니다. 고대 사람들은 죽음 이후에도 현세와 꼭 닮은 사후 세계의 삶이 존재할 거라고 믿었습니다. 그러므로 죽음을 함께한다는 것은 오늘날 우리가 생각하는 것만큼 기괴하지도 두렵지도 않았던 것이죠. 현세에 함께했던 이들과 사후 세계에서 똑같이 생활하는 또 다른 삶을 꿈꿨기에 순장이나 순사와 같은 일이 가능했던 것입니다.

태양신의 승리를 기원하다

한반도 외에도 전 세계 각지에 문명을 일으켰던 고대국가에서는 순장이 비일비재하게 나타납니다. 고대 중국의 은나라와 주나라, 고대 일본, 아시아 대평원을 호령하던 고대 유목민의 여러 국가, 고대 이집트 등 많은 국가에서 순장이 나타났죠. 그중에서도 인신공양의 '끝판왕'이라고 불리는 국가가 있었으니, 바로 라틴아메리카 대륙에서 일어난 아즈텍 제국입니다.

흥미롭게도 아즈텍 제국은 시기상으로 보면 중세 국가로 분류하는 것이 적합합니다. 아즈텍 제국이 존재한 시기는 1325년에서 1521년으로 시기적으로만 보면 우리가 흔히 고대 국가라 부르는 기원전이나 기원후 초기에 존재한 나라와는 차이가 있죠. 그럼에도 아즈텍 제국을 고대국가라고 부르는 이유는 신정 일치의 사회적 구조나 원시 신앙 신봉 등이 나타나고, 일반적으로 중세 국가라 분류할 수 있도록 해주는 기술과 과학, 상업 등이 발전하기 전 단계의 국가이기 때문입니다.

무엇보다 아즈텍 제국은 인신공양을 통한 각종 제의와 행사를 벌였는데, 그 규모와 범위가 매우 크고 방대했기 때문에, 합리적 사고보다 원시 신앙에 대한 신념이 국가를 지배하는 고대 국가의 대표적 성격을 띠고 있습니다. 아즈텍 제국에서 행하던 인신공양은 잔혹함과 끔찍함이 말로 표현할 수 없을 정도였다고 하네요. 많게는 수만 명을 한꺼번에 인신공양하거나 인신공양으로 희생된 사람의 인육을 거리낌없이 먹기도 했다고 하니, 앞서 언급한 우리의 고대국가와는 완전히 다른 수준이라 할 수 있겠습니다.

아즈텍 제국에서 수많은 인신공양이 일어났던 이유는 제국이 신봉한 종교관에서 찾을 수 있습니다. '태양의 신'을 숭배하는 아즈텍 제국 사람들은 태양의 신이 달의 신과 밤의 신에게 패배하지 않고 끊임없는 승리를 거둬야만 인간 세계도 평안할 수 있다고 믿었습니다. 그런데 이 태양의 신은 인간의 피와 심장으로 생명력을 유지할 수 있다고 생각했죠. 태양의 신이 지닌 힘을 강화하기 위해 전쟁을 일으키고 포로를 사로잡아 산 채로 가슴을 가르고 심장을 꺼내 바치는 행위를 했습니다. 이것이 나중에는 제국의 거대한 행사 수준으로 발전하고 인육을 먹는 풍습까지 만들어냈던 것이죠.

꽃이라는 이름의 잔혹사

'꽃의 전쟁'xochiyaoyotl은 인신공양을 위해 아즈텍 제국이 주변의 여러 도시국가나 동맹국, 속주를 상대로 벌인 아주 독특한 전쟁입니다. 이 전쟁은 영토를 침범하거나 재물을 빼앗기 위한 전쟁이 아니라, 오직 신에게 바칠 제물이 될 포로를 확보하기 위한 전쟁이었습니다. 전쟁에 참여하는 양측의 협의에 따라 동일한 수의 전사가 전쟁에 참여했으며, 전쟁의 결과물로 생포한 포로를 신에게 인신공양하기 위해 주기적으로 전쟁을 일으켰습니다. 그야말로 인간이라는 꽃을 꺾어 신에게 바치기 위해 벌인 '꽃의 전쟁'이었죠. 포로를 많이 잡기 위한 전쟁이었기에 살상을 위한 무기보다는 타격이나 속박을 위한 무기를 사용했다는 것도 이 전쟁이 지닌 특징입니다.

제국의 사제는 자연재해나 나쁜 일이 발생할 때마다 신이 분노했기 때문이라 말했고, 신의 분노를 가라앉히기 위해서는 인간의 몸을 바쳐야 한다고 강력하게 주장했습니다. 이러한 주장에 힘입어 일어난 꽃의 전쟁으로 건강하고 활력 있는 몸을 정기적으로 수급할 수 있었죠. 심지어 제국의 사제는 꽃의 전쟁에서 포로가 되고 인신공양의 제물이 된 사람은 태양의 신이 호령하는 세계에서 영원한 안식을 누린다는 인식까지 만연하게 만들었습니다. 즉, 꽃의 전쟁에서 이기든 지든 현세나 내세에서 영광스러운 생을 누릴 수 있다고 믿게 한 겁니다.

꽃의 전쟁은 1450년대에 시작되어 50여 년 동안 지속된 것으로 추정됩니다. 그 기간 동안 꽃의 전쟁이 일어날 때마다 적게는 수백 명에서 많게는 8만 명 가까이 되는 인간의 몸이 신에게 바쳐졌습니다. 인신공양의 방식은 펄펄 끓는 불화로 속에 던져버리거나 흑요석으로 가슴을 갈라 심장을 꺼내고 피부를 벗겨서 바치는 등 상당히 잔인한 방식을 취했습니다. 꽃의 전쟁이라는 이름과는 달리 인류 역사상 가장 잔인하고 끔찍한 인신공양 전쟁이

그림 11-1 아즈텍 제국의 전사들은 주기적으로 신에게 바칠 제물을 구하기 위해 '꽃의 전쟁'을 일으켰다. 신에게 바칠 아름다운 꽃을 수확한다는 미명 아래 잔혹한 인신공양 전쟁을 벌였던 것이다.

아즈텍 제국에서 행해졌던 겁니다.

신을 위해 인간의 몸을 바치는 아즈텍 제국의 인신공양은 풍습이 아닌 광기로 점철된 인간 역사의 한 단면으로 볼 수 있습니다.

몸으로 빚는 광기의 예술
《더 메뉴》

몸은 그 자체로 예술이다

제2장 「아름다움을 향한 순수한 욕망」에서 이야기했듯이, 인간의 몸은 그 자체로 아름답고 심미한 피사체이자 예술적 작품으로 여겨집니다. 때로는 아주 훌륭한 예술의 도구가 되기도 하죠. 음악에 맞춰 몸을 현란하게 움직이거나 마치 기계처럼 절도 있는 움직임을 통해 곡예에 가까운 춤을 보이는 비보잉 댄스처럼 춤은 몸으로 표현하는 멋진 예술의 한 장르입니다. 이뿐만 아니죠. 몸의 움직임으로 표현하는 다양한 퍼포먼스와 자신의 몸을 하나의 재료로 사용해 메시지를 던지는 '행위 예술'이나 '전위 예술'도 몸을 예술에 활용한 사례라고 할 수 있습니다.

우리의 몸은 저마다 다른 형태를 갖고 있고 그에 따른 능력

그림 11-2 전위 예술가 이건용이 신체 드로잉을 선보이고 있다. 그 자체로 아름답고 심미한 피사체인 우리의 몸은 저마다 예술적 잠재력을 내포하고 있다.

도 다르기에 개인의 몸 자체가 고유한 성질을 지닌 재료가 될 수 있습니다. 각각의 신체는 저마다의 예술적 잠재력과 가능성을 내포하고 있다고 말할 수도 있죠. 우리나라 1세대 전위 예술가로 불리는 이건용은 이른바 '신체 드로잉'이라는 독특한 장르를 선보였습니다. 그의 작품을 보면 이건용이라는 한 인간의 신체적 조건에서만 탄생할 수 있는 고유한 예술 작품이라는 것을 금세 알 수 있습니다.

〈그림 11-2〉를 보면 이건용은 캔버스를 등지고 그림을 그리고 있습니다. 일반적으로 우리가 그림을 그린다고 표현할 때는

피사체와 캔버스를 번갈아 바라보며 그리는 모습을 떠올리게 됩니다. 그런데 이건용은 일반적인 관념을 완전히 깨뜨린 겁니다. 이 방식은 오직 그의 몸이 지닌 고유한 조건에서 탄생하는 유일무이한 작품이 되는 것이죠. 그의 키와 팔의 길이, 몸짓에 따라 고유한 작품이 탄생합니다.

이는 마치 우리 모두는 각자의 몸으로 고유하고 순수한 세계를 감각할 수 있다고 말한 프랑스의 철학자 모리스 메를로 퐁티의 철학이 예술로 표현되는 것만 같습니다. 메를로 퐁티는 그의 유명한 저서 『지각의 현상학』에서 다음과 같이 말했습니다.

> 나의 시선은 색과 한 쌍을 이루고 나의 손은 단단함과 부드러움과 한 쌍을 이루며, 감각의 주체와 감각적인 것 사이의 이러한 교환에서 우리는 하나는 능동, 다른 하나는 수동적이라고, 하나가 다른 하나에 의미를 부여한다고 말할 수 없다.

우리의 눈이 감각하는 색과 손으로 감각하는 질감 등 몸이 감각하는 세계는 그 어떤 것이 먼저랄 것도 없고, 몸과 세계 가운데 그 어떤 것도 능동적이거나 수동적이라고 할 수 없습니다. 이러한 메를로 퐁티의 사상은 우리의 몸은 세계와 조우해 각자의 몸이 지닌 고유한 방식으로 서로에게 의미를 부여한다는 뜻으로 해석할 수 있습니다.

이처럼 몸은 그 자체로 예술이며 가장 고유한 방식으로 세계와의 관계를 만들어가는 도구입니다. 그런데 이렇게 훌륭한 예술의 주체이자 도구인 몸이 끔찍한 방식으로 예술에 봉사한다면 어떤 일이 벌어질까요? 마크 미로드 감독의 《더 메뉴》는 우려 섞인 상상을 영화라는 매체로 잘 그려낸 작품입니다.

죽은 몸으로 완성하는 코스 요리

《더 메뉴》는 예술적으로 잘 차려진 멋진 음식 사진을 SNS에 인증하고 음식에 대해 자기만의 멋들어진 평가를 하는 일이 흔한 이 시대에 어울리는 영화인 듯 보이지만, 실은 잔인한 스릴러 영화입니다. 멋들어지게 음식 평론을 하거나 그저 SNS에 인증하고 자랑하기 위해 비싼 돈을 들여 음식을 먹는 부유한 사람들이 실제로는 자기가 먹은 음식이 뭔지 제대로 알지 못하는 세태 등 허영과 기만에 찌들어버린 현시대의 문화를 비판하는 작품이죠. 작품 속에서 세계 최고의 셰프로 그려지는 줄리안 슬로윅은 그런 허세에 찌든 이들을 죽임으로써 자기 생애 최고의 코스 요리를 완성하려는 사람입니다.

작품은 한 끼 식사를 위해 무려 1,250달러나 쓰면서 준비된 배를 타고 슬로윅의 고급 레스토랑이 있는 호손섬으로 오는 열두

명의 손님을 보여주면서 시작됩니다. 이들 중에는 엄청난 부자도 있고 유명한 음식 평론가, 배우, 비리와 부정한 방식으로 막대한 부를 축적한 젊은이도 있습니다. 이들은 저마다 슬로윅의 코스 요리를 하나씩 맛보면서도 음식과는 무관하게 자기 상황에 관해서만 이야기하는 일에 분주한 모습을 보입니다. 문제의 네 번째 요리가 나오기 전까지는 말이죠.

〈그림 11-3〉은 슬로윅이 준비한 인신공양 요리 '엉망진창'입니다. 엉망진창을 내놓기 전에 슬로윅은 부셰프 제레미 라우덴을 불러 세우는데, 라우덴은 슬로윅과 마지막 이야기를 마치자마자 〈그림 11-4〉처럼 권총을 입에 물고 그대로 방아쇠를 당겨버립니다. 요리의 이름처럼 레스토랑은 일순간 엉망진창이 되어버리는데, 슬로윅은 태연하게 생선과 채소, 골수 등으로 구성된 네 번째 요리 엉망진창을 손님 앞에 내놓습니다.

〈그림 11-3〉에서 볼 수 있듯, 이 요리는 직설적으로 'R. I. P. Jeremy Louden'(제레미 라우덴이 평안히 잠들기를)이라는 뜻의 문구를 보여줍니다. 미로드 감독은 완성된 요리와 함께 이 문구를 보여줌으로써 요리의 핵심 재료는 라우덴이며 그의 죽음과 함께 완성된다는 것을 분명히 합니다.

인신공양으로 요리의 화룡점정을 찍는 슬로윅과 그에게 완전히 지배되어 죽음을 택한 라우덴의 모습을 통해, 인간의 몸이 '괴이한 예술로 승화된 요리'의 재료로 쓰이는 아이러니하고 잔

그림 11-3 네 번째 요리 '엉망진창'. 각종 채소와 뼈 그리고 날고기가 특히 눈에 띈다.

그림 11-4 네 번째 요리 '엉망진창'은 부셰프의 자살로 완성된다. 인간의 몸이 괴이한 예술로 승화된 것이다.

혹한 상황이 벌어진 겁니다. 당연히 모든 손님은 이게 진짜 상황인지, 무슨 일인지 당황하고 아연실색하죠.

무엇보다도 이제 곧 라우덴 부셰프보다 더욱 끔찍해질 그들의 최후를 전혀 알지 못한 채 말입니다.

모두의 몸으로 완성하는 최후의 요리

슬로윅이 준비한 코스 요리의 마지막은 '스모어'입니다. 스모어는 미국이나 캐나다 등지에서 캠핑할 때 즐겨 먹는 간식인데, 주로 크래커 사이에 초콜릿과 마시멜로를 넣어 만듭니다. 슬로윅은 손님 가운데 음식의 진정성과 자신의 의지를 이해한 단 한 명의 손님인 마고 밀스(본명은 에린)를 제외한 모든 손님을 살아 있는 스모어로 만들어버립니다. 그들의 머리에 초콜릿 모자를 씌우고 마시멜로로 만든 가운을 입히는 방식으로 인간 스모어를 만든 것이죠.

그런 다음 슬로윅은 레스토랑 바닥을 소스로 장식하고 식당을 하나의 거대한 접시로 만들면서 다음과 같이 말합니다.

> 여기 참석하신 여러분은 나의 예술과 인생의 몰락을 상징하고 그리고 이제 그 일부가 될 것입니다. 걸작이 될 내 작품의 일부가 말이죠. 마지막 코스인 디저트는 추억의 음식을 살짝 변주해봤습니다. 스모어! 인간이 지닌 미각에 대한 최악의 모욕이죠. 비윤리적인 초콜릿 소스와 설탕을 녹인 뒤 굳힌 덩어리를 공장에서 찍어낸 크래커에 가둔 음식! 우리 몸에 지극히 해롭지만, 우리는 이 음식을 유년기의 순수함과 연결시킵니다. 부모님을 떠올리게 하고요.
>
> 하지만 이 괴물 같은 음식을 불로써 바꿀 수 있습니다. 정화의 불입

니다! 우리의 몸을 살찌게 만들고 다시 재구성하고 결국은 파괴할 겁니다. 우리는 그 불길을 받아들이면 됩니다.

우리 몸에 최악의 음식이지만 순수한 추억과 연결되는, 말 그대로 최고의 기만을 하는 음식인 스모어와 그 자리에서 인간 스모어가 된 손님을 같은 선상에 두는 슬로윅의 일장 연설은 장엄해 보이기까지 합니다. 슬로윅은 인간 사회에 해로운 허영과 거짓으로 가득한 이들을 불로 정화하는 마지막 코스를 준비한 겁니다. 해로운 인간의 몸과 자신을 비롯한 모든 레스토랑의 직원이 재료가 되어 완성하는 최후의 디저트 스모어!

〈그림 11-5〉는 슬로윅 자신이 인간 스모어 사이에 들어가 불을 붙여 함께 산화하는 모습을 보여줍니다. 그리고 〈그림 11-6〉은 스모어의 재료를 설명하는 장면이죠. 마지막 코스 스모어의 재료는 마시멜로, 초콜릿, 크래커 그리고 손님과 레스토랑 직원이라고요.

《더 메뉴》는 이렇게 마지막 장면에서 부정한 인간의 몸을 재료로 삼아 완성하는 최후의 디저트 스모어를 통해 '인간의 몸을 희생해 예술을 할 수 있는가'라는 난해한 질문을 던집니다. 우리는 이미 평소에도 다른 존재의 몸을 희생시켜 만든 음식을 두고 "예술이다!"라고 말합니다. 그런데 동물이 아닌 사람의 몸이 어떤 사람이 기획한 작품의 재료로 사용될 때, 이것 역시 예술이라고

그림 11-5 손님을 인간 스모어로 만들고 그 한가운데 들어선 슬로윅이 몸에 불을 붙여 산화하고 있다.

그림 11-6 마시멜로와 초콜릿, 그래햄 크래커, 손님, 레스토랑 직원이 완성하는 스모어라는 마지막 코스에 대한 문구.

부를 수 있을까요?

만약 그렇다면 우리는 순장이나 아즈텍 제국의 인신공양과 같은 경우도 신화적이고 종교적인 예술과 신념으로 불러야 할지도 모릅니다. 결국 여기서 중요한 것은 한 집단과 사회가 인간의 몸을 바라보는 신념에 따라 몸은 '희생 가능한 재료'가 되기도 하고 그 어떤 것보다 귀한 존재가 되기도 한다는 겁니다. 우리 사회가 서로의 몸을 존중하고 귀하게 여기는 신념을 지켜나갈 수 있을 때, 비로소 우리는 더욱 인간다운 삶을 추구할 수 있을 것이라 믿습니다.

함께 나눌 이야기

- 누군가의 죽음을 깊이 애도하며 따라 죽는 것을 '숭고한 죽음'이라 부를 수 있을까?
- 죽음으로 완성하는 예술 행위가 있다면 우리는 그것을 진정한 예술이라 부를 수 있을까?

개교 기념 행사에서 상을 받은 적이 있다. 때는 초여름으로 넘어가는 시기였다. 나는 다른 사람보다 더위를 상당히 많이 타는 편이기에 반팔 상의에 청바지를 입고 가벼운 차림으로 집을 나서려는데, 아버지께서 그래도 시상식인데 정장을 입어야 하지 않겠느냐고 하셨다.

혹시 몰라서 재킷을 들고 참석했다. 그날 나는 아버지 조언을 따른 것을 천만다행으로 생각해야 했다. 다른 수상자들은 모두 정장 차림이었던 것이다. 만약 재킷도 없이 반팔에 청바지 차림으로 올라갔다면, 아주 무례한 사람이 될 뻔했다.

우리는 특정한 상황에 맞춰 옷을 입고 행동하는 등 맞춤형 몸가짐을 가져야 한다. 그것이 사회 안에서 잘 융화되는 길이며 적절한 몸의 자세와 방식이라고 할 수 있다. 때로는 반전과 고여버린 주류의 문화를 깨는 모습을 취하는 것도 필요하지만 기본적인 예의를 갖추는 것은 매우 중요하다.

아무리 개성과 자유를 존중하며 격식에 얽매이지 않는 것이 트렌드라고는 하지만, 시대가 아무리 바뀐다고 해도 상황에 맞는 적절한 모습으로 서로에게 매너를 지키는 것은 필요한 가치가 아닐까? 그런데 애초에 적절함의 기준은 누가 어떻게 만든 걸까?

12장

몸의 주인은 누구인가

억눌린 욕구가 나를 분열시키다

#페르소나 #닫힌몸 #시간과공간 #지킬박사 #하이드씨 #다중인격장애 #도플갱어 #자아증식 #자아분열 #도플갱어살인사건 #세브란스 #분열한자아 #초월적자아 #초월기능 #빛과그림자

나 그리고 또 다른 나

페르소나와 억눌린 욕망

우리 인간은 혼자서 사는 존재가 아닙니다. 사회 안에서 무수히 많은 이들과 상호작용하면서 살아갑니다. 사회로 나아간다는 것, 사회적 활동을 한다는 것은 타인에게 나의 사회적 자아를 보여준다는 의미를 내포하고 있죠. 그렇기에 사회 활동을 위해 우리는 적절하게 잘 다듬어진 사회적 자아를 만들어낼 수 있어야 합니다. 이런 사회적 자아를 '페르소나'persona라고 합니다.

페르소나는 타인과 마주하는 세상에서 드러내고 보여주고 싶은 나의 모습입니다. 우리는 원활한 사회적 관계를 형성하고 타인과 어울려 살기 위해 페르소나를 형성합니다. 부정적인 모습이나 성격, 안 좋은 습관 등 사회적으로 지탄받을 만한 것은 자기만의 공간을 벗어날 때 철저히 감추려 합니다. 그렇게 페르소나에 포함할 수 없는 몸의 욕망은 철저하게 '억압'된 채 사회적으로는 닫혀 있는 또 하나의 '닫힌 몸'을 형성하죠.

이상적인 페르소나를 구축하고 유지하기 위해 우리는 자기검열과 억제를 수행합니다. 이를 통해 페르소나와 닫힌 몸은 일정한 거리를 두고 긴장 상태를 유지합니다. 사회로 나갈 때는 페르소나를 유지하며 닫힌 몸의 욕망이 분출되지 않도록 하지만, 자기만의 공간에서 자유롭게 있을 때는 욕망을 풀어주는 것도 필요합니다. 그렇게 고유한 몸의 욕망이 해소되어야 사회로 나갈 수 있는 재충전을 할 수 있고, 억압된 욕망이 사회적 상황에서 페르소나의 억압을 뿌리치고 불쑥 튀어나오는 상황을 피할 수 있죠.

사회적 상황에서 억눌러야 하는 욕망을 대개 '금기'라고 부릅니다. 금기를 위반하지 않도록 교육하는 것을 '훈육'이라고 말하죠. 우리는 금기의 설정과 고른 훈육을 통해 페르소나가 닫힌 몸의 욕망을 적절하게 조절하도록 합니다. 학교에서 교육을 받거나 종교 활동, 직장 생활 등 사회 활동을 하면서 구성원 간의 합의를 통해 규정된 학업과 제의적 행위, 일의 영역에 페르소나를 예속시키는 훈련을 합니다.

이러한 다면적 활동을 통해 사회적으로 드러낼 수 없는 닫힌 몸의 욕망을 제어할 수 있게 되는 것이죠. 즉, 페르소나와 닫힌 몸을 분열하는 일은 자신이 속한 사회의 일원으로 유연하게 편입하고 구성원과 적절하게 어울리며 살기 위해 반드시 필요한 행위입니다.

시시각각 몸을 분열시키다

근대 이후 정교하게 발달한 시계와 달력으로 인류는 미세하게 쪼개 놓은 시간 단위까지 측정하고 알 수 있습니다. 여기에 세계화가 진행되고 국가 표준 시간이 생기면서 모두가 정확한 시간을 알고 동일한 시간 관념을 공유하게 됐습니다. 동일한 시간 관념을 갖고 세세한 시간까지 맞출 수 있게 됐다는 것은 특정 시간마다 어떤 행위를 할지, 그 행위를 얼마나 지속할지를 결정할 수 있다는 걸 의미합니다.

시간에 맞춰 어떤 페르소나를 꺼내 보일지를 정할 수 있는 것이죠. 이를테면 오전 9시에 출근하는 직장인은 퇴근하는 오후 6시까지 직장인의 페르소나를 갖춥니다. 대학생은 강의를 듣는 시간 동안 학생 본연에 걸맞은 페르소나를 갖추고요. 자신이 충실해야 할 페르소나를 언제 내보일지와 그 페르소나를 얼마나 유지할지를 모두가 공유하는 시간 관념 속에 정확하게 맞출 수 있게 된 겁니다. 정교한 시간 개념을 통해 어떤 페르소나가 언제,

얼마나 등장할지를 결정하고 몸을 적절하게 분열시킵니다.

공간 역시 시간만큼이나 우리로 하여금 충실하게 페르소나를 분리하도록 만듭니다. 선사시대 동굴을 거처로 삼던 인류에게 공간의 분리는 동굴 안과 밖으로만 이루어졌습니다. 동굴 밖에서 이루어지는 사냥이나 채집 등을 제외한 거의 모든 활동이 동굴 안에서 이루어졌죠.

그런데 오늘날 인류는 각양각색의 다양한 공간을 갖게 되었습니다. 각각의 공간에서 취해야 할 행위가 세분화되고 지켜야 할 규범도 다양해졌죠. 공간에 맞춰 페르소나도 다르게 내보일 필요가 생긴 겁니다. 다시 말해, 공간의 분리가 상대적으로 모호했던 과거에 비해 공간의 분리가 복잡해진 요즘은 각각의 공간에 맞춰 인간의 몸이 취해야 할 행위인 페르소나 역시 세분화돼야 하는 겁니다.

지금 이 시대에는 교회나 절, 병원과 같이 특정한 목적을 갖춘 공간이 있는가 하면, 한 건물 안에 다양한 성격의 공간이 섞여 있는 거대 복합 공간도 있습니다. 각각의 공간에서 취해야 할 양식이 있기에 행위 규범을 위배해서는 안 됩니다. 병원 중환자실에서 술을 마시거나 학교 운동장에서 오토바이 라이딩이 허용되지 않듯, 특정한 공간에서 금기시되는 행위를 하지 말아야 하죠. 각각의 공간은 저마다의 목적을 지니고 있으므로, 그 공간의 목적을 충족시키기 위해 적절한 몸의 페르소나를 적용하는 것도 매우 중요합니다.

정확하고 정교한 시간 개념을 공유하고 복합적으로 분화되고 개별적 목적을 지닌 공간의 개념이 확산하면서, 우리는 더욱 분주하게 몸을 분열시킵니다. 그리고 그 시간과 공간에 맞는 페르소나 활용 능력은 시공간을 얼마나 잘 활용하느냐를 결정합니다.

겉과 안으로 달라지는 몸

인간의 몸을 가장 직관적으로 구분하는 요소 가운데 하나는 옷입니다. 일반적으로 우리는 상황, 직위, 직업 등에 따라 옷을 구분해서 입는데, 그렇게 우리의 몸을 두르고 있는 옷은 다양한 상징성을 띠죠. 신화학자 조셉 캠벨은 『신화의 힘』에서 옷이 지닌 기능과 상징을 다음과 같이 명쾌한 예를 들어 설명했습니다.

> 판사가 법정으로 들어오면 사람들은 모두 일어서죠. 사람들은 판사를 보고 일어서는 게 아니라, 판사가 입고 있는 법복, 판사가 맡고 있는 역할에 경의를 표하기 위해 일어서는 것입니다.

캠벨의 예처럼 법복을 입기 전에는 그 사람이 판사인지 아닌지 아는 사람만 그 사람의 사회적 지위와 역할에 경의를 표할 수 있겠지만, 법정에서 법복은 그가 누군지를 전혀 모르는 사람도 경의를 표하도록 만듭니다. 이처럼 어떤 의복은 입는 순간 지위, 계급, 능력 등을 직관적으로 보여주는 상징물로 기능합니다. 따라서 우리는 시간, 장소, 상황에 맞는 옷을 입으면서, 그 순간과 상황 속 우리의 몸에 가장 적합한 행위 양식을 부여합니다.

의복은 특정 문화와 사회적 역할, 개성 등 한 인간이 지닌 고유한 특성을 더욱 강화하는 역할을 합니다. 또한 몸의 행위 양식을 그 의복에 어울리는 방식으로 제한하기도 합니다. 한껏 정장을 빼입고 경망스럽게 행동하지 않거나 가벼운 파티 의상을 입고 딱딱하고 경직된 행동과 분위기를 조성하지 않는 것처럼 의복이 부여한 사회적으로 합의된 행위 양식이 있기에, 우리는 의복으로 우리의 몸을 인위적으로 분리할 수 있는 것이죠.

의복이 몸의 바깥에서 몸을 분리하는 작용을 한다면, 몸의 내부에서 몸을 분리하는 작용을 일으키는 것은 우리가 섭취한 다양한 물질입니다. 대표적인 것이 향정신성 약물이나 마약, 술이라고 볼 수 있죠. 특히 마약과 술을 무분별하게 섭취하면 신경전달물질의 활동이 비정상적으로 변해, 비이성적이거나 일반적이지 못한 사고가 온몸을 지배하게 됩니다. 마약은 이러한 작용이 매우 심각한 수준으로 일어나게 되고 강한 중독성을 보이기에 대부분의 국가에서 강력하게 규제하는 편이죠. 술은 마약에 비해 상대적으로 중독성이 약하고 개인의 의지로 조절과 절제가 가능하며, 제의나 축제 등에서 분위기를 고양시키기 위해 섭취하는 등 문화적 측면에서 허용되는 것이고요.

물질로 몸에 변화를 주고 분리하는 일은 마약과 술처럼 부정적 기능을 불러오는 것만은 아닙니다. 많은 사람 앞에서 발표나 발언을 해야 하는 상황이 큰 부담으로 다가와 긴장 상태에 빠졌을 때, 자주 찾고 복용하는 진정제나 항불안제 역시 물질로 몸을 변화시키는 작용이니까요. 통제되지 않는 불수의적 몸의 긴장과 작용을 자신이 원하는 상태로 바꾸기 위해 물질을 몸 안에 투입하는 것은 물질에 따른 분열을 촉구하는 행위입니다.

현실에서는 불가능한 수준의 물질에 따른 몸의 분열을 소재로 아주 흥미로운 소설을 쓴 작가가 있습니다. 『지킬 박사와 하이드 씨』라는 불후의 명작을 쓴 로버트 스티븐슨은 이 작품에서 약물로 선한 자아와 악한 자아를 분열시키는 것을 소재로 삼았죠. 그는 심지어 약물로 선한 자아와 악한 자아의 외모까지 변화할 정도로 몸이 완전히 분열하는 모습을 다음과 같이 묘사하기도 했습니다.

> 선과 악을 저마다 다른 육체에 깃들게 할 수만 있다면 인생은 모든 고뇌에서 해방되리라. 사악한 성격은 그 쌍둥이 형제인 올바른 성격, 즉 이상이나 뉘우침에 방해받지 않고 마음껏 행동할 수 있을 것이다. 그리고 올바른 성격은 착한 일 속에서 환희를 찾아낼 수 있게

> 된다.
>
> 한쪽 얼굴에 선이 빛나고 있는 것과 마찬가지로 또 한쪽의 얼굴에는 뚜렷하게 악이 새겨져 있었다. 게다가 악은 그 육체에 불구와 쇠퇴의 낙인을 남기고 있었다. 거울 속에 비친 이 추한 모습을 봤을 때, 나는 혐오를 느끼기는커녕 환희가 넘쳐났다. 이 또한 틀림없이 나의 모습이다.
>
> 한쪽은 악의 덩어리 에드워드 하이드였고, 다른 한쪽은 지금까지와 같은 헨리 지킬이었다.

선한 자아인 헨리 지킬과 악한 자아인 에드워드 하이드의 분리로 말미암아 완전한 선과 완전한 악을 추구하도록 몸을 분열시켜, 각각의 환희를 찾겠다는 상상에서 시작된 이 작품은 명작의 반열에 오르며 많은 사람에게 읽히고 있죠.

과학이 고도로 발전하고 뇌와 정신에 대한 연구가 한층 더 깊어진다면, 우리는 지킬과 하이드처럼 여러 자아를 인위적으로 분열시켜 필요에 따라 자아를 교체하는 시대를 맞이할지도 모르겠습니다. 그러나 아직은 약물 따위로 인위적인 자아 분열을 일으킬 수 없으며, 분열된 자아는 주로 고통과 공포가 되는 일이 현실이죠.

분열과 복제의 공포

'다중인격장애'이라는 정신 질환이 있습니다. 하나의 몸에 두 개 이상의 인격이 존재하면서 각각의 인격이 비정상적인 방식으로 몸을 지배하고 사용하는 증상입니다. 대개의 경우 각각의 인격마다 서로 공유하지 않는 방대한 양의 중추 기억을 지니고 있기 때문에 인격들이 서로의 존재를 모르거나 완전히 다른 존재로 여기는 특징을 보입니다. 『정신 질환의 진단 및 통계 편람』에서는 다중인격장애가 보이는 증상을 다음과 같이 정리하고 있습니다.

> [다중인격장애의] 징후와 증상들은 다른 사람들의 관찰이나 개인의 보고에 의해 알 수 있다. (…) 증상은 물질의 생리적 효과나 다른 의학적 상태로 인한 것이 아니다.

앞서 언급했듯 다중인격장애는 타인의 발견으로 알게 되는 경우가 대부분일 정도로 인격들 사이에서 서로의 존재를 자각하지 못하는 경우가 많습니다. 물질이나 의학적 작용으로 인한 분리가 아니며, 어떠한 정신적 충격이나 선천적 이상에 의해 나타나는, 말 그대로 여러 인격이 몸을 분열해 장악하고 있는 상태를 말합니다.

다중인격장애는 그 사람 자신뿐만 아니라 주변 사람에게 심대한 고통을 주는 몸의 분열입니다. 자신이 저지르지 않은 일이나 기억하지 못하는 일을 다른 인격이 지배하는 동안 자신의 몸을 통해 일어나기에, 끊임없이 단절된 기억과 행위 속에서 고통받을 수밖에 없죠.

다중인격장애가 원인 모를 이유로 분열된 몸으로 인한 고통이라면, '도플갱어'Doppelgänger는 복제된 몸에 대한 공포를 보여주는 현상이라 할 수 있겠습니다. 도플갱어는 '자신과 똑같이 생긴 사람을 마주하게 되면 둘 중 하나는 죽는다'라는 독일의 미신에서 기원했습니다. 도플갱어라는 단어에서 '도플'Doppel은 독일어로 '둘'이라는 의미를 지니며, '갱어'Gänger는 '돌아다니는 사람'이라는 의미를 지닙니다. 즉, '자신과 같은 모습을 하고 돌아다니는 사람'이라는 뜻입니다.

프로이트는 「친숙한 섬뜩함」이라는 논문에서 도플갱어의 중요한 속성이 '자아증식'과 '자아분열'이라고 말하기도 했죠. 자신과 꼭 닮은 자아가 똑같은 모습으로 증식하거나 세포가 자기 복제를 위해 분열한다는 의미에서 도플갱어를 정의한 것으로 볼 수 있습니다. 도플갱어에 대한 현대적 정의는 겉으로 보기에는 자신과 거의 동일한 외향을 갖추고 있지만, 생물학적으로는 아무런 연관이 없는 사람을 보게 되는 현상을 말합니다. 정신의학적으로는 자신의 모습을 한 망상이나 환영을 보는 정신 질환으로 정의하기도 합니다.

도플갱어는 독일의 미신에서든 현대적 정의에서든 똑같은 형태로 분열한 몸에 대한 공포를 기반으로 하고 있습니다. 이 공포는 독일에서 살인이라는 끔찍한 결과로 이어지기도 했습니다. 이른바 '도플갱어 살인 사건'이라 불리며 독일 사회를 충격에 빠뜨렸죠. 사건을 간단하게 요약하자면 이렇습니다. 샤라반 케이라는 여성은 가짜 SNS 계정으로 자신을 닮은 여성을 집요하게 찾아다녔고, 자신을 닮은 카디자 오라는 여성을 화장품으로 유인해 만나는 데 성공합니다. 남자친구와 함께 나간 샤라반은 카디자를 차에 태워 한적한 숲으로 데려갔고, 그곳에서 카디자를 칼로 50차례 이상 찌르고 얼굴을 완전히 훼손해 살해했습니다. 자신과 똑 닮은 여성을 찾아 죽인 이 사건은 도플갱어에 대한 공포가 빚은 끔찍한 사건이라고 볼 수 있습니다.

무엇이 나를 지배하는가

인간이 다른 동물과 다른 이유 가운데 하나는 자신의 존재를 대상화할 수 있다는 점입니다. 스스로를 성찰하고 몸의 외부에서 바라볼 수 있는 유일한 동물이죠. 이를 통해 자신의 존재를 경이롭게 생각하거나 기뻐할 수도 있고 혐오하거나 미워할 수도 있는 아주 양면적인 동물이 바로 인간입니다.

그러므로 우리가 사회적으로 긍정적 인정을 받을 수 있는 건강한 방식으로 몸을 분열시키고 스스로 평가하는 일은 매우 중요합니다. 객관적인 시각을 갖추고 사회적으로 수행해야 할 역할을 적절하고 분명하게 아는 자세는 꼭 필요합니다. 이를 통해, 사회적으로 이상적인 페르소나를 만들어 금기로 닫힌 몸과의 거리를 적절하게 유지할 수 있어야 사회적으로 인정받고 자기혐오에 빠지지 않습니다.

다중인격장애가 아닌 이상 우리의 몸은 하나의 인격에 종속되고 그 인격의 의지에 따라 역할을 부여받습니다. 자신이 속한 상황이나 시간, 공간 등 여러 조건에 적합한 방식으로 몸을 균형 있게 분열시키고 사용할 수 있어야 합니다. 그러지 않으면 시시각각 솟구치는 억눌린 욕망이 금기를 깨고 몸의 지배 권한을 빼앗아 갈 수도 있죠. 『지킬 박사와 하이드 씨』에서 지킬이 가장 두려워했던 것은 다른 무엇도 아닌 '하이드로 변하는 공포'였습니다. 자기 몸을 스스로 통제할 수 없는 상태, 그것은 내가 내 몸을 제대로 사용하지 못하고 적절한 분열을 이루지 못하는 것을 말하니까요.

나와 나의 전쟁

《세브란스》

몸이 아닌 자아를 분리한다면

일이나 공부를 힘겹게 하고 있노라면 그 모든 것을 대신해주는 존재가 있으면 좋겠다는 생각을 할 때가 있습니다. 특히 그 존재가 나와 동일한 수준으로 일과 공부를 해준다면 삶은 큰 파장 없이 지금과 비슷하고 훨씬 편할 것 같습니다. 노동은 고되고 노는 건 즐거우니, 여러 여건이 충족된다면 놀기만 하고 싶다는 생각을 할 때도 있고요. 누구나 한 번쯤 해봤을 이런 생각이《세브란스》라는 작품에 묘사됐습니다.

그런데 이 작품에서 나의 일을 대신하는 누군가는 다른 누구도 아닌 나의 선택으로 임의로 분열시킨 내 안의 다른 자아였습니다. 상당히 흥미로운 설정은 만약 역할에 따른 자아분열이 가

그림 12-1 《세브란스》의 인물들은 마치 마징가Z의 조종관에 탑승한 것처럼 역할에 따라 자아를 교체해가며 몸을 조종한다. 일만 하는 안쪽 자아와 노동에서 해방된 바깥 자아가 분리되어 있다.

능한 시대가 온다면 어떤 삶을 살게 될지 상상을 자극하기에 충분했죠.

작품의 제목 '세브란스'severance는 원래 '단절' '끊어짐' '분열' 등의 뜻을 지니고 있습니다. 작품 속에서는 자아를 분열시키는 수술을 지칭하는 개념으로 사용되고 있죠. 세브란스 시술을 받은 사람은 일할 때 나타나는 '안쪽 자아'와 일을 마치고 난 뒤에 나타나는 '바깥 자아'로 분열합니다.

오직 일만 하는 '안쪽 자아'는 직장에 출근해 일터에 들어가는 문을 통과하거나 사무실로 올라가는 엘리베이터에 탑승하는 동안 나타나 몸을 사용합니다. 노동에서 완전히 해방되어 놀기만 하는 '바깥 자아'는 일을 마치고 직장에서 나가는 과정을 거치면 나타나 몸을 사용하죠.

세브란스 시술은 마치 필요할 때마다 다중인격장애를 일부러 발병시키는 것만 같습니다. 직장과 그 외의 모든 공간을 철저하게 분리하는 것은 물론이요, 노동에서 완전히 해방된 즐거움을 만끽하는 것을 목적으로 삼기에 자아 간 기억조차 공유하지 않죠. 마치 다중인격장애가 인격 간 중추 기억을 공유하지 않는 것처럼 말입니다.

일하는 나 vs 즐기는 나

저는 앞에서 나를 대신해 일과 공부를 하는 존재가 있으면 좋겠다고 말했습니다. 그 존재의 능력이 컨디션 좋을 때의 딱 저만큼이면 좋겠다는 생각도 더해서 말이죠. 그런데 조금만 더 진중하게 생각해보면 이런 공포를 마주하게 됩니다. '만약 내가 일하는 자아가 된다면?' '내가 노는 자아가 아니라면?' 생각만 해도 끔찍합니다.

영원한 일의 수렁에 갇힌 자아가 운 나쁘게 내가 인지하고 의식하는 자아라면 그것만큼 끔찍한 일은 없을 겁니다. 이렇게 '운 나쁜 자아'가 내가 의식하는 자아가 아니라는 확실한 보장은 없는 것이죠. 이토록 끔찍한 공포에 집중하려는 듯, 《세브란스》에서는 상당히 많은 부분을 운 나쁜 자아의 상황에 주목합니다.

회사에서 결코 벗어나지 못한 채, 오직 일만 하는 의식을 갖게 된 운 나쁜 자아는 자신의 지위에 큰 불만을 느끼고 탈출을 시도합니다. 자유의지가 인간의 본성이라면, 이러한 탈출 시도는 당연한 수순이죠. 하지만 이 모든 시도는 회사의 추적과 강압 그리고 바깥 노동에서 해방된 삶을 만끽하는 바깥 자아에 의해 저지되고 일터로 무한히 회귀하는 상황으로 좌절되고 맙니다.

바깥 자아는 안쪽 자아의 노동과 고역을 직접 느낄 수도 없고 그것에 관심도 없기에 책임 의식은 물론이고, 안쪽 자아 덕분에 누리고 있는 경제적 안정과 편리함에 대한 어떤 감사함도 느끼지 못합니다. 오히려 자신이 누리고 있는 절대적 자유와 노동해방의 상태를 망치려고 하는 안쪽 자아를 향해 "건방지게 까불지 말고 네 일이나 해"라는 식의 메시지를 보내는 등 협박을 하기도 합니다. 작품 속에서 자살을 시도하며 몸을 훼손한 안쪽 자아에게 바깥 자아가 강력한 협박성 메시지를 보내는 장면이 묘사되기도 하죠.

바깥 자아는 이와 같은 방식으로 안쪽 자아를 끊임없이 좌절시키고 굴복시키는 '노예화'를 수행합니다. 자기 자신을 스스로 '부분적 노예 상태'로 만들어버리는 것이죠. 특히 몸을 훼손하는 행위를 경고하는 모습을 보면, 노예화를 통해 몸의 지배에 대한 압도적인 권력을 행사하고 몸의 헤게모니를 확실하게 장악하려는 태도를 발견할 수 있습니다.

분열된 자아 가운데 운 나쁜 자아, 즉 안쪽 자아의 권리는 어디로 간 걸까요?

자아의 분열과 갈등을 넘어서

안쪽 자아는 바깥 자아에게 철저하게 노예화되고 착취당하는 존재로 전락하고 말았습니다. 정말 아이러니하게도 자아를 분열시키는 세브란스 시술은 자신의 일부를 스스로 분열하고 불가항력적 착취를 가능케 하는 기술이었습니다. 이건 자기혐오나 자기학대라고 하기에도 애매하고, 타인을 차별하고 착취한다고 보기에도 모호합니다.

다만, 분명한 것은 착취당하고 인권을 유린당한 채 불가항력적 고통만을 느끼며 실존하는 존재가 있다는 사실입니다. 〈그림 12-2〉는 작품 속에서 안쪽 자아의 인권이 유린당하는 사태를 보고만 있을 수 없던 세브란스 시술 반대 단체가 배포하는 "세브란스 시술을 중단하라!"라는 전단을 보여주는 장면입니다.

그저 50퍼센트 확률의 운이 따르지 못해 안쪽 자아로 전락한 자아의 인간적 권리가 철저히 무시당하는 모습이 아직 현실은 아니라고 할지라도 세브란스 시술과 같은 자아분열 기술이 어떤 디스토피아적 미래를 불러올지 상상하게 합니다.

그림 12-2 안쪽 자아의 인권을 지키고 보호하려는 이들이 만든 "세브란스 시술을 중단하라!" 전단. 안쪽 자아는 죽지도 살지도 못하는 지옥 같은 상황에 처해 있다.

이른바 '운 좋은 자아'로 선택된 바깥 자아가 보이는 이기심이 얼마나 지독한지도 볼 수 있습니다. 천당과 지옥 중에 운 좋게 천당에 입성한 자아는 하나의 몸을 공유하고 있음에도 절대로 천당의 지위를 놓지 않죠. 심지어 안쪽 자아가 처한 지옥 같은 상황을 끝내려고 하지도 않습니다. 지옥에서 일만 하는 안쪽 자아가 경제력을 충당해줌으로써 놀고먹는 천당이 유지되기 때문이죠.

바깥 자아는 안쪽 자아의 인권과 환경을 철저하게 무시하고 무관심한 태도로 일관합니다. 이를 통해 한 몸 안에서 일어날 수 있는 '자기환희'와 '자기환멸'의 감각을 동시에 발견할 수 있습니다. 인간은 누구나 자신에 대해 기뻐하거나 실망하기도 합니다. 그런데 《세브란스》는 미래 사회에 나타날지도 모를 자아분열 기술이 한 몸 안에서 지독한 전쟁과 착취를 벌이도록 만들고, 자기

환희와 자기환멸을 동시에 느끼는 디스토피아를 보여주고 있습니다.

이 디스토피아를 유토피아에 가깝게 만드는 방법은 없을까요? 칼 구스타프 융은 한때 프로이트의 절친한 동료였지만, 성에 대한 프로이트의 집착 때문에 그를 떠나 자기만의 심리학적 이론의 토대를 닦은 학자입니다. 융은 프로이트와 달리 자아의 분열과 통합에 깊은 관심이 있었죠. 융은 자아가 분화·통합되는 과정에서 이전 자아를 초월하는 보다 완벽한 자아를 만들 수 있다고 생각하며 다음과 같이 말했습니다.

> 초월 기능에 의해, 통일 또는 자기의 태고 유형은 실현된다. 개성화의 과정과 마찬가지로, 초월 기능도 인간이 본래 타고난 것이다. 분화와 통합은 퍼스낼리티 발달에서 나란히 보조를 맞춰나가는 공존 과정이다. 두 과정이 함께 이루어져 궁극적으로 완전한 자기의 상태를 달성한다.

융이 '초월 기능'이라고 말한 것은 우리의 자아가 지닌 여러 면모를 잘 파악하고 각각의 자아가 지닌 장점을 융합해 이상적인 자아를 완성하는 능력을 말합니다. 융에 따르면, 우리에게는 사회적으로 용인되고 내보일 수 있는 '빛'의 자아가 있는가 하면, 사회적으로 내보여서는 안 되는 억눌린 욕망을 가둔 '그림자' 자아가 있습니다. 빛의 자아라고 해서 언제나 옳은 것은 아니며, 그림자라고 해서 언제나 나쁜 자아도 아니죠. 그림자로 취급당하고 분열된 자아의 욕망을 잘 해소하는 것이 건강한 자아를 만드는 길이며, 그것이 곧 초월 기능입니다.

《세브란스》는 미래의 기술로 자아를 분열시키는 모습을 보여주지만, 이 메커니즘은 융이 말한 것처럼 우리가 빛과 그림자로 나누어 자아를 분열시키는 것과 크게 다르지 않습니다. 억누르기만 하는 자아와 몸의 욕망은 언젠가 터지기 마련이기에, 적절한 융합을 통해 해소돼야만 합니다.

내가 인지하는 또 다른 나는 나와 전쟁을 벌이지 않고 협력을 통해 더 나은 나를 만들어내는 존재이자, 더 훌륭하게 몸을 활용하는 존재여야 하니까요. 이 사실은 미래의 그 어떤 순간에도 변하지 말아야 하겠습니다.

함께 나눌 이야기

- 자아를 임의로 분리하고 교체하는 기술은 더욱 발전된 미래라는 미명하에 허용해도 될까요?
- 기억을 임의로 지우거나 저장하는 기술을 보편적으로 사용하는 미래는 옳은 것일까?

컴퓨터나 자동차, 스마트폰 등 우리 주변의 기계는 부품이 망가지거나 수명이 다하면 언제든 새 제품으로 교체하거나 업그레이드할 수 있다. 만약 우리의 몸 역시 그러하다면 어떨까? 실제로 의료계에서 치료 목적으로 인공 관절이나 의족, 의수 등으로 몸의 일부분을 대체하는 일은 이미 수십 년 전부터 행해지고 있다. 그런데 미래에는 치료나 질병의 극복이 아닌 개인의 취향에 따른 '신체 강화'와 '신체 업그레이드'의 목적으로 행해질 수도 있지 않을까? 아니, 분명 그렇게 하려는 이들의 욕망이 우세해지며 관련 분야가 창출되는 시대가 올 것이다.

비슷한 예로 성형수술을 들 수 있다. 성형수술은 세계대전 당시 전쟁터에서 상해를 입어 망가진 얼굴을 재건하려는 목적에서 시작됐다. 하지만 현재는 불의의 사고로 얼굴을 재건하는 경우보다 아름다운 외모를 가지기 위해 성형수술을 하는 경우가 압도적으로 많다.

장애나 상해를 극복하고 치료하려는 목적보다 신체 강화의 목적이 더 강해지는 시대가 온다면, 우리는 어디까지를 '인간다운 몸'으로 규정할 수 있을까?

13장

인간적인
너무나 인간적인

당신의 몸을 D. I. Y. 하다

#테세우스의배 #3D프린팅 #인공장기 #기계화된몸 #사이보그
#트랜스휴먼 #포스트휴먼 #도구적존재자 #모듈화된몸
#탄소중심주의 #호모데우스 #알리타 #도둑맞는몸 #인간의조건

몸의 신성성을 해체하다

테세우스의 배에서 인간으로

큰 교통사고를 당한 새 자동차를 완전히 새 부품을 사용해 모두 수리한다면, 이 자동차는 처음과 같은 상태라고 말할 수 있을까요? 또는 자동차를 운행하는 동안 마모되거나 오래된 부품을 새 부품으로 모두 교체한다면, 출고 당시의 새 차와 같다고 할 수 있을까요?

이와 같은 질문을 던지면 여러분은 어떻게 대답할 건가요? 의견이 다소 분분할 수 있습니다. 완전히 새 제품으로 교체했으니 처음의 그 차와 같다고 볼 수 있다는 의견이 있는가 하면, 그래도 부품 자체가 원래의 것이 아니니 그 전의 차와는 다른 차라는 의견이 나오기도 합니다. 사실 이 논의는 '테세우스의 배'Ship of

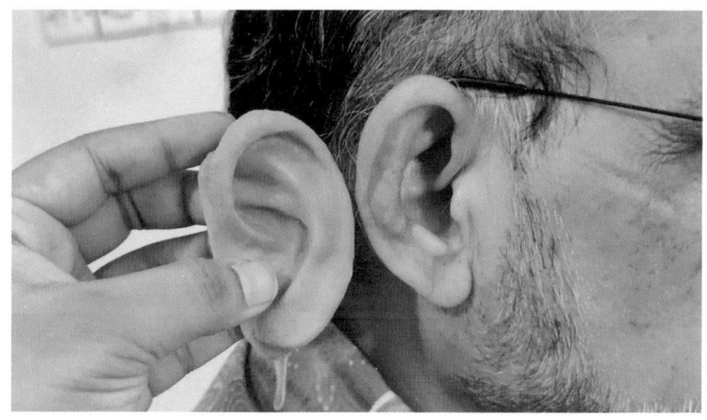

그림 13-1 3D 프린터를 사용해 정교하게 만든 귀. 인공장기나 인공기관으로 신체 일부를 교체한다면 그 사람은 전과 '같은 인간'이라고 볼 수 있을까?

Theseus 명제에서 논의의 대상을 '배'에서 '자동차'로만 살짝 바꾼 것입니다.

테세우스의 배 명제는 테세우스가 지휘하던 배와 관련한 역설적 명제를 지칭하는 말입니다. 이 명제는 테세우스가 목적지로 이동하는 동안 배의 모든 부분을 새것으로 교체했을 때 '이 배를 여전히 원래의 그 배라고 부를 수 있는지'에 대한 논리적 고찰을 제안하는 명제죠. 그런데 요즘은 인간에게도 적용해볼 만합니다. 한 인간의 장기나 기관을 그대로 본떠 만든 인공장기나 인공기관으로 신체 일부나 전체를 교체한다면, 그 사람은 전과 같은 인간이라고 말할 수 있을까요?

〈그림 13-1〉처럼 어떤 사람의 귀 형태와 기능을 3D 프린터로 완전히 동일하게 만들 수 있다고 해봅시다. 만약 어느 날 귀에 손상을 입어 제 기능을 하지 못해 인공 귀로 교체한다면 이 사람은 인공 귀를 자신의 귀로 여기는 것이 가능할까요?

점멸하는 호모 사피엔스

여러 글로벌 트렌드 시장조사 기관에 따르면, 앞으로 인공장기 시장은 큰 확장을 거듭할 것이라고 합니다. 불법 장기 밀매가 기승을 부리고 제때 대체 장기를 공급받지 못해 사망하거나 병세가 악화되는 사람이 늘어가는 이 시대에 인공장기는 획기적이고 실질적인 구원이 될 수 있습니다. 특히 매우 정교한 수준으로 발달하고 있는 3D 프린터 기술은 우리의 장기를 매우 섬세하게 만들어내는 수준에 다다르고 있죠.

3D 프린터를 필두로 하는 인공장기 제작 기술의 비약적인 발전은 삶에 대한 기존의 가치관 자체를 전복시킬 수도 있을 것으로 보입니다. 각종 질병에 취약하며 유한한 삶 속에 예속된 인간의 몸이 지닌 한계를 인공장기의 발전으로 말미암아 획기적으로 극복할 수 있을 테니까요. 인공장기 삽입을 질병 극복의 차원이 아니라 낡은 장기를 교체해 수명을 지속하는 목적으로 사용하

는 것은 그리 대단한 상상이 아닙니다.

시간이 흐르면서 노화하는 각종 장기와 기관을 반영구적으로 강화하거나 교체함으로써 '자연의 제약이 없는 행복'을 추구할 수 있다는 희망이 인공장기의 발전과 함께 상승하는 겁니다. 더군다나 앞서 언급했다시피, 불법이 만연하고 수요가 급증하고 있는 기존의 장기 이식 시장의 합법화와 깨끗한 생태계 형성이라는 기대도 상승하고 있죠.

> 이 선을 넘으면, 우리는 신체에서 떼어낼 수 없으며 우리의 능력, 욕구, 성격, 정체성을 달라지게 하는 무기물적 속성을 갖게 될 것이다.

유발 하라리는 『호모 데우스: 미래의 역사』에서 인간이 "이 선을 넘으면 무기물적 속성을 갖게 될 것"이라고 주장했습니다. 여기서 말하는 '선'은 인간이 외부 물질을 몸에 이식하거나 교체하는 것에 대한 거부감을 넘어서는 지점을 말합니다.

하라리는 감히 외부 물질이 피부 아래 침투하거나 우리 몸의 순정성을 해치는 일은 용납할 수 없다는 기존의 관점이 죽음을 유보하고 생을 연장하려는 욕망 앞에서 무너질 것이라고 예측하죠. 그의 예측에 따르면 머지않은 미래에 질병이나 상해, 노화 등으로 망가지고 상한 몸을 인공 기계로 대체하는 일이 일어날 수 있습니다. 그뿐만 아니라 기존의 몸이 지닌 능력을 크게 향상시키거나 강화하기 위해 적극적으로 자신의 몸을 기계로 대체하는 일도 일어날 겁니다.

이렇게 자기 몸의 일부나 전체를 기계로 대체하는 인류를 호모 사피엔스로서의 우리와 동일한 존재로 볼 수 있을까요? 이 책의 제1장「우연이 만든 위대한 진화」에서 호모 사피엔스 종을 가장 정확하게 분류하는 방식은 모두 몸의 구성과 생김새를 기준으로 한다고 말했습니다. 그런데 기계와 결합함으로써 몸의 구성이 달라진다면, 이 모든 분류 방식이 무의미해질 수밖에 없는 것입니다.

정체성 소멸의 위기

지구 생명체의 오랜 역사 속에서 새로운 종과 마주하는 순간은 언제나 불안이나 갈등 국면을 불러오기 마련이었습니다. 더구나 호모 사피엔스 종 내의 분화와 분열은 지금까지 본 적 없는 새로운 갈등을 빚을 가능성이 매우 농후합니다. 우리가 미래의 인간을 상상하며 이름 붙인 '사이보그'cyborg '트랜스휴먼'transhuman '포스트휴먼'posthuman 등과 같은 새로운 인간형이나 기존 인간과는 다른 몸의 구성을 지닌 존재는 순정한 몸을 가진 인간과 갈등하고 대립하게 될 것입니다.

대량생산 방식으로 찍어내듯이 제작하는 획일화된 인공장기와 인공기관을 생산하는 기업이 등장하고, 인간의 몸과 기관 그 자체를 매매하거나 대여·구독하는 방식의 시장경제 시스템이 지배하는 시대가 올지도 모릅니다. 그런 시대가 온다면 우리는 매달 스마트폰 요금이나 공과금을 지불하듯 인공 신체를 제작하는 기업에 대금을 지불하면서 살게 될 겁니다. 개인이 대금을 지불하지 못하면 기업은 우리의 몸에서 인공장기와 인공기관을 회수하겠죠. 그로 인해 사망에 이르게 된다고 할지라도 말입니다. 이런 디스토피아적 상상은 영화《리포 맨》에서 매우 적나라하게 그려집니다.

철학자 마틴 하이데거는 우리 인간을 '현존재'로 봤으며, 현존재는 '행위'를 통해 존재한다고 주장했습니다. 그는 행위를 위해서는 도구가 필수적이라고 했는데, 인간의 몸을 구성하는 모든 기관은 도구의 범주에 들어갈 수 있습니다. 즉, 하이데거에 따르면 인간은 자신의 손이나 발, 장기 등 몸의 모든 도구를 활용함으로써 '도구적 존재자'로 실존할 수 있는 겁니다.

현재의 우리가 도구적 존재자로 실존할 때 우리가 지닌 몸의 구성이 모두 다르기 때문에 개별적 존재로서 몸의 고유한 정체성을 토대로 실존하는 것은 당연합니다. 그런데 인공장기나 인공기관이 일반화되어 천편일률적으로 찍어 나온 이른바 '모듈화된 몸'으로 모든 사람의 몸이 아주 비슷해진다면 어떻게 될까요?

미래 인간은 몸의 고유성을 통해 개별적 존재로 실존할 가능성이 줄어들고 정체성 소멸의 위기를 겪게 될 것입니다. 나와 똑같은 손과 발, 장기를 지닌 수백만, 수천만의 존재가 지구상에 존재하게 될 테니까요. 물론 이들의 경제적 수준 역시 거의 비슷할 겁니다. 비슷한 가격대의 인공장기와 인공기관을 구매하거나 구독하니까 말이죠. 이런 미래가 온다면 개별적 존재로서의 정체성은 점멸해버릴지도 모릅니다.

신이 되려는 인간

미래학자 나타샤 비타모어는 기계와 결합하고 진화한 미래의 인간형인 포스트휴먼은 질병이나 죽음과 같은 유한성을 극복한 완전히 새로운 종류의 인간일 것이라고 말했습니다. 포스트휴먼은 몸을 기계로 교체하면서 몸의 한계와 약점을 상쇄해나갈 것이라고 봤죠.

'스마트 피부'smart skin와 인공장기, '메타 브레인'meta brain 등 필연적인 노화를 맞이할 몸의 기관을 녹슬지 않는 혁신적 기계로 교체하는 겁니다. 이 중에서도 인간 정신과 마음의 중추라고 할 수 있는 뇌를 최고의 효율을 갖춘 전자 뇌, 메타 브레인으로 업그레이드 한다는 상상은 매우 흥미롭습니다. 이건 마치 일본의 유명 만화가 시로 마사무네의 『공각기동대』에서 묘사한 '전뇌'가 일반화된 사회가 도래하는 것과 같습니다. 『공각기동대』 속 등장 인물은 기계화된 전뇌로 데이터를 전송해 다른 몸에 의식을 이식하거나 몸이 망가지면 새로운 몸으로 의식을 이식하는 등 몸을 소모품으로 사용합니다. 기술이 더욱 발전한 미래는 이런 모습이 가능할지도 모르겠습니다.

> 포스트휴먼은 자신의 지적 능력을 여러 가지 상이한 물리적 기반에 다운로드하며 유지할 수 있다. (…) 포스트휴먼은 죽음으로부터 면제될 수 있다. 왜냐하면 죽음이란 자연인이 살로 된 신체 이외에는 다른 대체 가능성을 갖지 못해서 맞이하는 사태이기 때문이다.

『포스트휴먼이 온다』의 저자 이종관은 포스트휴먼 시대가 도래하면 인간은 필멸의 죽음도 극복할 것이며, 유한한 몸을 기계로 구성된 새로운 몸으로 대체할 것이라고 봤습니다. 그의 말에 따르면, 여러 개의 몸을 소유하면서 의식을 옮겨 다니는 것도 가능하겠죠. 마치 여러 대의 자동차를 소유하며 필요에 따라 바꿔서 타는 것과 같은 일상이 미래에는 가능할 수도 있습니다.

'탄소 중심주의'라는 말이 있습니다. 생명체를 이루는 물질의 근간은 반드시 탄소로 이루어져야 한다는 주장이죠. 그런데 포스트휴먼 시대를 예견하는 학자들은 생명체는 반드시 탄소로 이루어져야 할 필요가 없다고 말합니다. 이제 우리 인간은 반드시 노화를 맞이 할 유한한 탄소가 아닌, 녹슬지 않고 교체도 가능한 새로운 물질로 몸을 구성하고 죽음을 극복할 수 있다고 말입니다.

유발 하라리는 '호모 데우스'homo deus라는 명칭으로 인간의 마지막 진화 시점을 예견했습니다. 이는 '신이 된 인간'이라는 개념으로, 현생 인류인 호모 사피엔스가 포스트휴먼이라는 새로운 종을 창조하는 최후의 의무와 역할을 다하고 지구상에서 사라지게 될 것이라는 다소 충격적인 예견입니다. 그 시점을 2100년으로 한정하며, 인간 태초의 소망이자 현재의 모든 문화와 기술 발전을 가능하게 했던, '신이 되고자 하는 욕망'을 달성하고 인간은 포스트휴먼에게 자리를 내주게 될 것이라고 말했죠.

또 다른 미래학자 닉 보스트롬 역시 호모 사피엔스가 지구의 지배자여야만 하는 당위적 이유는 없으며, 우리는 '아주 우연하고 운 좋게' 현재의 성과를 이룩한 것일 뿐이라고 말합니다. 호모 사피엔스는 신의 선택을 받은 것이 아니라, 우연히 다른 생명체보다 지능이 좋았고 각종 재해에서 운 좋게 살아남았기 때문에 현재의 상태에 이르렀다는 겁니다. 보스트롬은 무수히 많은 종이 멸종했듯, 호모 사피엔스가 멸종하는 것은 그리 놀라운 일이 아니라고 말합니다.

하라리나 보스트롬 같은 미래학자가 예견한 호모 사피엔스의 미래에서는 호모 사피엔스가 네안데르탈인이나 다른 호모 종의 시대를 끝냈듯, 포스트휴먼이 호모 사피엔스의 시대를 끝내는 것은 전혀 이상하지 않습니다. 완전히 새로운 기계 몸과 초월적 지성을 갖게 될 포스트휴먼은 탄소 기반의 호모 사피엔스를 자신과 같은 종으로 봐주지 않을 겁니다. 아이러니하게도 신이 되고자 하는 인간의 욕망이 자기 종의 멸종을 가져오는 것이죠.

따라서 앞서 언급했듯이, 새로운 종의 출현은 그것이 설령 우리의 작품이고 유산이라 할지라도 심각한 갈등을 초래할 수밖에 없습니다. 우리는 이 갈등을 넘어서고 호모 사피엔스 종으로서의 미래를 지킬 수 있을까요? 아니면 하라리의 말처럼 포스트휴먼에게 자리를 내어주고 2100년 완전히 멸종하게 될까요?

인간의 조건

《알리타: 배틀 엔젤》

도둑맞는 몸

키시로 유키토의 만화 『총몽』을 원작으로 제작한 로버트 로드리게즈 감독의 영화 《알리타: 배틀 엔젤》은 먼 미래인 26세기에 호모 사피엔스와 포스트휴먼이 공존하는 시대를 그립니다. 모든 사람이 살고 싶어 하는 천상의 도시 '자렘'과 자렘에서 버려진 고철덩어리와 쓰레기로 이루어진 땅 위의 도시 '팩토리'에서 주인공 알리타가 겪는 일련의 사건을 묘사한 작품입니다. 인공장기나 인공기관으로 기계와 일부 또는 완전히 결합한 새로운 인간형의 시대를 잘 보여주는 매력적인 영화이므로, 포스트휴먼 시대를 상상하고 미리 들여다보기에는 제격인 작품이죠.

무엇보다 이 작품은 인공물이 몸의 모든 요소를 대체할 수

그림 13-2 도둑 일당이 모터볼 선수의 팔을 전기톱으로 잘라내고 있다. 이 행위에서 도둑은 어떠한 죄책감도 느끼지 않는다.

있게 된 시대를 배경으로 하고 있어 몸에 대해 달라진 시선과 가치관을 간접적으로 체험할 수 있습니다. 《알리타: 배틀 엔젤》 서사의 한 축을 담당하는 요소는 '모터볼 경기'입니다. 격투와 고속질주가 뒤섞인 일종의 미래 스포츠이며, 작품 속에서는 최고의 인기 스포츠입니다. 모터볼 경기에서 승부를 가르는 가장 중요한 요소는 바로 강력한 살상 기술을 갖춘 재빠른 몸입니다. 모터볼 경기에 참가하는 선수는 대부분 살상력과 속도를 높이기 위해 인간의 순정한 몸이 아닌 기계화된 몸으로 개조합니다.

성능 좋은 기관을 가진 선수의 몸은 좋은 성적을 낼 수 있는 지표가 되는 동시에, 그 기관은 절도와 강탈의 위협에 놓이게 됩니다. 기계로 만든 몸의 기관은 해체해 다른 몸에 장착하는 것이 가능하기에, 도둑 일당은 그것을 강제로 잘라내는 것에 어떤 잔인함이나 죄책감도 느끼지 못하죠. 〈그림 13-2〉는 도둑 일당이 최고의 기량을 뽐내고 있던 모터볼 선수의 팔을 전기톱으로 잘라 내고 강탈하는 장면입니다.

만약 기계가 아닌 순정한 인간의 몸을 이런 식으로 강탈한다면 어떨까요? 피가 낭자하고 살과 뼈가 찢기는 아주 잔인한 장면이 연출될 겁니다. 그런데 이 장면은 기계를 절단하는 것이므로 잔인하거나 인간에게 해를 가하는 것처럼 보이지 않습니다. 바로 여기서 미래 인간의 몸에 대한 경시가 일어날 수 있음을 확인할 수 있습니다.

기계와 결합한 인간이 일반화되는 시대의 몸의 기관은 언제든지 자유 시장과 자본주의 논리하에 놓일 수 있다는 사실을 묘사한 것이죠. 즉, 불가침의 신성한 영역으로 여기고 있던 인간의 몸이 거래나 강탈이 가능한 대상으로 변화할 수 있다는 사실을 보여줍니다.

파란 피와 붉은 피

도둑 일당이 모터볼 선수의 몸을 강탈한 데는 이유가 있습니다. 바로 일전에 알리타와의 격투에서 패배해 한쪽 팔을 잃은 무뢰한 그루위시카에게 더 강한 팔을 장착시키려고 하는 재력가에게 강

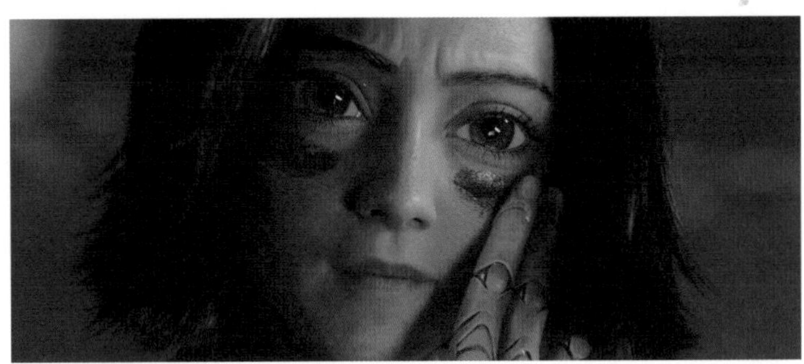

그림 13-3 알리타가 눈 아래에 자신의 상징과도 같은 붉은 선을 그리고 있다. 생명에 대한 애도를 표현한 장면이 아주 인상적이다.

탈한 팔을 판매하기 위해서였죠. 그루위시카는 새롭고 강력한 팔을 장착하고 알리타에게 복수하기 위해 나타납니다.

인간의 몸은 필요에 따라 수리나 복원, 변형이 가능하며, 그루위시카처럼 교체를 통해 업그레이드하는 것도 가능하죠. 새롭게 업그레이드한 몸으로 기세등등하게 나타난 그루위시카는 복수를 하겠다며 으름장을 놓습니다. 이때, 강아지 한 마리가 알리타 앞을 막아섭니다. 그루위시카는 가소롭다는 듯 자신과 알리타 사이를 막고 짖어대는 강아지를 그 자리에서 단숨에 죽여버립니다. 알리타는 이에 크게 분노하며 〈그림 13-3〉처럼 오직 기계로만 이루어진 자신의 몸에 한때는 따스했던 생명체의 피로 붉은 선을 그립니다.

이 장면에서 아이러니하게도 전신이 모두 기계로 이루어진

그림 13-4 그루위시카에게 공격받아 갈가리 찢기는 알리타의 몸. 잘려 나간 몸에서 인간과 다른 파란색 피가 흐르고 있다.

알리타만이 순정한 신체의 고결함이 소실된 상황에 대한 애도를 표하는 모습을 발견할 수 있습니다. 기계화된 비율로 치면 온몸이 모두 기계로 된 알리타가 가장 무심한 모습을 보일 법도 한데, 오히려 가장 인간다운 감정을 느끼고 있는 모습을 표현한 것이죠.

이후 알리타는 그루위시카와 다시 한번 격렬하게 맞붙게 됩니다. 이 과정에서 알리타의 몸은 잔인하게 훼손되지만, 알리타가 흘리는 피는 강아지가 흘린 붉은 피와는 달리 파란색입니다. 파란색 피를 흘림으로써 알리타의 몸에 가해지는 폭력과 신체 훼손의 잔혹함이 희석되죠.

그루위시카에게 공격당한 뒤 조각조각 찢기고 마는 알리타의 몸은 〈그림 13-4〉처럼 묘사됩니다. 팔 한쪽과 몸뚱이만 남은 알리타는 그 몸으로 기어 다니다가 그루위시카의 눈을 찌르고 힘겨운 승리를 거둡니다. 참고로 《알리타: 배틀 엔젤》은 국내 개봉 당시 '12세 관람가'였습니다. 이 장면이 현재 인간의 몸을 묘사한 장면이었다면, 12세 관람가 판정은커녕 국내 개봉조차 어려웠을지 모릅니다.

로드리게즈 감독은 순정한 생명체의 몸이 흘리는 피는 붉은색으로, 온갖 변형을 가미한 기계화된 몸이 흘리는 피는 파란색으로 묘사하면서 먼 미래에 존재할 몸의 속성에 따른 차별적 시선을 보여줍니다. 이런 차이는 오히려 알리타의 인간성을 더욱 부각할 수 있는 장치가 됩니다.

순정한 인간의 몸을 갖고 붉은 피를 흘릴 수 있지만 냉혹한 사고를 하는 존재와, 모든 것이 기계화된 몸을 갖고 파란 피를 흘리지만 온정적 사고를 하는 것이 가능한 존재 중 누가 더 인간적인 존재라고 할 수 있을까요?

가장 인간적인 인간

그루위시카가 알리타를 습격했을 때, 그곳에는 알리타만 있는 것이 아니었습니다. 범죄자를 잡고 현상금을 취하는 이른바 '헌터 워리어' 수십 명이 그 자리에 함께 있었죠. 그런데 그들은 그루위시카가 극악무도한 악한이라는 것을 알면서도 어떤 대응이나 조치도 취하지 않았습니다. 그루위시카에게 현상금이 걸려 있지 않다는 이유로 아무런 대응을 하지 않았지만, 사실은 그루위시카에게 죽임을 당할까 봐 두려웠던 것이죠.

알리타는 그루위시카가 습격하기 전에 헌터 워리어들이 뭉치면 충분히 그를 제압할 수 있다고 말하기도 했으나, 헌터 워리어들은 철저하게 자기 안위만 지켰습니다. 눈앞에 명명백백한 악이 있어도 현상금이 없으면 싸우지 않는다는 태도를 보입니다. 여기서 우리는 인간의 조건에 대해 이렇게 질문할 수 있습니다. 모든 것이 기계인 알리타와, 순정한 인간의 몸을 일부 또는 완전히 지닌 헌터 워리어 가운데 누가 더 인간적이라 할 수 있을까요?

순정한 인간의 몸은 아무것도 남아 있지 않은 알리타만이 현상금과 관계없이 무엇이 선이고 무엇이 악인지를 제대로 보고 있습니다. 인간이 다른 존재보다 위대하다고 말할 수 있는 중요한 특징 가운데 하나는 눈앞의 이익에 사로잡히지 않고, 명증하게 의로움을 바라볼 수 있는 능력입니다.

몸만 인간스럽다고 해서 인간일 수는 없습니다. 다른 존재에 대한 존엄성을 존중하고 '인간으로서 마땅한 사고'를 할 수 있어야 인간입니다. 인간만이 할 수 있는 올바른 선택은 바로 이런 겁니다. 악에 굴하지 않고 자신의 이익과는 무관하게 다른 이를 위해 영웅적인 면모를 발휘하고, 이타적으로 자신을 던질 수 있는 용기와 사랑이 최고의 인간다움입니다.

알리타가 사랑했던 순정한 인간 휴고의 "넌 내가 만난 사람 중에 가장 인간적이야"라는 말처럼, 알리타는 분명 가장 인간다운 인간입니다. 작품 속 그 어떤 누구보다, '인간적인 너무도 인간적인' 인간. 그건 바로 알리타였습니다.

함께 나눌 이야기

- 인공장기나 기관의 합법적인 공급은 인간 사회를 보다 평등하게 만들 수 있을까?
- 인공의 사물과 결합한 인간은 순정한 몸을 유지하는 인간보다 인간성이 하락하게 될까?

에필로그

태초에 몸이 있었다

'루카'LUCA, Last Universal Common Ancestor는 모든 생명체의 조상이 되는 최초의 생명체를 지칭하는 말입니다. 루카는 40억 년 전에 아직은 5억 살밖에 안 된 귀여운(?) 지구의 깊은 바다 어딘가에서 나타났을 것으로 추정됩니다. 너무도 연약했던 루카는 바다를 투과해 들어온 태양 빛을 따라 수면 가까운 곳으로 올라갔습니다. 그리고 살아남아 모든 것의 조상이 되었죠.

35억 년 전에 루카는 광합성을 할 수 있는 '원핵생물'이 되었고, 25억 년 전에 '세포소기관'을 갖춘 '진핵생물'이 됩니다. 그리고 다시 15억 년이 흘러 '다세포 유기체'가 되었고, 5억 년 전에는 동물의 가장 중요한 조건 가운데 하나인 뇌를 발달시켰습니다. 그렇게 루카는 기나긴 진화를 거쳐 무수한 종의 분화를 낳았으며, 그중에는 많은 것이 멸종했고 또한 많은 것이 살아남아 현재 지구를 공유하고 있습니다.

우리의 몸은 루카가 걸어온 40억 년의 모든 기록이자 위대한 결과입니다. 그 자체로 역사이고 또한 미래의 가능성인 것이죠.

그러니 우리의 몸 하나하나가 소중하지 않을 이유가 없습니다. 우리 몸은 너무나 소중한 루카의 작품이자 진화가 만들어낸 아름다운 결과물입니다.

저는 지난 40억 년을 거쳐서 생존에 성공한 무수한 생명체 가운데 우리가 지금과 같은 인간의 몸을 지니게 된 것은 아주 큰 행운이라 믿습니다. 인간의 몸을 지녔기에 이렇게 스스로를 탐구하는 시도를 할 수 있고 그로 말미암아 이토록 과분한 즐거움을 얻고 있으니까요. 그런데 저는 나름의 좋은 환경에 던져진 몸을 갖고 살고 있지만, 한편으로는 몸으로 인해 고통받는 많은 사람이 있기에 마냥 즐겁게만 살 수는 없습니다.

그러므로 저는 이렇게 단언해보겠습니다. 우리의 몸을 이해하고 알아가는 과정이 고귀하고 숭고해져야 합니다. 자신의 몸이 지닌 가치를 아는 과정을 거쳐 반드시 타인의 몸도 그만큼 귀하다는 사실을 알아야만 합니다.

이 책의 모든 이야기를 통해 궁극적으로 말하고 싶은 것은 인간적인 몸은 무엇이며, 인간적인 몸을 대하는 태도는 무엇인가입니다. 인간의 몸을 갖고 가장 인간답게 살 수 있는 방법은 다른 몸에 대한 선한 의지와 다른 몸 역시 자신의 몸만큼이나 삶의 의지를 갖고 있다는 사실을 인식하는 겁니다.

내가 아닌 다른 몸은 추하다고, 낙인찍히고 고통받아도 된다고, 욕망에 취해 비틀거리고 차별받아도 된다고, 그래도 상관없다고 여겨서는 안 됩니다. 모든 생명체의 몸은 내 몸만큼이나 아름답고 귀하게 여기고 보듬어야 할 고운 몸이라고, 우리는 같은 뿌리를 가진 몸이라는 사실을 알아야 합니다.

여기서 마무리하면서, 이 책을 읽은 여러분에게 이렇게 소망해봅니다. 여러분의 몸이 누군가에게는 햇살이기를, 고운 축복이기를, 여러분의 자랑일 수 있기를, 그리고 여러분의 몸을 깊이 이해하고 보듬고 사랑할 수 있기를.

2023년 9월

김성규

사피엔스의 몸

가장 인간적인 몸을 향한 놀라운 여정

초판 1쇄 펴낸날 2023년 10월 20일

지은이 김성규
펴낸이 서상미
펴낸곳 책이라는신화

기획이사 배경진 권해진
책임편집 김지연 박일귀
디자인 studio forb
홍보 문수정 오수란 이무열
마케팅 김준영 황찬영

독자관리 이연희 **콘텐츠 관리** 김정일
독자위원장 민순현
독자위원 고기연 권정희 김하나 김형준 김혜선 김영애 김은숙 박가영 박정선 박지연
박혜미 방수정 유인영 유인숙 이동옥 이소영 임은봉 조선미

출판등록 2021년 12월 22일(제2021-000188호)
주소 경기도 파주시 문발로 119, 306호(문발동)
전화 031-955-2024 **팩스** 031-955-2025
블로그 blog.naver.com/chaegira_22
포스트 post.naver.com/chaegira_22
인스타그램 @chagira_22
유튜브 책이라는신화 채널
전자우편 chaegira_22@naver.com

ISBN 979-11-982687-5-4 03100

이 도서는 한국출판문화산업진흥원의 '2023년 중소출판사 출판콘텐츠 창작 지원 사업'의 일환으로 국민체육진흥기금을 지원받아 제작되었습니다.